普通高等教育"十一五"国家级规划教材　　国际中文教育精品教材"1+2"工程　　博雅国际汉语精品教材

博雅汉语·初级起步篇 II

Boya Chinese
Elementary

Third Edition ｜ 第三版

李晓琪　主编
徐晶凝　任雪梅　编著

北京大学出版社
PEKING UNIVERSITY PRESS

图书在版编目（CIP）数据

博雅汉语. 初级起步篇. Ⅱ / 李晓琪主编；徐晶凝，任雪梅编著. -- 3 版. -- 北京：北京大学出版社，2024.8. --（博雅国际汉语精品教材）. -- ISBN 978-7-301-35284-7

Ⅰ. H195.4

中国国家版本馆CIP数据核字第2024BP2810号

书　　　名	博雅汉语·初级起步篇Ⅱ（第三版） BOYA HANYU·CHUJI QIBU PIAN Ⅱ (DI-SAN BAN)
著作责任者	李晓琪　主编　徐晶凝　任雪梅　编著
中文编辑	唐娟华
外文编辑	崔　虎　王　梓　矢竹幸
标准书号	ISBN 978-7-301-35284-7
出版发行	北京大学出版社
地　　　址	北京市海淀区成府路205号　100871
网　　　址	http://www.pup.cn　新浪微博：@北京大学出版社
电子邮箱	zpup@pup.cn
电　　　话	邮购部 010-62752015　发行部 010-62750672　编辑部 010-62767349
印　刷　者	河北博文科技印务有限公司
经　销　者	新华书店
	889毫米×1194毫米　大16开本　21.625印张　454千字 2005年2月第1版　2013年4月第2版 2024年8月第3版　2025年5月第2次印刷
定　　　价	76.00元（含课本、练习册、词语手册、音频）

未经许可，不得以任何方式复制或抄袭本书之部分或全部内容。
版权所有，侵权必究
举报电话：010-62752024　电子邮箱：fd@pup.cn
图书如有印装质量问题，请与出版部联系，电话：010-62756370

第三版前言

2004年《博雅汉语》系列教材"起步篇""加速篇""冲刺篇""飞翔篇"陆续在北京大学出版社出版。该套教材出版后得到了同行比较广泛的认同。为使教材更上一层楼，在充分听取使用者意见的基础上，2012年，编写组对教材进行了全面修订。第二版《博雅汉语》结构更合理化，内容更科学化，装帧更现代化，更大限度地为使用者提供了方便。当前，国际中文教育进入了新时期，为进一步与时俱进，2022年，《博雅汉语》编写组的全体同人在教育部中外语言交流合作中心的领导下，与北京大学出版社共同努力，对《博雅汉语》进行了再次修订。本次修订主要体现在：

第一，与时俱进，讲好中国故事。

近十年来，中国发生了翻天覆地的变化，在多个领域取得了令人瞩目的成就，真实、立体的中国故事比比皆是：中国的经济快速增长，GDP从2009年的4.6万亿美元增长到2019年的14.4万亿美元，成为全球最大的商品贸易国；中国的高铁技术、5G技术以及航天技术在国际上处于领先地位；中国取得了惊人的减贫成就，人民的生活水平稳步提高；环境保护工作快速发展，绿水青山的生活理念形成共识；与世界各国的进一步交流合作，不断提升了中国在国际上的影响力，"一带一路"已初见成效；等等。把反映这些变化的生动故事融入《博雅汉语》之中，让学习者了解中国的发展变化，让真实的中国走向世界，是本次修订的主导思想之一。为达此目的，我们在初级和准中级阶段——起步篇和加速篇，主要是对第二版教材的内容进行修订，修改、删减和增加所需内容，并对个别课文进行更换；在中高级阶段——冲刺篇和飞翔篇，则每册都删减、增加了若干篇课文。如冲刺篇第二版中的《名字的困惑》《朋友四型》《一盏灯》《清晨的忠告》等删去，增加了《变化中的中国》《中国"奇迹业"》《太空课堂》《女科学家的科技扶贫》等篇目；删去飞翔篇第二版中的《人》《随感二则》《球迷种种》《安乐死是人道还是合理谋杀》等篇目，增加《北京绿道》《中国真正实力，三大超级工程亮相》《丝路上的音乐交响》《快速发展仍是中国未来30年关键中的关键》等篇目。第三版《博雅汉语》，在充分继承展示中华文化魅力，提高中华文化感召力的传统基础上，更具活力，更具时代特色。

第二，遵从《国际中文教育中文水平等级标准》（简称《标准》），落实教材编写新航标。

经国家语言文字工作委员会审定，由教育部和国家语委共同发布的《国际中文教育中文水平等级标准》，已于2021年7月1日正式实施。这是国际中文教育领域的一件大事，是中文在全球信息传播和文化交流中的作用日益凸显、中文学习需求不断扩大的形势下，我们的学科为此献上的一份有分量的学术成果。《标准》为世界各地国际中文教育的总体设计、教材编写、课堂教学和课程测试提供了科学的参考。可以说，《标准》是国际中文教育事业的方向指引，也是国际中文教材编写的新航标。遵循《标准》，落实教材编写新航标是本次修订的另一个重要主导思想。下表是《标准》中的语言要素量化指标：

等 次	级 别	音 节	汉 字	词 汇	语 法
初 等	一级	269	300	500	48
	二级	199/468	300/600	772/1272	81/129
	三级	140/608	300/900	973/2245	81/210
中 等	四级	116/724	300/1200	1000/3245	76/286
	五级	98/822	300/1500	1071/4316	71/357
	六级	86/908	300/1800	1140/5456	67/424
高 等	七—九级	202/1110	1200/3000	5636/11092	148/572
总 计		1110	3000	11092	572

注：表格中"/"前后两个数字，前面的数字表示本级新增的语言要素数量，后面的数字表示截至本级累积的语言要素数量。高等语言量化指标不再按级细分。

第三版《博雅汉语》与《标准》量化指标的对应如下：

起步篇：零起点教材。学习完起步篇后，学习者将掌握词语约1200~1400个，语法项目约150个，达到《标准》初等二级。

加速篇：适合已掌握约1200个基本词语和初级语法项目的学习者使用。学习完加速篇后，学习者将掌握新词语约1500个，新语法项目约150个，达到《标准》中等四级。

冲刺篇：适合已掌握约3000个词语，以及约300个语法项目的学习者使用。学习完冲刺篇后，学习者将掌握新词语约3000个，新语法项目约200个，达到《标准》中等六级。

飞翔篇：适合已掌握约6000个词语和中级语法项目的学习者使用。学习完飞翔篇三册后，学习者将掌握新词语约5000个，新语法项目约300个，达到《标准》高等九级。

为进一步全面体现《标准》的新航标，并体现语合中心发布的《国际中文教育用中国文化和国情教学参考框架》，《博雅汉语》的每册书都特别在练习的内容、形式及数量方面进行了增补，为《博雅汉语》与新版HSK的接轨打下坚实的基础。

本次《博雅汉语》的修订，遵从《标准》，在学术标准上与行业要求相一致，保证了教材的科学性。

第三，运用现代教育技术，建设新形态立体化教材。

本次《博雅汉语》修订工作的另一个重要方面是，利用现代化教育技术，建设新形态立体化教材。为此，本次修订特别注重纸质教材与数字资源相互配合。在内容编写上，充分考虑数字资源的呈现方式和传播方式，实现线上线下的有机结合与协调统一。

第三版《博雅汉语》的配套数字资源主要包括：

（1）在线电子课件（分课时教学PPT）；

（2）在线数字教学资源包（供教师备课及课堂教学使用的文字、图片、音视频等）；

（3）在线数字教学示范课（编者或其他教学名师主讲的课堂教学示范）。

这些配套数字资源将有效辅助教师的备课及课堂教学，节省教师的备课时间，提高教学效率。

另外，《博雅汉语》自第一版起，就已经走向了世界，在韩国、俄罗斯、越南、泰国、埃及等国家有广大的用户，受到各国汉语教师及学习者的欢迎和喜爱。本次修订后，我们将结合教材开展线上或线下的专题讲座、教学研讨及教材使用培训等活动，并最终形成数字化资源，通过互联网平台向教材使用者发布，使《博雅汉语》的国际化地位得到进一步发展。

总之，在继承《博雅汉语》前两版的优势，特别是各个阶段不同的编写理念和优秀选文的基础上，融入新时代要求，编写符合新时代需求的、在《标准》指引下的、运用现代教育技术的受到使用者欢迎的教材，是本次修订的指导思想。

基于《博雅汉语》多年的使用实践及世界各地学习者的不同需求,本次修订,全套九册教材均配有练习册,教师可根据学生的实际汉语水平和课时量灵活选用;初级教材配有多语种释义词语手册,便于学生对基础生词的掌握,准中级至高级阶段词语手册总体上从英文、中英双语向全中文释义过渡,便于学生尽快进入在汉语世界里自由飞翔的阶段。全套九册词语手册均可扫码下载,手机阅读。

我们相信,第三版《博雅汉语》将以更加优质新颖的内容和灵活多样的传播形式,为更多国家的中文教育提供内容资源和教材基础服务,同时,我们也希望不断听到使用者对第三版《博雅汉语》的建设性意见,共同促使《博雅汉语》在促进国际中文教育事业发展中尽一份绵薄之力。

最后,衷心感谢北京大学出版社汉语及语言学编辑部邓晓霞主任、宋立文副主任及各位责任编辑,谢谢你们的辛勤付出!

李晓琪

2023年9月于蓝旗营

第三版编写说明

《博雅汉语·初级起步篇Ⅱ》（第三版）在第二版的基础上，主要在如下几个方面进行了修订：

1. 课文内容的调整。我们更换了第23课的一篇课文，并对个别课文和阅读短文的语句进行了适当改动。

2. 语法点的修改完善。（1）我们尽可能地增强了补语的系统化呈现，将课文中出现的一些常用结果补语提取出来进行讲练，包括"V走、V成、V去、V掉、V住、V遍、V倒"等。同时，适当增加了趋向补语引申用法的讲练，包括"V出来、V起来、V上"等。（2）进一步修改了部分语法点，增强讲解的条理性和例句的语境化。

3. 生词的调整。我们尽可能将《初级起步篇Ⅰ》中未涉及的初等词汇补充进来，删除了一些超纲词，并对外文翻译进行了校改。

4. 图片的调整。教材中增补了一些图片，以凸显当代中国的面貌。

5. 练习册的修改。我们在练习册中增补了一些练习题目，并提供了参考答案。

希望老师和同学们能够喜欢我们的教材，享受教授汉语和学习汉语的过程，期待您的宝贵建议。

编者
2024 年 5 月

第一版前言

语言是人类交流信息、沟通思想最直接的工具，是人们进行交往最便捷的桥梁。随着中国经济、社会的蓬勃发展，世界上学习汉语的人越来越多，对各类优秀汉语教材的需求也越来越迫切。为了满足各界人士对汉语教材的需求，北京大学一批长期从事对外汉语教学的优秀教师在多年积累的经验之上，以第二语言学习理论为指导，编写了这套新世纪汉语精品教材。

语言是工具，语言是桥梁，但语言更是人类文明发展的结晶。语言把社会发展的成果一一固化在自己的系统里。因此，语言不仅是文化的承载者，语言自身就是一种重要的文化。汉语，走过自己的漫长道路，更具有其独特深厚的文化积淀，她博大、她典雅，是人类最优秀的文化之一。正是基于这种认识，我们将本套教材定名《博雅汉语》。

《博雅汉语》共分四个级别——初级、准中级、中级和高级。掌握一种语言，从开始学习到自由运用，要经历一个过程。我们把这一过程分解为起步——加速——冲刺——飞翔四个阶段，并把四个阶段的教材分别定名为《初级起步篇》（Ⅰ、Ⅱ）、《准中级加速篇》（Ⅰ、Ⅱ）、《中级冲刺篇》（Ⅰ、Ⅱ）和《高级飞翔篇》（Ⅰ、Ⅱ、Ⅲ）。全套书共九本，既适用于本科的四个年级，也适用于处于不同阶段的长、短期汉语进修生。这是一套思路新、视野广，实用、好用的新汉语系列教材。我们期望学习者能够顺利地一步一步走过去，学完本套教材以后，可以实现在汉语文化的广阔天空中自由飞翔的目标。

第二语言的学习，在不同阶段有不同的学习目标和特点。《博雅汉语》四个阶段的编写既遵循汉语教材的一般性编写原则，也充分考虑到各阶段的特点，力求较好地体现各自的特色和目标。

《初级起步篇》

运用结构、情景、功能理论，以结构为纲，寓结构、功能于情景之中，重在学好语言基础知识，为"飞翔"做扎实的语言知识准备。

《准中级加速篇》

运用功能、情景、结构理论，以功能为纲，重在训练学习者在各种不同情景中的语言交际能力，为"飞翔"做比较充分的语言功能积累。

《中级冲刺篇》

以话题理论为原则，为已经基本掌握了基础语言知识和交际功能的学习者提供经过精心选择的人类共同话题和反映中国传统与现实的话题，目的是在新的层次上加强对学习者运用特殊句型、常用词语和成段表达能力的培养，推动学习者自觉地进入"飞翔"阶段。

《高级飞翔篇》

以语篇理论为原则，以内容深刻、语言优美的原文为范文，重在体现人文精神、突出人类共通文化，展现汉语篇章表达的丰富性和多样性，让学习者凭借本阶段的学习，最终能在汉语的天空中自由飞翔。

为实现上述目的，《博雅汉语》的编写者对四个阶段的每一具体环节都统筹考虑，合理设计。各阶段生词阶梯大约为1000、3000、5000和10000，前三阶段的语言点分别为：基本覆盖甲级，涉及乙级——完成乙级，涉及丙级——完成丙级，兼顾丁级。《飞翔篇》的语言点已经超出了现有语法大纲的范畴。各阶段课文的长度也呈现递进原则：600字以内、1000字以内、1500～1800字、2000～2500字不等。学习完《博雅汉语》的四个不同阶段后，学习者的汉语水平可以分别达到HSK的3级、6级、8级和11级。此外，全套教材还配有教师用书，为选用这套教材的教师最大可能地提供方便。

综观全套教材，有如下特点：

针对性：使用对象明确，不同阶段采取各具特点的编写理念。

趣味性：内容丰富，贴近学生生活，立足中国社会，放眼世界，突出人类共通文化；练习形式多样，版面活泼，色彩协调美观。

系统性：词汇、语言点、语篇内容及练习形式体现比较强的系统性，与HSK协调配套。

科学性：课文语料自然、严谨；语言点解释科学、简明；内容编排循序渐进；词语、句型注重重现率。

独创性：本套教材充分考虑汉语自身的特点，充分体现学生的学习心理与语言认知特点，充分吸收现在外语教材的编写经验，力求有所创新。

我们希望《博雅汉语》能够使每个准备学习汉语的学生都对汉语产生浓厚的兴趣，使每个已经开始学习汉语的学生都感到汉语并不难学。学习汉语实际上是一种轻松愉快的体验，只要付出，就可以快捷地掌握通往中国文化宝库的金钥匙。我们也希望从事对外汉语教学的教师都愿意使用《博雅汉语》，并与我们建立起密切的联系，通过我们的共同努力，使这套教材日臻完善。

我们祝愿所有使用这套教材的汉语学习者都能取得成功，在汉语的天地自由飞翔！

最后，我们还要特别感谢北京大学出版社的各位编辑，谢谢他们的积极支持和辛勤劳动，谢谢他们为本套教材的出版所付出的心血和汗水！

李晓琪

2004年6月于勺园

lixiaoqi@pku.edu.cn

第二版前言

2004年，《博雅汉语》系列教材的第一个级别——《初级起步篇》在北京大学出版社问世，之后其余三个级别《准中级加速篇》《中级冲刺篇》和《高级飞翔篇》也陆续出版。八年来，《博雅汉语》一路走来，得到了同行比较广泛的认同，同时也感受到了各方使用者的关心和爱护。为使《博雅汉语》更上一层楼，更加符合时代对汉语教材的需求，也为了更充分更全面地为使用者提供方便，《博雅汉语》编写组全体同人在北京大学出版社的提议下，于2012年对该套教材进行了全面修订，主要体现在：

首先，作为系列教材，《博雅汉语》更加注意四个级别的分段与衔接，使之更具内在逻辑。为此，编写者对每册书的选文与排序，生词的多寡选择，语言点的确定和解释，以及练习设置的增减都进行了全局调整，使得四个级别的九册教材既具有明显的阶梯性，由浅入深，循序渐进，又展现出从入门到高级的整体性，翔实有序，科学实用。

其次，本次修订为每册教材都配上了教师手册或使用手册，《初级起步篇》还配有学生练习册，目的是为使用者提供最大的方便。在使用手册中，每课的开篇就列出本课的教学目标和要求，使教师和学生都做到心中有数。其他内容主要包括：教学环节安排、教学步骤提示、生词讲解和扩展学习、语言点讲解和练习、围绕本课话题的综合练习题、文化背景介绍，以及测试题和练习参考答案等。根据需要，《初级起步篇》中还有汉字知识的介绍。这样安排的目的，是希望既有助于教学经验丰富的教师进一步扩大视野，为他们提供更多参考，又能帮助初次使用本教材的教师从容地走进课堂，较为轻松顺利地完成教学任务。

再次，每个阶段的教材，根据需要，在修订方面各有侧重。

《初级起步篇》：对语音教学的呈现和练习形式做了调整和补充，强化发音训练；增加汉字练习，以提高汉字书写及组词能力；语言点的注释进行了调整和补充，力求更为清晰有序；个别课文的顺序和内容做了微调，以增加生词的重现率；英文翻译做了全面校订；最大的修订是练习部分，除了增减完善原有练习题外，还将课堂练习和课后复习分开，增设了学生练习册。

《准中级加速篇》：单元热身活动进行了调整，增强了可操作性；生词表中的英文翻译除了针对本课所出义项外，增加了部分常用义项的翻译；生词表后设置了"用刚学过的词语回答下面的问题"的练习，便于学习者进行活用和巩固；语言点的解释根据学生常出现的问题增加了注意事项；课文和语言点练习进行了调整，以更加方便教学。

《中级冲刺篇》：替换并重新调整了部分主副课文，使内容更具趣味性，词汇量的递增也更具科学性；增加了"词语辨析"栏目，对生词中出现的近义词进行精到的讲解，以方便教师和学习者；调整了部分语言点，使中高级语法项目的容量更加合理；加强了语段练习力度，增加了相应的练习题，使中高级语段练习更具可操作性。

《高级飞翔篇》：生词改为旁注，以加快学习者的阅读速度，也更加方便学习者查阅；在原有的"词语辨析"栏目下，设置"牛刀小试"和"答疑解惑"两个板块，相信可以更加有效地激发起学习者的内在学习动力；在综合练习中，增加了词语扩展内容，同时对关于课文的问题和扩展性思考题进行了重新组合，使练习安排的逻辑更加清晰。

最后，在教材的排版和装帧方面，出版社投入了大量精力，倾注了不少心血。封面重新设计，使之更具时代特色；图片或重画，或修改，为教材锦上添花；教材的色彩和字号也都设计得恰到好处，为使用者展现出全新的面貌。

我们衷心地希望广大同人都继续使用《博雅汉语》第二版，并与我们建立起密切的联系，希望在我们的共同努力下，打造出一套具有时代特色的优秀教材。

在《博雅汉语》第二版即将出版之际，作为主编，我衷心感谢北京大学对外汉语教育学院的八位作者。你们在对外汉语教学领域都已经辛勤耕耘了将近二十年，是你们的经验和智慧成就了本套教材，是你们的心血和汗水浇灌着《博雅汉语》茁壮成长，谢谢你们！我也要感谢为本次改版提出宝贵意见的各位同人，你们为本次改版提供了各方面的建设性思路，你们的意见代表着一线教师的心声，本次改版也融入了你们的智慧。我还要谢谢北京大学出版社汉语编辑室，感谢你们选定《博雅汉语》进行改版，感谢你们在这么短的时间内完成《博雅汉语》第二版的编辑和出版！

李晓琪
2012年5月

第二版编写说明

本教材是《博雅汉语》系列精读教材的初级部分——《初级起步篇Ⅱ》,适合已经掌握约500个词语的学生使用。

本教材采用以结构为纲,寓结构、功能于情景之中的编写原则,力求为学生以后的学习打下比较坚实的语言基础。在内容的编写与选取方面,突出实用性,力求场景的真实自然,除了选取包括校园及其他与学生的日常生活密切相关的场景外,也选编了一些富有人文性或趣味性的小文章,以使学生的视野更加开阔,帮助他们逐渐使用汉语表达较为复杂的思想。在全书文体的安排上,前半部分课文采用对话体和短文两种形式,后半部分则完全采用短文体,为学习者向准中级阶段过渡做好充分的准备。

练习的设计则以帮助学生逐步提高汉语综合能力为原则,涉及听说读写各种技能的训练,有汉字练习、词汇练习、语言点练习、成段表达练习与阅读理解练习。我们希望,通过本书的学习,学习者可以打下良好而坚实的汉语基础,积蓄充足的能量和后劲,实现在汉语的天空中自由飞翔的目标。

本教材共选取常用词语近800个,语言点70项,篇章的最后长度达到600字左右。全书共有25课,每5课为一个单元,每单元第5课为总结课,对前4课出现的语言点进行复习和总结,原则上不再出现新的语言点。

本教材的教学重点有两大部分:一是帮助学生进行语言结构与词汇的积累,二是训练学生进行有意义的成段表达。因此,我们建议教师在教学中多花些时间进行生词和语言点的讲练,同时,要给学生提供自由表达的练习活动,让学生能用学过的词汇和语法完成一定的交际任务。一般来说,我们建议用5~6个学时学完一课。

本书第一版的编写是由两位老师合作完成的:前13课由任雪梅执笔,后12课由徐晶凝执笔,徐晶凝负责统稿。此次修订再版,则由徐晶凝负责。主要在以下几个方面进行了修订:

(1)生词的选取和解释:补充或删除了一些词语,并对英文翻译进行了校改。
(2)某些语言点的修改:力求语言点的注释更为清楚,更有条理。
(3)课文内容的调整:对个别课文中不太规范的语句做了改动。
(4)练习题的改动:改进某些题目,或增补一些练习。

此次修订,我们单设了一本学生用《练习册》,所以,练习分为两种:一是课堂用练习,安排在本书中;一是课后练习,安排在《练习册》中。

本教材自2005年出版以来,一晃已经8年过去了。在此期间,我们不断得到使用这套教材的教师、留学生的反馈意见，也看到了对这套教材进行研究的论文中所谈到的意见和建议。我们早就有修订再版的想法，此次终于在北大出版社王飙老师的推动下付诸实施，特在此表示感谢！也特别对所有使用和关心《博雅汉语·初级起步篇》并提出意见和建议的朋友表示衷心的感谢！恕我们不能在此将他们的名字一一列出。

在本书的编写过程中，我们得到了各方面的大力支持和帮助，主编李晓琪教授多次就教材的编写原则及许多细节问题和编者进行充分的沟通和讨论。责编老师也提出了非常专业的意见，她们尽职尽责的工作态度令我感动，在此一并表示诚挚的谢意！

此次再版，我们请美国斯坦福大学语言中心的 Michelle Leigh DiBello（狄萍）对本书的英文翻译进行了全面的修订，为此，狄萍老师 2012 年的春假过得比学期还忙。在这里，对她的辛勤付出表示最诚恳的感谢！

我们仍然希望使用本书的老师和学生朋友能够喜欢她，并能通过本书享受学习汉语的过程。我们也期待着来自您的宝贵意见。

编者

2012 年 4 月

人物介绍 Introduction of the Characters

简称表 Abbreviations

缩写 Abbreviations	英文名称 English Names	中文名称 Chinese Names	拼音 *Pinyin*
adj.	adjective	形容词	xíngróngcí
adv.	adverb	副词	fùcí
aux.	auxiliary	助动词	zhùdòngcí
conj.	conjunction	连词	liáncí
interj.	interjection	叹词	tàncí
mw.	measure word	量词	liàngcí
n.	noun	名词	míngcí
num.	numeral	数词	shùcí
ono.	onomatopoeia	拟声词	nǐshēngcí
part.	particle	助词	zhùcí
pn.	proper noun	专有名词	zhuānyǒu míngcí
pref.	prefix	词头	cítóu
prep.	preposition	介词	jiècí
pron.	pronoun	代词	dàicí
q.	quantifier	数量词	shùliàngcí
suff.	suffix	词尾	cíwěi
v.	verb	动词	dòngcí
S	Subject	主语	zhǔyǔ
P	Predicate	谓语	wèiyǔ
O	Object	宾语	bīnyǔ
Attr	Attribute	定语	dìngyǔ
A	Adverbial	状语	zhuàngyǔ
C	Complement	补语	bǔyǔ
NP	Noun Phrase	名词短语	míngcí duǎnyǔ
VP	Verbal Phrase	动词短语	dòngcí duǎnyǔ

目 录

第1单元	*1* 飞机晚点了	1. 一……就…… 2. 都……了 3. 是……的	1
	2 我想搬到外面去	1. V + 到 + place 2. 离 3. "比"字句 4. 以前	9
	3 她穿着一件黄衬衫	1. 概数表达法 2. 着 3. S + 有 + 数量词（+ adj.） 4. 存在句（1）	16
	4 美国没有这么多自行车	1. A 和 B 一样…… 2. 有的……有的…… 3. A 没有 B（+ 这么 / 那么）+ adj. 4. 像……一样	23
	5 这家餐厅的菜不错	1. V + adj. 2. 单元语言点小结	29
第2单元	*6* 广告栏上贴着一个通知	1. 趋向补语（1） 2. 存在句（2） 3. 为了	35
	7 冰箱塞得满满的	1. 形容词重叠 2. 再说…… 3. V_1 再 V_2 4. 得……了	42
	8 比赛精彩得很	1. adj. + 得很 / adj. + 得 + 不得了 2. 趋向补语（2） 3. 一 V，…… 4. 好不容易 / 好容易才……	49
	9 我进不去宿舍了	1. 可能补语 2. 往 + 方位词 / 地点 + V 3. V 来 V 去 4. V 走	58
	10 山上的风景美极了	1. 想不起来 / 想得起来 2. V 成 + NP 3. 单元语言点小结	65

单元	课	课文	语言点	页码
第3单元	11	西红柿炒鸡蛋	1. 就是 2. 又……又…… 3. "把"字句（1） 4. V起来（1）	72
	12	搬家	1. "把"字句（2） 2. 存在句（3） 3. 虽然……但是……	80
	13	一封信	1. 不但……而且…… 2. 越来越 + adj./V 3. 小数、分数和百分数 4. 过	87
	14	成功需要多长时间	1. 只要……就…… 2. V去 3. 常用结果补语小结	94
	15	请稍等	单元语言点小结	102
第4单元	16	从哪一头儿吃香蕉	1. 才 2. V下去 3. 百以上的称数法（千、万） 4. V掉	108
	17	李军的日记	1. 除了……（以外） 2. 有+时量词+没（有）+V+了 3. 一边……一边…… 4. 真是 + 一 + mw. + n. 5. 感叹表达小结	114
	18	我看过京剧	1. 强调否定 2. 难道	121
	19	如果有一天……	1. 不再 2. V₁着V₁着V₂ 3. V不了/V得了 4. V住 5. 祈使表达小结 6. 时态小结	127
	20	好咖啡总是放在热杯子里的	单元语言点小结	136

第5单元	**21** 黄金周：痛痛快快玩儿一周	1. 只有……才…… 2. V 遍 3. 一方面……，另一方面…… 4. 数量词重叠	141
	22 一个电话	1. 一天比一天 / 一年比一年 2. 越……越…… 3. 连……也 / 都…… 4. V 上	148
	23 笑话	1. 既……也…… 2. V 起来（2） 3. 不管……都…… 4. 非……不可 5. 再 V 的话，……	155
	24 人生	1. V 倒 2. V 出来 3. "被"字句 4. 临	163
	25 点心小姐	1. 是 2. 单元语言点小结	169
词语索引			175
语言点索引			188

1 飞机晚点了
Fēijī wǎn diǎn le

玛　丽：李军，李军！

李　军：玛丽，是你呀！

玛　丽：你一进门，我就看见你了。来接人？

李　军：对，来接我姐姐。她坐下午的飞机回北京。你呢？

玛　丽：我刚送我父母回国。

李　军：你父母来北京了？

玛　丽：对，他们在北京玩儿了三天，今天回国了。你姐姐的航班几点到？

李　军：应该是两点半。奇怪，都两点五十了，怎么飞机还没到？我去问问。（问机场工作人员）请问，从泰国来的飞机到了吗？

工作人员：我查一下儿，还没到。这次航班可能要晚点三十分钟。

Mǎlì：　Lǐ Jūn, Lǐ Jūn!

Lǐ Jūn：Mǎlì, shì nǐ ya!

Mǎlì：　Nǐ yí jìn mén, wǒ jiù kànjiàn nǐ le. Lái jiē rén?

Lǐ Jūn：Duì, lái jiē wǒ jiějie. Tā zuò xiàwǔ de fēijī huí Běijīng. Nǐ ne?

Mǎlì：　Wǒ gāng sòng wǒ fùmǔ huí guó.

Lǐ Jūn：Nǐ fùmǔ lái Běijīng le?

Mǎlì：　Duì, tāmen zài Běijīng wánrle sān tiān, jīntiān huí guó le. Nǐ jiějie de hángbān jǐ diǎn dào?

Lǐ Jūn: Yīnggāi shì liǎng diǎn bàn. Qíguài, dōu liǎng diǎn wǔshí le, zěnme fēijī hái méi dào? Wǒ qù wènwen. (wèn jīchǎng gōngzuò rényuán) Qǐngwèn, cóng Tàiguó lái de fēijī dào le ma?

Gōngzuò rényuán: Wǒ chá yíxiàr, hái méi dào. Zhè cì hángbān kěnéng yào wǎn diǎn sānshí fēnzhōng.

玛丽的日记

8月30日　　星期一　　晴转阴

　　我父亲和母亲上星期来北京了,他们在北京玩儿了三天,他们很喜欢北京,打算以后有机会再来。今天下午他们回国,我去机场送他们。我父母的飞机是下午两点十分正点起飞的。在机场,我遇到了李军,他是来接姐姐的,可是,他姐姐的航班晚点了,李军等了差不多半个小时。

Mǎlì de Rìjì

bāyuè sānshí rì　　xīngqīyī　　qíng zhuǎn yīn

　　Wǒ fùqin hé mǔqin shàng xīngqī lái Běijīng le, tāmen zài Běijīng wánrle sān tiān, tāmen hěn xǐhuan Běijīng, dǎsuàn yǐhòu yǒu jīhui zài lái. Jīntiān xiàwǔ tāmen huí guó, wǒ qù jīchǎng sòng tāmen. Wǒ fùmǔ de fēijī shì xiàwǔ liǎng diǎn shí fēn zhèngdiǎn qǐfēi de. Zài jīchǎng, wǒ yùdàole Lǐ Jūn, tā shì lái jiē jiějie de, kěshì, tā jiějie de hángbān wǎn diǎn le, Lǐ Jūn děngle chàbuduō bàn ge xiǎoshí.

词语表　　New Words and Expressions

1	进门	jìn mén		to enter, to come in
	进	jìn	v.	to enter
2	看见	kànjiàn		to see, to catch sight of
3	接	jiē	v.	to meet, to welcome

4	飞机	fēijī	n.	airplane, plane
5	送	sòng	v.	to see sb. off or out
6	父母	fùmǔ	n.	parents
7	航班	hángbān	n.	scheduled flight
8	奇怪	qíguài	adj.	strange, odd
9	都	dōu	adv.	already
10	查	chá	v.	to check, to look up
11	次	cì	mw.	*measure word (for train or airplane)*
12	晚点	wǎn diǎn		to be late, to be behind schedule
13	日记	rìjì	n.	diary
14	晴	qíng	adj.	sunny, fine
15	转	zhuǎn	v.	to change, to turn
16	阴	yīn	adj.	overcast
17	父亲	fùqin	n.	father
18	母亲	mǔqin	n.	mother
19	机会	jīhui	n.	opportunity, chance
20	机场	jīchǎng	n.	airport
21	正点	zhèngdiǎn	v.	to be on time, to be on schedule
22	起飞	qǐfēi	v.	to take off
23	遇到	yùdào		to come across, to run into

专有名词 Proper Nouns

| 泰国 | Tàiguó | Thailand |

语言点 Language Points

1 一……就…… As soon as...then...

- 你一进门，我就看见你了。

▲ "一VP₁，就VP₂"表示两个动作相隔的时间很短。

This pattern is used to mean that the second action takes place immediately after the first one.

（1）S 一 VP₁，就 VP₂

▲ VP₁ 和 VP₂ 可以是同一个主语。例如：

The subjects of the two verbs can be the same. For example:

① 我一出门就看见了小王。
② 我们一买到票就出发。
③ 那条小狗太可爱了，弟弟一看到它就很喜欢。

（2）S₁ 一 VP₁，S₂ 就 VP₂

▲ VP₁ 和 VP₂ 也可以是不同的主语。例如：

The subjects of the two verbs can be different. For example:

④ 他一出车站，我就看见他了。
⑤（我叫了一辆出租车。）我一出门，车就来了。
⑥ 这个问题很简单，老师一讲，学生就懂了。

2 都……了　Already

● 都两点五十了，怎么飞机还没到？

▲ 表强调，"都"有"已经"的意思。例如：

It is used to emphasize. "都" here means already. For example:

① 都十二点了，这么晚了，她怎么还没回来？
② 孩子都三岁了，还不会说话，妈妈想带他去看看医生。
③ 都学了两年了，汉语还是说得不太好，我真着急啊！
④ 你都喝了三瓶啤酒了，不要再喝了。

3 是……的　It is... that...

● 我父母的飞机是下午两点十分正点起飞的。

▲ "是……的"用来强调动作的时间、处所、方式、目的等。强调的部分放在"是"的后面，一般是已经发生的事情。

This pattern is used to emphasize the time, place, method or purpose of one certain action. Usually the action took place in the past.

（1）S + 是 + 时间 + V + O + 的

① 他大学毕业了，是今年7月从北京大学毕业的。

②他坐的那个航班已经到了，是下午四点到北京的。

（2）S + 是 + 地方 + V + O + 的

③我看见刘老师了，是在图书馆看见他的。

④这本词典，我是在学校的书店买的。

（3）S + 是 + 方式 + V + O + 的

⑤他昨天来了，是坐飞机来的，不是坐船。

⑥他们到学校了，是骑自行车来的。

（4）是 + S + V + O + 的

⑦错了，错了，是他从北京大学毕业的，不是我。

⑧他知道了，是我告诉他的，怎么了？

（5）S + 是 + 来/去 + V + O + 的

⑨我现在在中国，我是来学习汉语的，不是来玩儿的。

⑩他去上海了，是去工作的，不是去玩儿的。

课堂练习　Exercises in Class

一　语言点练习　Grammatical exercises

1. 用"一……就……"造句　Make sentences with "一……就……"

   （1）to finish class / to go for a lunch

   （2）to take exams / to be nervous

   （3）to catch a cold / to go to see a doctor

   （4）weekends / to go to cinema

   （5）to review lessons / to be sleepy

   （6）to drink beer / to have a headache

   （7）(he) get off the train / (I) see him

   （8）(we) phone him / (he) come

   （9）Saturday / (library) close

2. 用"了"或者"是……的"完成对话 Complete the dialogues with "了" or "是……的"

（1）A：大卫 _____(to go to Shanghai)，你知道吗？

B：是吗？_____？（when）

A：_____。（last month）

B：_____？

A：他不是坐火车去的，_____。（by plane）

B：他妈妈 _____？

A：他妈妈没去。

（2）A：您的孩子今年几岁了？

B：_____。（5 years old）

A：他 _____ 吧？（born in 2018）

B：不，他 _____（2018年），他是2019年出生的。

A：_____？（where was he born）

B：_____。（Beijing Hospital）

（3）A：你是什么时候到北京的？怎么不先给我打个电话？

B：我打了，你不在。我 _____。（arrived here 3 days ago）

A：_____？（how / came）

B：_____。（by train）

A：_____？（for a trip）

B：不是，_____。（for work）

3. 辨析选择 Choose words to fill in the blanks

看　　看见　　听　　听见　　遇到

（1）我 _____ 了很多地方，但是没有 _____ 我要找的东西。

（2）你 _____，那里好像有声音，你 _____ 了吗？

（3）那天我也回学校看了看，_____ 了很多老同学。

二 任务型练习　Task-based exercises

1. 两人活动：学生两人一组，谈谈第一次坐飞机的经历。

   Pair work: Two students in a group talk about your first experience of taking airplane.

   要求：尽量使用本课所学生词，并使用语言点"一……就……""是……的"。

   You're required to use the language points "一……就……""是……的", and the new words in this lesson.

2. 两人活动：学生两人一组，一人扮演记者，一人扮演某个名人，记者采访名人。

   Pair work: Two students are in a group. One student is a reporter, the other is a famous person. They are doing the interview.

   要求：尽量使用本课所学生词，并使用语言点"一……就……""是……的""都……了"。

   You're required to use the new words in this lesson and the language points "一……就……""是……的" and "都……了".

   例如：你是什么时候来中国的？
   　　　早上你是在哪儿吃早饭的？

三 扩展阅读　Extensive reading

一年前，我来中国留学。这是我第一次出国，也是我第一次坐飞机，心情很紧张。但是我想，别人都可以坐飞机，我也一定没问题。出发那天，我早早来到了机场。机场真大啊！我先办好登机手续，然后在机场里随便走了走。我去餐厅吃了饭，还在商店买了东西，然后就在12号登机口等飞机。可是等了半个多小时，也不见飞机来。奇怪！我问工作人员，她告诉我航班是正点起飞。我再一看机票，才发现登机口是"21"，而不是"12"，我记错了！我急忙跑到21号登机口，跑进机舱，找到座位，一坐下来，飞机就关门了！

心情	xīnqíng	n.	state of mind, mood
登机手续	dēng jī shǒuxù	n.	to check in procedure
登机口	dēngjīkǒu	n.	gate (of airport)
机舱	jīcāng	n.	aircraft cabin

1. 判断正误　True or false
   （1）两年前，"我"第一次坐飞机出国留学。
   （2）"我"觉得坐飞机很简单，应该没问题。
   （3）"我"很早就到了机场，一直在登机口等飞机。
   （4）机场里有餐厅，但是没有商店。
   （5）"我"应该在12号登机口上飞机，但我记错了。

2. 回答问题　Answer the questions
   （1）"我"到机场以后都做了什么？
   （2）"我"的飞机是正点起飞还是晚点了？
   （3）"我"的航班的登机口是12还是21？
   （4）"我"有没有误机（wù jī, to miss the flight）？

2

Wǒ xiǎng bāndào wàimiàn qù
我想搬到外面去

李 军：大卫，好久不见，最近忙什么呢？

大 卫：找房子呢，我想搬到外面去。

李 军：住在学校里不好吗？你看，学校里有商店、食堂，还有邮局和银行，多方便啊。离教室也很近，每天你可以多睡会儿懒觉，而且房租也比外面的便宜。

大 卫：可是，学校的宿舍没有厨房，生活有些不方便。最主要的是，周围都是留学生，对练习汉语没好处。

李 军：你说的也是。

大 卫：你帮我注意一下儿有没有合适的房子，好不好？

李 军：没问题，我有一个朋友就在中介公司工作。

Lǐ Jūn：Dàwèi, hǎojiǔ bú jiàn, zuìjìn máng shénme ne?

Dàwèi：Zhǎo fángzi ne, wǒ xiǎng bāndào wàimiàn qù.

Lǐ Jūn：Zhù zài xuéxiào li bù hǎo ma? Nǐ kàn, xuéxiào li yǒu shāngdiàn、shítáng, hái yǒu yóujú hé yínháng, duō fāngbiàn a. Lí jiàoshì yě hěn jìn, měi tiān nǐ kěyǐ duō shuì huìr lǎn jiào, érqiě fángzū yě bǐ wàimiàn de piányi.

Dàwèi：Kěshì, xuéxiào de sùshè méiyǒu chúfáng, shēnghuó yǒuxiē bù fāngbiàn. Zuì zhǔyào de shì, zhōuwéi dōu shì liúxuéshēng, duì liànxí Hànyǔ méi hǎochù.

Lǐ Jūn：Nǐ shuō de yě shì.

Dàwèi：Nǐ bāng wǒ zhùyì yíxiàr yǒu méiyǒu héshì de fángzi, hǎo bu hǎo?

Lǐ Jūn：Méi wèntí, wǒ yǒu yí ge péngyou jiù zài zhōngjiè gōngsī gōngzuò.

昨天我的一个朋友来了，我发现他的汉语进步很快。以前我和他的水平差不多，现在他比我高多了，说得也比我流利。原来他现在住在中国人的家里。我也想搬到外面去了。我想找一套公寓，离学校不要太远，最好有厨房。真希望早点儿搬家。

Zuótiān wǒ de yí ge péngyou lái le, wǒ fāxiàn tā de Hànyǔ jìnbù hěn kuài. Yǐqián wǒ hé tā de shuǐpíng chàbuduō, xiànzài tā bǐ wǒ gāo duō le, shuō de yě bǐ wǒ liúlì. Yuánlái tā xiànzài zhù zài Zhōngguórén de jiāli. Wǒ yě xiǎng bāndào wàimiàn qù le. Wǒ xiǎng zhǎo yí tào gōngyù, lí xuéxiào bú yào tài yuǎn, zuìhǎo yǒu chúfáng. Zhēn xīwàng zǎo diǎnr bān jiā.

New Words and Expressions

1	房子	fángzi	n.	house
2	搬	bān	v.	to move
3	外面	wàimiàn	n.	outside
4	方便	fāngbiàn	adj.	convenient
5	离	lí	v.	to be away from
6	近	jìn	adj.	close, near
7	房租	fángzū	n.	rent
8	比	bǐ	prep.	than
9	厨房	chúfáng	n.	kitchen
10	主要	zhǔyào	adj.	main, major
11	周围	zhōuwéi	n.	surrounding
12	对	duì	prep.	towards, for
13	练习	liànxí	v.	to practise
14	好处	hǎochù	n.	benefit

15	注意	zhùyì	v.	to keep an eye on
16	合适	héshì	adj.	suitable
17	中介	zhōngjiè	n.	agent
18	公司	gōngsī	n.	company
19	发现	fāxiàn	v.	to find out, to discover
20	进步	jìnbù	v.	to progress
21	以前	yǐqián	n.	before
22	水平	shuǐpíng	n.	level
23	高	gāo	adj.	tall, high
24	流利	liúlì	adj.	fluent
25	原来	yuánlái	adv.	so, it turns out to be
26	套	tào	mw.	*measure word* (*for series or sets of things*)
27	公寓	gōngyù	n.	apartment house
28	远	yuǎn	adj.	far
29	搬家	bān jiā		to move house

Language Points

❶ V + 到 + place   Move to someplace

● 我想**搬到**外面去。

① 从宿舍**走到**教室，要十分钟。
② 我迟到了，**跑到**教室的时候，已经八点十分了。
③ 从东京**飞到**北京，要多长时间？

❷ 离   To be away from

● **离**教室也很近。

A 离 B + 远 / 近

① 美国**离**中国比较远。
② 留学生宿舍**离**湖边很近。
③ 我的公寓**离**学校不远，骑车只要十分钟。

❸ "比"字句　Sentences with "比"

● ……而且房租也比外面的便宜。

（1）A 比 B ＋ adj.（A is more adj. than B）
　　① 哥哥比弟弟高。
　　② 这个故事比那个故事有意思。

（2）A 比 B ＋ adj. ＋ 多了（A is much more adj. than B）
　　③ 今天比昨天热多了。
　　④ 这次考试比上次容易多了。

（3）A 比 B ＋ adj. ＋ 一点儿（A is a little bit more adj. than B）
　　⑤ 今天比昨天冷一点儿。
　　⑥ 这家商店的东西比那家的（东西）便宜一点儿。

（4）A ＋ V ＋ O ＋ V 得 ＋ 比 B ＋ adj.（＋ 多了 / 一点儿）
　　⑦ 妹妹唱歌唱得比姐姐好，可是，姐姐跳舞跳得比妹妹好。
　　⑧ 老师写汉字写得比学生快多了。
　　⑨ 他说汉语说得比我好一点儿。

❹ 以前　Before, ago

● 以前我和他的水平差不多。

（1）time word ＋ 以前
　　① 八点以前我们一定要到学校。
　　② 星期六是他的生日。星期五以前，我们要准备好礼物。

（2）time-period word ＋ 以前
　　③ 两个小时以前，他就已经知道了。
　　④ 半年以前，我还不会说汉语。

（3）VP ＋ 以前
　　⑤ 睡觉以前，别忘了吃药。
　　⑥ 来中国以前，我会说一点儿汉语。

（4）以前……，现在……
　　⑦ 以前我住在上海，现在搬到了北京。
　　⑧ 以前我的专业是中国文学，现在我学习中国历史。

课堂练习   Exercises in Class

一 语言点练习   Grammatical exercises

1. 选择合适的词语填空   Fill in the blanks with the following words

> 寄到　送到　游到　骑到　学到　考到

（1）今天天气好，我们骑自行车去学校吧，从公寓_____学校大概20分钟就到了。

（2）你看这些鱼（yú, fish），从这边_____那边，从那边_____这边，多快乐啊。

（3）这些书今天下午要_____图书馆。

（4）我们已经_____第三课了。

（5）从日本东京寄东西到北京，差不多几天能_____？

（6）这次考试我们_____第五课，大家好好儿复习。

2. 用"A比B + adj.（+多了）"造句   Make sentences with "A比B + adj.（+多了）"

（1）饺子 / 面条儿 / 好吃

（2）承德（Chéngdé）/ 天津（Tiānjīn）/ 有意思

（3）卧铺 / 硬座 / 舒服

（4）购物中心 / 美术馆 / 热闹

（5）这个商店 / 那个商店 / 衣服 / 便宜

（6）北京 / 上海 / 冬天 / 冷

（7）这儿 / 那儿 / 风景 / 美

（8）这次 / 上次 / 考试 / 难

（9）他 / 我 / 开车 / 快

（10）张红 / 我 / 学汉语 / 努力

二 任务型练习   Task-based exercises

1. 两人活动：学生两人一组，一人扮演大卫，一人扮演大卫的朋友。聊聊为什么朋友的汉语水平进步这么快，以及他为什么搬家了。

Pair work：Two students are in a group. One student plays the role of David and the other plays the role of his friend. They are talking about why his friend improved Chinese so fast and why he moved his house.

2. 小组活动：学生三人一组，一人扮演留学生，觉得孤单，想买一个宠物。另两人扮演小贩：一个卖猫，一个卖狗。两个小贩极力介绍自己的宠物。最后，留学生决定买狗还是买猫。

Group Work: Three students are in a group. One student plays the role of a foreign student who feels lonely and wants to buy a pet. The other two students play the roles of vendors: One selling cats and the other selling dogs. They are trying to describe their pets, and to persuade the foreign student to buy theirs. The foreign student decides to buy one at last.

要求：尽量使用"比"字句和以下句式。

You're required to use the sentences with "比" and the following patterns.

A 比 B + adj.　　　A 比 B + adj. + 多了　　　A 比 B + adj. + 一点儿

A + V + O + V 得 + 比 B + adj.　　多 + V　　最主要的是　　你说的也是

3. 小组活动：学生三人一组，一人扮演房屋中介公司的工作人员，另外两人扮演求租房子的人。两人同时来中介公司找房子。最后，两人决定合租一间。

Group Work: Three students are in a group. One student is a staff of certain agency. The other two students are people who are looking for house. The two students come to the agency at the same time and they are talking with the staff. In the end, they decide to share a flat with each other.

要求：尽量使用以下词语。

You're required to use the following words.

宿舍　房子　公寓　套　厨房　卫生间　房租　周围　外面　近/远　好处　中介公司　搬

三 扩展阅读　Extensive reading

小时候，我们全家六口人住在两间平房里，没有暖气，也没有厨房和卫生间，上厕所要到街上的公共厕所。夏天还好一点儿，冬天就难过了，非常冷。所以，我从小就想搬到楼房住。大学毕业后，我留在北京工作，可是我工作的公司没有宿舍，我只好到外面租房。我先在公司附近找了一套公寓，房子不大，但是房租很高，而且和别人一起住，不太方便。两年后，我终于贷款买了一套小公寓，虽然房子不太大，但是有厨房和卫生间，我非常满意。

平房　píngfáng　n. single-storey house
暖气　nuǎnqì　n. central heating
难过　nánguò　adj. having a hard time
贷款　dài kuǎn　to provide a loan, to loan

1. 判断正误　True or false

    （1）"我"小时候特别想住在平房里。
    （2）那时平房冬天有暖气，很舒服。
    （3）"我"大学毕业以后在一家公司工作。
    （4）"我"最早租的房子离公司不远。
    （5）工作两年后，父母帮助"我"买了房子。

2. 回答问题　Answer the questions

    （1）"我"为什么不喜欢平房？
    （2）"我"为什么对以前租的公寓不满意？
    （3）"我"现在的房子大不大？"我"为什么觉得很满意？

3 她穿着一件黄衬衫
Tā chuānzhe yí jiàn huáng chènshān

玛 丽：警察先生，我和我的朋友走散了，麻烦你们找一下儿。

警 察：别着急，你坐着说吧。她叫什么名字？是哪国人？

玛 丽：她叫安娜，是德国人。她刚来中国不久，汉语说得还不太好。

警 察：她多大年纪？长什么样子？

玛 丽：大概二十三四岁，黄头发，蓝眼睛，个子不太高，有一米六多吧。

警 察：穿什么衣服？

玛 丽：她穿着一件黄衬衫，一条蓝牛仔裤，背着一个大旅行包。

警 察：你们是什么时候走散的？

玛 丽：下午两点半左右。

警 察：别着急，我们一定帮你找到她。

Mǎlì: Jǐngchá xiānsheng, wǒ hé wǒ de péngyou zǒusàn le, máfan nǐmen zhǎo yíxiàr.

Jǐngchá: Bié zháo jí, nǐ zuòzhe shuō ba. Tā jiào shénme míngzi? Shì nǎ guó rén?

Mǎlì: Tā jiào Ānnà, shì Déguórén. Tā gāng lái Zhōngguó bùjiǔ, Hànyǔ shuō de hái bú tài hǎo.

Jǐngchá: Tā duō dà niánjì? Zhǎng shénme yàngzi?

Mǎlì: Dàgài èrshísān-sì suì, huáng tóufa, lán yǎnjing, gèzi bú tài gāo, yǒu yì mǐ liù duō ba.

Jǐngchá: Chuān shénme yīfu?
Mǎlì: Tā chuānzhe yí jiàn huáng chènshān, yì tiáo lán niúzǎikù, bēizhe yí ge dà lǚxíngbāo.
Jǐngchá: Nǐmen shì shénme shíhou zǒusàn de?
Mǎlì: Xiàwǔ liǎng diǎn bàn zuǒyòu.
Jǐngchá: Bié zháo jí, wǒmen yídìng bāng nǐ zhǎodào tā.

寻物启事

昨天（9月5日）下午5点钟左右，我在南操场丢了一个红色旅行包，里面有几支笔，还有几个本子。请拾到者送到留学生5号楼302室，或者打电话52768436和大卫联系。非常感谢！

大　卫

2023年9月6日

Xún Wù Qǐshì

Zuótiān (jiǔyuè wǔ rì) xiàwǔ wǔ diǎnzhōng zuǒyòu, wǒ zài nán cāochǎng diūle yí ge hóngsè lǚxíngbāo, lǐmiàn yǒu jǐ zhī bǐ, hái yǒu jǐ ge běnzi. Qǐng shídàozhě sòngdào liúxuéshēng wǔ hào lóu sān líng èr shì, huòzhě dǎ diànhuà wǔ èr qī liù bā sì sān liù hé Dàwèi liánxì. Fēicháng gǎnxiè!

Dàwèi

èr líng èr sān nián jiǔyuè liù rì

New Words and Expressions

1	先生	xiānsheng	n.	mister, sir
2	走散	zǒusàn		to get lost, to stray
3	不久	bùjiǔ	adj.	soon, before long
4	长	zhǎng	v.	to grow
5	样子	yàngzi	n.	appearance
6	头发	tóufa	n.	hair

7 眼睛	yǎnjing	n.	eye
8 个子	gèzi	n.	height
9 米	mǐ	mw.	metre
10 穿	chuān	v.	to wear, to be dressed in
11 着	zhe	part.	*indicating the continuation of a state*
12 衬衫	chènshān	n.	shirt
13 牛仔裤	niúzǎikù	n.	jeans
14 背	bēi	v.	to carry on the back
15 包	bāo	n.	bag
16 左右	zuǒyòu	n.	or so, approximate
17 寻	xún	v.	to look for
18 物	wù	n.	thing
19 启事	qǐshì	n.	notice
20 南	nán	n.	south
21 操场	cāochǎng	n.	playground
22 红色	hóngsè	n.	red
23 里面	lǐmiàn	n.	inside
24 支	zhī	mw.	*mesure word (for long, thin and inflexible objects)*
25 笔	bǐ	n.	writing utensils
26 本子	běnzi	n.	exercise book
27 拾	shí	v.	to pick up
28 者	zhě	part.	-er, -or
29 或者	huòzhě	conj.	or
30 联系	liánxì	v.	to contact
31 感谢	gǎnxiè	v.	to thank, to appreciate

专有名词 Proper Nouns

| 1 安娜 | Ānnà | Anna |
| 2 德国人 | Déguórén | German |

Language Points

1 概数表达法　Approximate number

● 大概二十三四岁。

（1）相邻的两个数词连用。Two adjacent numerals are used together.

① 我来北京已经两三个月了。
② 他二十四五岁的样子，个子不太高。
③ 我家离学校很远，坐公共汽车要四五十分钟。

（2）num. + 多 / 几 + mw.

④ 那座楼很高，大概有三十多层。
⑤ 她很年轻，二十几岁，很漂亮。

（3）num. + mw. + 左右

⑥ 这儿的房租不太贵，一个月八百块左右。
⑦ 他是十一点左右来的。

2 着　The particle 着

● 她穿着一件黄衬衫。

（1）Sb. + V + 着 + q. + O

▲ 这个句式可以用来描写一个人的穿着打扮或正在持续的状态。例如：
This expression is usually used to describe people's dressing or a state of their continuous actions. For example:

① 他拿着一束花。
② 她穿着一双黑色的鞋。
③ 她长着一头漂亮的头发。
④ 玛丽骑着一辆自行车。

● 你坐着说吧。

（2）Sb. + V₁ + 着 + V₂

▲ 这个句式表示 V₁ 的动作行为伴随 V₂ 发生。例如：
The two actions occur simultaneously, and the second one is the main action. For example:

⑤ 他听着音乐做作业。
⑥ 孩子哭（kū, to cry）着找妈妈。
⑦ 他常常唱着歌洗澡。

❸ S + 有 + 数量词（+ adj.）

● 她个子不太高，有一米六多吧。

▲ 这个格式表示评价，能进入这个格式的形容词不多，通常是"长、宽、高、深"等。
"S + 有 + number measure word +（adj.）" indicates to express evaluation. The adjectives that can be used in this pattern are "长，宽，高，深" etc.. For example:

① 那座楼有100米（高）。
② A：长江（jiāng, Yangtze River）有多长？
　 B：长江有6000多千米（qiānmǐ, kilometre）。

❹ 存在句（1） Existential sentences（1）

● 里面有几支笔，还有几个本子。

处所词 + 有 + O

▲ 表示某处存在某人或某物。例如：
This expression is used to indicate there is something or somebody in someplace. For example:

① 教室里有几个学生。
② 书包里有几本书和几个本子。
③ 公寓前有一个车棚，可以放你的自行车。

Exercises in Class

一 语言点练习　Grammatical exercises

看图，用所给词语和句式描述他们的样子　Describe the persons in the following pictures

个子　头发　眼睛　鼻子

衬衫　牛仔裤　裙子　眼镜
旅行包

二十一二岁　左右　多

V + 着 + O

二 任务型练习　Task-based exercises

1. 两人活动：学生两人一组，谈谈第一次和网友或朋友约会时，对方长什么样。

   Pair work：Two students in a group talk about their first date with their internet-friend, especially their appearances.

   要求：尽量使用下列词语。

   You're required to use the following words.

   衬衫　牛仔裤　背包　眼睛　个子　头发　长　年纪

2. 两人活动：学生两人一组，一人扮演警察，一人扮演留学生。留学生在外旅行，旅行包丢了，里面有护照、钱包等。他跟警察说明情况，请求帮助。

   Pair work：Two students are in a group. One student is a police, the other is a foreign student. The student lost his / her travelling bag which contains his / her passport, wallet and so on. So he / she comes to the policestation to ask for help.

三 扩展阅读　Extensive reading

（一）寻人启事

李小明，男，五岁半，短头发，黑眼睛，身穿黄色T恤和牛仔短裤，昨日在家门前走失。有见到者请打电话96875432或手机13407891234和李伟联系。非常感谢！

T恤　T xù　T-shirt

回答问题　Answer the questions

（1）这个"寻人启事"找谁？

（2）李小明长什么样子？

（3）他是在哪儿走丢的？

（4）如果见到李小明，和谁联系？怎么联系？

（二）

　　真倒霉！昨天我在宿舍楼的浴室洗澡的时候，忘了拿我的手表。那块手表上面有Kitty猫，是我上大学时爸爸妈妈送给我的礼物，是我最心爱的东西。丢了手表我很难过，不想吃饭，不想睡觉，真希望快点儿找到我的表。请你们帮帮我。我住在留学生宿舍2号楼415房间，我叫中村。

浴室	yùshì	n. shower room
洗澡	xǐ zǎo	to take a bath
手表	shǒubiǎo	n. watch

1. **回答问题**　Answer the questions

   （1）"我"丢了什么东西？

   （2）东西是什么时候丢的？在哪儿丢的？

   （3）那块表是什么样子？

   （4）如果有人找到了手表，应该和谁联系？

2. **根据上文，写一则寻物启事**　As mentioned above, write a lost-and-found notice

4 　Měiguó méiyǒu zhème duō zìxíngchē
美国没有这么多自行车

李　军：大卫，你来中国的时间不短了，你觉得中国和美国一样吗？

大　卫：有的地方一样，有的地方不一样。

李　军：比如说？

大　卫：美国和中国一样，都是大国，面积都不小，但是美国人口没有中国那么多，历史也没有中国那么长。另外，美国是发达国家，中国是发展中国家，生活水平有点儿不一样。

李　军：说得不错。还有吗？

大　卫：还有，美国没有这么多自行车。

李　军：那人们上班、上学都开车吗？

大　卫：不一定，有的坐公共汽车，有的坐地铁，还有的开车。

Lǐ Jūn: Dàwèi, nǐ lái Zhōngguó de shíjiān bù duǎn le, nǐ juéde Zhōngguó hé Měiguó yíyàng ma?

Dàwèi: Yǒude dìfang yíyàng, yǒude dìfang bù yíyàng.

Lǐ Jūn: Bǐrú shuō?

Dàwèi: Měiguó hé Zhōngguó yíyàng, dōu shì dà guó, miànjī dōu bù xiǎo, dànshì Měiguó rénkǒu méiyǒu Zhōngguó nàme duō, lìshǐ yě méiyǒu Zhōngguó nàme cháng. Lìngwài, Měiguó shì fādá guójiā, Zhōngguó shì fāzhǎn zhōng guójiā, shēnghuó shuǐpíng yǒudiǎnr bù yíyàng.

Lǐ Jūn: Shuō de búcuò. Hái yǒu ma?
Dàwèi: Hái yǒu, Měiguó méiyǒu zhème duō zìxíngchē.
Lǐ Jūn: Nà rénmen shàng bān、shàng xué dōu kāi chē ma?
Dàwèi: Bù yídìng, yǒude zuò gōnggòng qìchē, yǒude zuò dìtiě, hái yǒude kāi chē.

来中国以后,我发现中国有几"多":一是人多,有十四亿人口,公共汽车上、商店里、街上,到处都是人;二是车多,上班、下班的时候,马路上的汽车、自行车像河流一样,很壮观;三是中国菜的种类多,听说有名的菜就有八大菜系;四是名胜古迹多,中国有几千年的历史,名胜古迹当然很多;五是民族多,有55个少数民族。还有……我在慢慢发现呢。

Lái Zhōngguó yǐhòu, wǒ fāxiàn Zhōngguó yǒu jǐ "duō": yī shì rén duō, yǒu shísì yì rénkǒu, gōnggòng qìchē shang、shāngdiàn li、jiē shang, dàochù dōu shì rén; èr shì chē duō, shàng bān、xià bān de shíhou, mǎlù shang de qìchē、zìxíngchē xiàng héliú yíyàng, hěn zhuàngguān; sān shì Zhōngguó cài de zhǒnglèi duō, tīngshuō yǒumíng de cài jiù yǒu bā dà càixì; sì shì míngshèng gǔjì duō, Zhōngguó yǒu jǐ qiān nián de lìshǐ, míngshèng gǔjì dāngrán hěn duō; wǔ shì mínzú duō, yǒu wǔshíwǔ ge shǎoshù mínzú. Hái yǒu…… Wǒ zài mànmàn fāxiàn ne.

词语表 — New Words and Expressions

#	词	拼音	词性	释义
1	短	duǎn	adj.	short
2	一样	yíyàng	adj.	same, as ... as
3	地方	dìfang	n.	part
4	比如说	bǐrú shuō		for example
5	面积	miànjī	n.	area
6	人口	rénkǒu	n.	population
7	发达国家	fādá guójiā		developed country
	发达	fādá	adj.	developed
	国家	guójiā	n.	country

8 发展中国家	fāzhǎn zhōng guójiā		developing country
发展	fāzhǎn	v.	to develop
9 人们	rénmen	n.	people
10 上班	shàng bān		to go to work
11 上学	shàng xué		to go to school
12 开	kāi	v.	to drive
13 亿	yì	num.	hundred million
14 街	jiē	n.	road, street
15 到处	dàochù	adv.	everywhere
16 下班	xià bān		to get off work
17 汽车	qìchē	n.	bus, car
18 像	xiàng	v.	to resemble, to be like
19 河流	héliú	n.	river
河	hé	n.	river
20 壮观	zhuàngguān	adj.	magnificent sight
21 种类	zhǒnglèi	n.	kind
22 菜系	càixì	n.	cuisine
23 名胜古迹	míngshèng gǔjì		scenic spot and historical place
24 千	qiān	num.	thousand
25 民族	mínzú	n.	nation, ethnic group
26 少数民族	shǎoshù mínzú		ethnic minority
少数	shǎoshù	n.	minority

Language Points

1 A 和 B 一样…… A is as...as B

● 你觉得中国和美国一样吗？

▲ 否定式（Negative form）：A 和 B 不一样。

①他和我一样，都是大学生。 vs. 他和我不一样。

②这家商店和那家商店一样，都卖书和杂志。vs. 这家商店和那家商店不一样。
③他的汉语水平和我的（汉语水平）一样高。vs. 他的汉语水平和我的不一样高。
④我的房子和他的（房子）一样大。vs. 我的房子和他的房子不一样大。

❷ 有的……有的……   Some..., some...

● 有的地方一样，有的地方不一样。

①学校放假以后，有的同学想回家，有的同学想去旅行。
②酒吧里，有的人在聊天儿，有的人在喝酒，还有的人在看书。
③周末，我有（的）时候去逛商店，有（的）时候去看电影。
④这个城市有的地方很漂亮，有的地方不太漂亮。

❸ A 没有 B（+ 这么 / 那么）+ adj.   A is not quite as... as B

● 美国人口没有中国那么多，历史也没有中国那么长。

▲ 这是"比"字句"A 比 B + adj."的否定式。例如：

This is the negative form for "A 比 B + adj.". For example :

① 他比我高。	我没有他高。	
② 春天比冬天舒服多了。		冬天没有春天这么舒服。
③ 坐地铁比坐公共汽车快一点儿。	坐公共汽车没有坐地铁快。	坐公共汽车没有坐地铁那么快。

❹ 像……一样   A is like B

● 马路上的汽车、自行车像河流一样。

①她长得很漂亮，像电影明星一样。→ 她长得像电影明星一样漂亮。
②大卫说汉语说得非常流利，像中国人一样。→ 大卫说汉语说得像中国人一样流利。
③他跑得很快，像兔子（tùzi, rabbit）一样。→ 他跑得像兔子一样快。

课堂练习 — Exercises in Class

一 语言点练习　Grammatical exercises

1. 用"A和B一样 + adj."造句　Make sentences with "A和B一样 + adj."

    (1) 这个饭馆 / 那个饭馆 / 远
    (2) 这个电影 / 那个电影 / 有名
    (3) 这次考试 / 上次考试 / 容易
    (4) 我 / 弟弟 / 高
    (5) 他 / 女朋友 / 大
    (6) 北京大学 / 清华大学 / 有名

2. 用"A和B一样……"完成句子　Complete the sentences with "A和B一样……"

    (1) 我和妈妈一样，_____。(both like to drink tea)
    (2) 中国和日本一样，_____。(both have four seasons)
    (3) 姐姐的衣服和妹妹的（衣服）一样，_____。(beautiful)
    (4) 爷爷和奶奶一样，_____。(don't want to go to see a movie)
    (5) _____，汉语水平都很高。
    (6) _____，都喜欢打篮球。
    (7) _____，都是发展中国家。
    (8) _____，历史都很长。

3. 用"A没有B (+这么/那么) +adj."造句

    Make sentences with "A没有B (+这么/那么) + adj."

    (1) 今天 / 昨天 / 热
    (2) 我 / 我同屋 / 用功
    (3) 语法 / 汉字 / 难
    (4) 我的衣服 / 我妹妹的（衣服）/ 贵
    (5) 这个教室 / 那个（教室）/ 大
    (6) 我爸爸的车 / 我妈妈的（车）/ 新

(7) 这儿的风景/那儿的（风景）/美

(8) 面条/饺子/好吃

二 扩展阅读 Extensive reading

中国在亚洲，陆地面积大概是九百六十万平方千米，只比俄罗斯、加拿大小，是世界第三大国。中国有十四亿人口，是世界上人口最多的国家，据说地球上每五个人中就有一个是中国人。中国面积大、人口多，历史也很长，已经有几千年了。因为中国的历史很长，所以名胜古迹也非常多，最有名的就是长城。有人说："不到长城非好汉，不吃烤鸭真遗憾。"意思就是说，来中国一定要去看看伟大的长城，一定要去吃北京烤鸭，当然更应该学好汉语，这对留学生来说才是最重要的。

亚洲	Yàzhōu	pn. Asia
陆地	lùdì	n. land
平方千米	píngfāng qiānmǐ	square kilometre (km²)
俄罗斯	Éluósī	pn. Russia
据说	jùshuō	v. it is said, they say
遗憾	yíhàn	adj. regretful, pityful

1. 回答问题 Answer the questions

（1）中国的陆地面积是多大？人口呢？

（2）中国的历史有多少年？

（3）"不到长城非好汉，不吃烤鸭真遗憾"是什么意思？

（4）对留学生来说，最重要的是什么？

2. 模仿上文，介绍一下儿你们的国家 Introduce your own country

这家餐厅的菜不错
Zhè jiā cāntīng de cài búcuò

大 卫：两位女士吃饱了吗？要不要再点一个菜？

玛 丽：够了，我已经吃好了。

安 娜：我也吃饱了。这家餐厅的菜真不错。大卫，以前你经常来这儿吗？

大 卫：不常来，一个月一两次吧。

安 娜：你每天都在哪儿吃饭？

大 卫：有的时候在食堂，有的时候去饭馆，偶尔也自己做。

玛 丽：你会做饭？我还是第一次听说。

大 卫：很少做。自己做饭比在外面吃便宜，不过没有饭馆的菜那么好吃。

安 娜：你会做什么饭？

大 卫：水平最高的当然是煮方便面。

玛 丽：那你和我一样啊！

Dàwèi: Liǎng wèi nǚshì chībǎo le ma? Yào bu yào zài diǎn yí ge cài?
Mǎlì: Gòu le, wǒ yǐjīng chīhǎo le.
Ānnà: Wǒ yě chībǎo le. Zhè jiā cāntīng de cài zhēn búcuò. Dàwèi, yǐqián nǐ jīngcháng lái zhèr ma?

Dàwèi: Bù cháng lái, yí ge yuè yì-liǎng cì ba.

Ānnà: Nǐ měi tiān dōu zài nǎr chī fàn?

Dàwèi: Yǒude shíhou zài shítáng, yǒude shíhou qù fànguǎn, ǒu'ěr yě zìjǐ zuò.

Mǎlì: Nǐ huì zuò fàn? Wǒ háishi dì-yī cì tīngshuō.

Dàwèi: Hěn shǎo zuò. Zìjǐ zuò fàn bǐ zài wàimiàn chī piányi, búguò méiyǒu fànguǎn de cài nàme hǎochī.

Ānnà: Nǐ huì zuò shénme fàn?

Dàwèi: Shuǐpíng zuì gāo de dāngrán shì zhǔ fāngbiànmiàn.

Mǎlì: Nà nǐ hé wǒ yíyàng a!

今天是周末,我打算去外面吃饭。每天都吃食堂的饭,肚子早就有意见了。朋友告诉我,有一家火锅店是最近刚开张的,酒水免费。我一听就打算去那儿了。我是跟几个朋友一起去的,一个人去没有意思,人多比较热闹。那家餐厅离学校不太远,走路十多分钟就到了。那儿的环境不错,服务员的态度也很热情,价钱也算公道,不过味道辣了一些。

Jīntiān shì zhōumò, wǒ dǎsuàn qù wàimiàn chī fàn. Měi tiān dōu chī shítáng de fàn, dùzi zǎo jiù yǒu yìjiàn le. Péngyou gàosu wǒ, yǒu yì jiā huǒguōdiàn shì zuìjìn gāng kāizhāng de, jiǔshuǐ miǎn fèi. Wǒ yì tīng jiù dǎsuàn qù nàr le. Wǒ shì gēn jǐ ge péngyou yìqǐ qù de, yí ge rén qù méiyǒu yìsi, rén duō bǐjiào rènao. Nà jiā cāntīng lí xuéxiào bú tài yuǎn, zǒu lù shí duō fēnzhōng jiù dào le. Nàr de huánjìng búcuò, fúwùyuán de tàidu yě hěn rèqíng, jiàqian yě suàn gōngdao, búguò wèidao là le yìxiē.

词语表

New Words and Expressions

1	位	wèi	mw.	(Pol.) measure word for people
2	女士	nǚshì	n.	lady, madam
3	饱	bǎo	adj.	full
4	点	diǎn	v.	to order
5	家	jiā	mw.	measure word (for enterprises, such as restaurant, bookstore, etc.)
6	餐厅	cāntīng	n.	dining room, dining hall
7	经常	jīngcháng	adv.	often
8	饭馆	fànguǎn	n.	restaurant
9	偶尔	ǒu'ěr	adv.	occasionally
10	还是	háishi	adv.	indicating that sth. quite unexpected has happened
11	第	dì	pref.	used before integers to indicate order
12	煮	zhǔ	v.	to boil, to cook
13	方便面	fāngbiànmiàn	n.	instant noodles
14	肚子	dùzi	n.	belly, abdomen
15	早	zǎo	adv.	early
16	告诉	gàosu	v.	to tell
17	火锅	huǒguō	n.	hotpot
18	最近	zuìjìn	n.	recently
19	开张	kāizhāng	v.	to open
20	酒水	jiǔshuǐ	n.	beverages, drinks
21	免费	miǎnfèi		free of charge
22	跟	gēn	prep.	with
23	环境	huánjìng	n.	environment
24	服务员	fúwùyuán	n.	waiter
	服务	fúwù	v.	to serve
25	态度	tàidu	n.	attitude
26	价钱	jiàqian	n.	price

27	算	suàn	v.	to be considered, to be regarded
28	公道	gōngdao	adj.	fair, just
29	辣	là	adj.	hot
30	一些	yìxiē	q.	some, a few, a little

Language Points

❶ V + adj.

● 我也吃饱了。/够了，我已经吃好了。

▲ "V + adj."中，adj.是V的结果补语，表示动作以后达到了某种结果。否定形式是：没 + V + adj.。例如：

Adj. used after a verb is resultative complement, which indicates a result of the action. The negative form is: 没 + V + adj.. For example:

① 中国菜太好吃了，来中国以后，我都吃胖了。　vs.　他没吃胖。
② 走了这么长时间，我走累了。　vs.　他没走累。
③ 不好意思，我来晚了。　vs.　他没来晚。

❷ 单元语言点小结　Summary of Language Points

语言点	例句	课号
1. 一……就……	你一进门，我就看见你了。	1
2. 都……了	都十二点了,这么晚了,她怎么还没回来？	1
3. 是……的	我是在机场遇到他的。	1
4. V + 到 + place	我想搬到外面去。	2
5. 离	我的宿舍离教室很近。	2
6. "比"字句	他的汉语水平比我高。	2
7. 以前	以前，我住在学校，不住在公寓。	2
8. 概数表达法	她二十三四岁，个子不高。	3
9. 着	她穿着一件黄衬衫，一条蓝色牛仔裤。	3
10. S + 有 + 数量词（+ adj.）	那座楼有100米（高）。	3
11. 存在句（1）	我的书包里有几支笔和几个本子。	3

语言点	例句	课号
12. A 和 B 一样……	他和我一样，都是大学生。	4
13. 有的……有的……	有的开车，有的坐车。	4
14. A 没有 B (+ 这么 / 那么) + adj.	美国人口没有中国那么多，历史也没有中国那么长。	4
15. 像……一样	马路上的汽车、自行车像河流一样。	4
16. V + adj.	我也吃饱了。	5

课堂练习 Exercises in Class

一 用 "V + adj." 回答问题　Answer the questions with the pattern "V + adj."

1. 我们再点一个菜吧？
2. 你为什么要再做一遍作业？
3. 要休息一下儿吗？
4. 我们说好八点见，你怎么才来呢？
5. 大卫怎么开始锻炼身体了？

二 任务型练习　Task-based exercises

1. 两人活动：学生两人一组，讨论如果要和女（男）朋友第一次约会，你会去什么样的饭店。
   Pair work: Two students in a group talk about what kind of restaurant you will go when you date with your girlfriend / boyfriend for the first time.

   要求：尽量使用本课生词。
   You're required to use the new words in the lesson.

2. 两人活动：学生两人一组，一起商量一下儿去哪里吃晚饭。两人意见不同，因此两人都要描述自己想去的那家饭馆，力争说服对方听从自己的建议。
   Pair work: Two students in a group plan to eat dinner outside but the restaurants which they like are different. So one is trying to describe his/her favorite restaurant in order to persuade the other.

三 扩展阅读　Extensive reading

今天一早，大卫发现自己的手机不见了。他想了一下儿，昨天上午去机场接朋友，因为朋友的航班晚点了，他等了差不多两个小时，当时他是用手机联系的，应该不是在机场丢的。接了朋友以后，他们一起去餐厅吃饭。那家餐厅的环境不错，价钱也算公道，就是服务员的态度不太热情，菜的味道也有点儿辣，吃得肚子不太舒服。不过，大卫在那儿用手机接了一个电话，应该也不是在餐厅丢的。下午大卫带朋友去留学生宿舍，朋友不太喜欢住在学校的宿舍，他认为周围都是留学生，对学习汉语没好处。因为大卫的汉语水平比朋友高，所以朋友请他帮忙，要在学校外面租一套公寓，离学校不太远，最好有厨房。大卫答应了，他用手机给李军打了一个电话，请他在中介公司的朋友帮忙，手机应该不会是在朋友的宿舍丢的。晚上他打车回学校，以后没用过手机。那么手机丢在哪儿了呢？这时有人来找大卫，原来他的手机丢在出租车里了，司机（sījī, driver）给他送到了学校。大卫非常感谢他！

1. 判断正误　True or false

（1）今天大卫的手机丢了。

（2）上午，大卫的航班晚点了。

（3）大卫和朋友一起去学校食堂吃了饭。

（4）下午大卫带朋友去了留学生宿舍。

（5）大卫的公寓很好，离学校不太远。

（6）大卫给李军打电话，让李军帮忙。

（7）晚上，大卫在自己的房间接了一个电话。

（8）李军给大卫送来了手机。

2. 选择正确答案　Choose the correct answers

（1）大卫的手机丢在哪儿了？

  A. 机场　　　　　　　B. 餐厅　　　　　　　C. 出租车里

（2）大卫昨天没去哪儿？

  A. 宿舍　　　　　　　B. 餐厅　　　　　　　C. 公寓

（3）大卫为什么打电话给李军？

  A. 找房子　　　　　　B. 介绍朋友　　　　　C. 一起吃饭

（4）朋友为什么请大卫帮忙？

  A. 大卫有中国朋友　　B. 大卫住在公寓　　　C. 大卫汉语好

（5）谁给大卫送回了手机？

  A. 李军　　　　　　　B. 司机　　　　　　　C. 朋友

6 广告栏上贴着一个通知

Guǎnggàolán shang tiēzhe yí ge tōngzhī

玛　丽：宿舍楼门口围着一些人，发生了什么事？

中　村：走，过去看看。

玛　丽：啊，广告栏上贴着一个通知。

中　村：好像是一个活动的通知。

玛　丽：中村，有的字我不认识，你帮我读一下儿吧。

中　村："九月二十日，国际交流学院将组织留学生去郊区参观，准备参加活动的同学，请带学生证到学院办公室报名。"学院要带我们去郊区参观。

玛　丽：太好了！什么时候报名？

中　村：下午两点到五点半。

玛　丽：在哪儿报名？

中　村：学院办公室。

玛　丽：要办什么手续？

中　村：带学生证就行了。

玛　丽：我马上就去拿。你回宿舍去吗？

中　村：不，我还有点儿事，你先上去吧。

Mǎlì:	Sùshèlóu ménkǒu wéizhe yìxiē rén, fāshēngle shénme shì?
Zhōngcūn:	Zǒu, guòqu kànkan.
Mǎlì:	À, guǎnggàolán shang tiēzhe yí ge tōngzhī.
Zhōngcūn:	Hǎoxiàng shì yí ge huódòng de tōngzhī.
Mǎlì:	Zhōngcūn, yǒude zì wǒ bú rènshi, nǐ bāng wǒ dú yíxiàr ba.
Zhōngcūn:	"Jiǔyuè èrshí rì, Guójì Jiāoliú Xuéyuàn jiāng zǔzhī liúxuéshēng qù jiāoqū cānguān, zhǔnbèi cānjiā huódòng de tóngxué, qǐng dài xuéshēngzhèng dào xuéyuàn bàngōngshì bào míng." Xuéyuàn yào dài wǒmen qù jiāoqū cānguān.
Mǎlì:	Tài hǎo le! Shénme shíhou bào míng?
Zhōngcūn:	Xiàwǔ liǎng diǎn dào wǔ diǎn bàn.
Mǎlì:	Zài nǎr bào míng?
Zhōngcūn:	Xuéyuàn bàngōngshì.
Mǎlì:	Yào bàn shénme shǒuxù?
Zhōngcūn:	Dài xuéshēngzhèng jiù xíng le.
Mǎlì:	Wǒ mǎshàng jiù qù ná. Nǐ huí sùshè qu ma?
Zhōngcūn:	Bù, wǒ hái yǒu diǎnr shì, nǐ xiān shàngqu ba.

通　知

为了鼓励大家积极参加体育运动，学校将在下个月举办春季"优胜杯"大学生篮球比赛，希望有兴趣的留学生朋友积极参加。

报名地点：36楼204办公室

电话：77654932

学生会体育部
10月15日

Tōngzhī

Wèile gǔlì dàjiā jījí cānjiā tǐyù yùndòng, xuéxiào jiāng zài xià ge yuè jǔbàn chūnjì "Yōushèng Bēi" dàxuéshēng lánqiú bǐsài, xīwàng yǒu xìngqù de liúxuéshēng péngyou jījí cānjiā.

Bào míng dìdiǎn: sānshíliù lóu èr líng sì bàngōngshì

Diànhuà: qī qī liù wǔ sì jiǔ sān èr

Xuéshēnghuì tǐyùbù

shíyuè shíwǔ rì

词语表

New Words and Expressions

1	围	wéi	v.	to enclose, to surround
2	发生	fāshēng	v.	to happen
3	过去	guòqu	v.	to go over, to pass by
4	广告栏	guǎnggàolán	n.	advertisement column
	广告	guǎnggào	n.	advertisement
	栏	lán	n.	column
5	贴	tiē	v.	to paste
6	通知	tōngzhī	n.	notice, circular
7	活动	huódòng	n.	activity
8	读	dú	v.	to read
9	交流	jiāoliú	v.	to communicate
10	学院	xuéyuàn	n.	college
11	将	jiāng	adv.	be going to
12	组织	zǔzhī	v.	to organize
13	郊区	jiāoqū	n.	suburb
14	参观	cānguān	v.	to visit (*a place*)
15	学生证	xuéshēngzhèng	n.	students' ID
16	办公室	bàngōngshì	n.	office
17	办	bàn	v.	to handle
18	手续	shǒuxù	n.	procedure
19	马上	mǎshàng	adv.	at once, immediately
20	拿	ná	v.	to take
21	为了	wèile	prep.	in order to
22	鼓励	gǔlì	v.	to encourage
23	积极	jījí	adj.	active
24	体育	tǐyù	n.	physical training
25	运动	yùndòng	n.	sports
26	举办	jǔbàn	v.	to conduct, to hold

27	篮球	lánqiú	n.	basketball
28	地点	dìdiǎn	n.	place, site
29	部	bù	n.	ministry

专有名词 Proper Nouns

| 优胜杯 | Yōushèng Bēi | Cup of Yousheng |

Language Points

1 趋向补语（1） Compound directional complement (1)

● 走，过去看看。

（1）V + 来 / 去

"来 / 去"可以用在其他动词的后面，表示动作的方向，叫作趋向补语。"来"表示向着说话人运动；"去"表示背着说话人运动。常用的可以带趋向补语的动词有"上、下、进、出、回、过、起"等。例如：

"来 / 去" can be used after verbs, indicating the direction of the action and serving as the directional complement. "来" indicates that the agent moves towards the speaker, while "去" indicates that the agent moves away from the speaker. Verbs that can take the directional complements include "上，下，进，出，回，过" and "起", etc.. For example:

① 咱们过去看看。
② 时间不早了，我该回去了。
③ 我在房间等你，你快上来吧。

（2）V + O + 来 / 去

带宾语时，宾语常放在 V 的后边、"来 / 去"的前边。例如：
When the verb takes an object, the object is often placed between the verb and the complement. For example:

④ 他在河那边等我们，咱们过桥去吧。
⑤ 你来晚了，他们已经回学校去了。
⑥ 他唱着歌上楼来了。

❷ 存在句（2）Existential sentences（2）

● 广告栏上贴着一个通知。

处所词 + V + 着 + q. + n.

▲ 表示某处存在某人或某物，这个句式强调的是某动作结束后遗留的状态。例如：
This pattern is used to indicate that there is something or somebody in someplace, emphasizing the state when an action is over. For example:

① 门上挂着一张画儿。
② 黑板（hēibǎn, blackboard）上写着几个字。
③ 教室门口站着两个人。
④ 那儿坐着三个人，他们在干什么。

❸ 为了 In order to

● 为了鼓励大家积极参加体育运动，……

▲ "为了"多出现在句首，表示目的。例如：
"为了" is often used at the beginning of the sentence, indicating the purpose. For example:

① 为了学习汉语，我来中国留学。
② 为了提高口语水平，他常和中国朋友聊天儿。
③ 他为了能去北京大学读研究生，每天努力学习。

课堂练习 Exercises in Class

一 语言点练习 Grammatical exercises

1. 用"为了"完成句子 Complete the sentences with "为了"

（1）_____，我来中国留学。

（2）_____，我常常锻炼身体。

（3）_____，我们应该每天喝牛奶。

（4）_____，我给他买了一件毛衣。

（5）_____，我请他吃饭。

2. 用指定词语填图　Fill in the blanks with the given words according to the pictures

上去　下来　回来　回去　过去　过来　进去　进来　出去　出来

二 任务型练习　Task-based exercises

小组活动：学生三人一组，扮演学生会干部，一起商量怎么举办歌舞比赛。讨论内容包括举办活动的原因、时间、地点、怎么报名等。

Group work：Three students in a group talk about how to organize a singing-dancing contest. They are discussing the purpose, time, venue and registration, etc..

三 扩展阅读　Extensive reading

> 昨天晚上，我接到了大卫的电话，他说下午在学校的广告栏上看到了一个通知，学校要组织留学生去郊区参观，准备参加活动的同学带学生证到办公室报名。他问我去不去。我来中国几个月了，可是大部分时间都待在学校，我特别想去中国不同的地方看一看。所以今天一下课我就去办公室报名了。在办公室里，我遇到了玛丽，她和我一样，也想去郊区看看。能和朋友们一起去，我太高兴了，真希望能早点儿去！

选择正确答案　Choose the correct answers

（1）"我"是怎么知道学校的通知的？
　　A. 大卫告诉"我"的　　B. 玛丽告诉"我"的　　C. "我"自己看到的

（2）"我"是什么时候去办手续的？
　　A. 昨天下午　　B. 今天下课后　　C. 昨天晚上

（3）"我"在哪儿遇到了玛丽？
　　A. 教室　　B. 办公室　　C. 宿舍前

（4）"我"为什么想去郊区？
　　A. 朋友们都去　　B. 想去看不同的地方　　C. 想学汉语

（5）"我"去办公室干什么？
　　A. 看朋友　　B. 报名　　C. 办回国手续

7

Bīngxiāng sāi de mǎnmǎn de
冰箱塞得满满的

张 红：妈，咱们买一点儿苹果吧！您看，这些苹果红红的，大大的，看起来很好吃。一天一个苹果，不用看医生。

妈 妈：水果对身体都有好处。咱们家的水果还没吃完呢。

张 红：您说的是橘子吧？太酸了，别吃了吧。

妈 妈：那天是谁说的？橘子有很多维生素C，对身体有好处，结果买了四斤，没有人吃。再说，天气这么热，水果也容易坏，吃完了再买吧。

张 红：那可以放在冰箱里呀。

妈 妈：咱们家那个冰箱前两天就已经塞得满满的了。

张 红：看来得换个大冰箱了。

Zhāng Hóng: Mā, Zánmen mǎi yìdiǎnr píngguǒ ba! Nín kàn, zhèxiē píngguǒ hónghóng de, dàdà de, kàn qilai hěn hǎochī. Yì tiān yí ge píngguǒ, búyòng kàn yīshēng.

Māma: Shuǐguǒ duì shēntǐ dōu yǒu hǎochu. Zánmen jiā de shuǐguǒ hái méi chīwán ne.

Zhāng Hóng: Nín shuō de shì júzi ba? Tài suān le, bié chī le ba.

Māma:	Nà tiān shì shéi shuō de? Júzi yǒu hěn duō wéishēngsù C, duì shēntǐ yǒu hǎochu, jiéguǒ mǎile sì jīn, méiyǒu rén chī. Zàishuō, tiānqì zhème rè, shuǐguǒ yě róngyì huài, chīwánle zài mǎi ba.	
Zhāng Hóng:	Nà kěyǐ fàng zài bīngxiāng li ya.	
Māma:	Zánmen jiā nàge bīngxiāng qián liǎng tiān jiù yǐjīng sāi de mǎnmǎn de le.	
Zhāng Hóng:	Kànlái děi huàn ge dà bīngxiāng le.	

请大家来猜一下儿这是什么动物：它长得圆圆的、胖胖的，身上的毛是白色的，耳朵和四肢是黑色的，眼睛周围还有一个黑黑的眼圈，像戴了一副墨镜，非常可爱。它主要在中国的西南地区生活，最喜欢吃的食物是竹子。猜出来了吗？对了，它就是大熊猫。

Qǐng dàjiā lái cāi yíxiàr zhè shì shénme dòngwù: tā zhǎng de yuányuán de、pàngpàng de, shēnshang de máo shì báisè de, ěrduo hé sìzhī shì hēisè de, yǎnjing zhōuwéi hái yǒu yí ge hēihēi de yǎnquān, xiàng dàile yí fù mòjìng, fēicháng kě'ài. Tā zhǔyào zài Zhōngguó de Xīnán Dìqū shēnghuó, zuì xǐhuan chī de shíwù shì zhúzi. Cāi chulai le ma? Duìle, tā jiù shì dàxióngmāo.

词语表 — New Words and Expressions

1	苹果	píngguǒ	n.	apple
2	不用	búyòng	adv.	no need
3	水果	shuǐguǒ	n.	fruit
4	橘子	júzi	n.	orange
5	酸	suān	adj.	sour, tart
6	维生素	wéishēngsù	n.	vitamin
7	结果	jiéguǒ	conj.	as a result
8	再说	zàishuō	conj.	and then, furthermore
9	放	fàng	v.	to put
10	冰箱	bīngxiāng	n.	refrigerator

11	塞	sāi	v.	to fill, to stuff in
12	满	mǎn	adj.	full
13	看来	kànlái	v.	it looks like...
14	得	děi	aux.	have to, must
15	猜	cāi	v.	to guess
16	动物	dòngwù	n.	animal
17	圆	yuán	adj.	round
18	胖	pàng	adj.	fat
19	身上	shēnshang	n.	on one's body
20	毛	máo	n.	fur
21	耳朵	ěrduo	n.	ear
22	四肢	sìzhī	n.	four limbs, arms and legs
23	眼圈	yǎnquān	n.	rim of the eye
24	戴	dài	v.	to wear
25	副	fù	mw.	*measure word* (*for glasses*)
26	墨镜	mòjìng	n.	sunglasses
27	可爱	kě'ài	adj.	lovely, cute
28	食物	shíwù	n.	food
29	竹子	zhúzi	n.	bamboo
30	出来	chūlai		to come out
31	熊猫	xióngmāo	n.	panda

专有名词 Proper Nouns

西南地区	Xīnán Dìqū	the Southwest region (of China)

Language Points

1 形容词重叠　Adjective reduplication

● 这些苹果红红的，大大的。

▲ 形容词重叠的基本意义是表示程度深。当用于定语位置上时，表示程度适中，并且带有喜爱的色彩。一般用于描写性语境。

When the adjective is reduplicated, it basically indicates a deep degree, but when it is used as an attribute, it can be used to indicate a just-right degree and with a kind of affection. It is usually used to make a description.

（1）单音节形容词重叠式：A → AA。例如：

Reduplication of monosyllabic adjectives: A → AA. For example:

高 → 高高　　红 → 红红

（2）双音节形容词重叠式：AB → AABB。例如：

Reduplication of disyllabic adjectives: AB → AABB. For example:

干净 → 干干净净　　舒服 → 舒舒服服

① 天蓝蓝的，云白白的，真漂亮啊！
② 公共汽车上人挤得满满的，还是打车吧。
③ 他的女朋友长长的头发，大大的眼睛，可爱极了。
④ 女孩子都喜欢吃甜甜的蛋糕，对不对？
⑤ 这套公寓干干净净的，离学校又不远，我很满意。
⑥ 我听得清清楚楚的，明天有听写，快复习吧！

2 再说……　Furthermore

● 再说，天气这么热，水果也容易坏，吃完了再买吧。

▲ 表示附加理由。一般来说，前面的理由比"再说"后面的理由重要。例如：

This word is used to introduce the additional reason. Usually the previous reason(s) is/are more important than the latter. For example:

① 这件衣服对我不合适，再说我也没那么多钱，不买了。
② 我今天有点儿累，再说外面还下着雨，明天再去散步吧。
③ 旅行可以认识新朋友，也可以练习汉语，再说，还可以吃到很多地方的好吃的东西，所以，我常常去旅行。

3 V_1 再 V_2

● 吃完了再买吧。

▲ V₂所表示的动作行为在完成V₁以后发生。例如：

"V₁ 再 V₂" indicates that the second action takes place after the first action. For example:

① 你应该吃了药再睡觉。

② 我正在写作业呢，写完作业再去玩儿。

③ 妈妈说等爸爸回来再吃饭。

4 得……了　It's necessary to...

● 看来得换个大冰箱了。

▲ 表示有必要做某事。例如：

It's necessary for somebody to do something. For example:

① 时间不早了，我得回去了。

② 十一点了，得睡觉了，明天还要上课呢。

③ 你怎么常常感冒？你得锻炼身体了。

Exercises in Class

一 语言点练习　Grammatical exercises

1. 用"再说……"回答问题　Answer the questions with "再说……"

（1）你怎么不去旅行？（准备考试、有点儿感冒）

（2）这个周末我们出去玩儿玩儿吧。（天气、周末人多）

（3）这次考试你考得不太好，为什么呀？

（4）今晚我们去吃烤鸭吧。

（5）你为什么学习汉语？

2. 用形容词重叠式造句　Make sentences with adjective reduplication

（1）这儿的苹果 / 红 / 买

（2）我同屋 / 头发 / 卷（juǎn, curl）

（3）我妹妹 / 脸（liǎn, face）/ 圆

（4）冰激凌 / 甜 / 喜欢

（5）这个菜 / 酸 / 挺好吃

（6）玛丽穿得 / 漂亮 / 参加舞会（wǔhuì, ball, dancing party）

3. 用"V₁再V₂"完成句子　Complete the sentences with "V₁再V₂"

（1）我们吃完晚饭再_____吧。(to go to sing karaoke)

（2）我们做完作业再_____吧。(to have a chat)

（3）明天我打算复习完功课再_____。（to go out for fun）

（4）我们吃完长寿面（chángshòumiàn，longevity noodle）再_____。
（to eat birthday cake）

（5）我们_____（to finish class）再去逛街。

（6）我_____（after calling my mother）再去找你聊天儿。

4. 用"得……了"完成句子　Complete the sentences with "得……了"

（1）都等了半个多小时了，飞机怎么还没到？_____。

（2）我的汉语进步太慢了，_____。

（3）每天在餐厅吃饭有点儿贵，_____。

二 任务型练习　Task-based exercises

两人活动：学生两人一组，一人扮演妈妈，一人扮演孩子。

Pair work：Two students are in a group. One student is mother, the other is a child.

情景：两人刚从动物园大熊猫馆出来，现在是吃午饭的时间。

Situation：They just come out from the Panda House in the zoo and begin to have lunch.

话题：两人谈论熊猫；妈妈劝孩子多吃水果。

Topic：They are talking about the pandas. The mother is trying to persuade the child to eat more fruits.

要求：使用下面的语言点。

You're required to use the following language points.

形容词重叠　V₁再V₂　得……了　再说

三 扩展阅读　Extensive reading

（一）猜一种水果

有一种水果，样子圆圆的，皮黄黄的，里面有很多"小朋友"围在一起，它的味道是酸酸甜甜的。听说它有很多维生素C，多吃就不容易感冒，对人的身体很有好处。你猜出来了吗？

（二）猜一种动物

这种动物身体很大。四肢粗粗的，像柱子一样；耳朵大大的，像扇子一样；鼻子长长的，还有两颗很大的牙。它很聪明，也很勤劳，常常帮助人们干活儿，在泰国和印度比较多。你知道它是什么动物吗？

四肢	sìzhī	n.	four limbs
粗	cū	adj.	thick
柱子	zhùzi	n.	pillar
扇子	shànzi	n.	fan
勤劳	qínláo	adj.	diligent
印度	Yìndù	pn.	India

8 比赛精彩得很

Bǐsài jīngcǎi de hěn

玛 丽：今天的足球比赛怎么样？

李 军：非常好，精彩得很。

玛 丽：你们赢了？

大 卫：没有。

玛 丽：那是输了？

李 军：也没有，二比二，踢平了。

大 卫：都怪我，浪费了那么好的射门机会。要是踢进去，胜利就是我们的了。

玛 丽：踢平已经很不简单了。走，今天我请你们吃饭。

大 卫：谢谢，谢谢。不过，我有点儿累，想回宿舍洗个澡，休息一下儿。明天踢完再一块儿请吧。

玛 丽：好的。明天的对手是谁？

李 军：数学系，听说挺厉害的。

玛 丽：没关系，明天我和安娜去给你们加油。

李 军：太好了！你们一定要大声喊，有你们在，我们一定能赢。

Mǎlì: Jīntiān de zúqiú bǐsài zěnmeyàng?
Lǐ Jūn: Fēicháng hǎo, jīngcǎi de hěn.

Mǎlì: Nǐmen yíng le?

Dàwèi: Méiyǒu.

Mǎlì: Nà shì shū le?

Lǐ Jūn: Yě méiyǒu, èr bǐ èr, tīpíng le.

Dàwèi: Dōu guài wǒ, làngfèile nàme hǎo de shè mén jīhui. Yàoshi tī jinqu, shènglì jiù shì wǒmen de le.

Mǎlì: Tīpíng yǐjīng hěn bù jiǎndān le. Zǒu, jīntiān wǒ qǐng nǐmen chī fàn.

Dàwèi: Xiexie, xiexie. Búguò, Wǒ yǒudiǎnr lèi, xiǎng huí sùshè xǐ ge zǎo, xiūxi yíxiàr. Míngtiān tīwán zài yíkuàir qǐng ba.

Mǎlì: Hǎo de. Míngtiān de duìshǒu shì shéi?

Lǐ Jūn: Shùxuéxì, tīngshuō tǐng lìhai de.

Mǎlì: Méi guānxi, míngtiān wǒ hé Ānnà qù gěi nǐmen jiā yóu.

Lǐ Jūn: Tài hǎo le! Nǐmen yídìng yào dàshēng hǎn, yǒu nǐmen zài, wǒmen yídìng néng yíng.

早上闹钟响了,可是我没听见,醒来一看,已经是七点四十了。我急忙从床上爬起来,跑下楼,一推自行车,没气了。没办法,我只好扔下自行车,跑到公共汽车站,发现每辆车都是满满的,我好不容易才挤了上去,可是车刚走了两站就坏了。我只好下来,打了一辆出租车,倒霉的是又堵车了,慢得不得了。就这样,我迟到了。

Zǎoshang nàozhōng xiǎng le, kěshì wǒ méi tīngjian, xǐnglái yí kàn, yǐjīng shì qī diǎn sìshí le. Wǒ jímáng cóng chuáng shang pá qilai, pǎo xià lóu, yì tuī zìxíngchē, méi qì le. Méi bànfǎ, wǒ zhǐhǎo rēngxia zìxíngchē, pǎodào gōnggòng qìchēzhàn, fāxiàn měi liàng chē dōu shì mǎnmǎn de, wǒ hǎobù róngyì cái jǐle shangqu, kěshì chē gāng zǒule liǎng zhàn jiù huài le. Wǒ zhǐhǎo xiàlai, dǎle yí liàng chūzūchē, dǎoméi de shì yòu dǔ chē le, màn de bùdéliǎo. Jiù zhèyàng, wǒ chídào le.

New Words and Expressions

#	词	拼音	词类	英文
1	精彩	jīngcǎi	adj.	wonderful
2	赢	yíng	v.	to win
3	输	shū	v.	to lose, to be beaten
4	比	bǐ	v.	(of a score) to
5	踢	tī	v.	to kick, to play
6	平	píng	adj.	flat, even
7	怪	guài	v.	to blame, to complain
8	浪费	làngfèi	v.	to waste
9	射门	shè mén		to shoot (at the goal)
10	要是	yàoshi	conj.	if
11	进去	jìnqu		to enter, to go in
12	胜利	shènglì	v.	to win
13	洗澡	xǐ zǎo		to take a bath, to take a shower
14	一块儿	yíkuàir	adv.	together
15	对手	duìshǒu	n.	opponent
16	数学	shùxué	n.	mathematics
17	厉害	lìhai	adj.	tough
18	加油	jiā yóu		to cheer, (to encourage sb.) to make an extra effort
19	喊	hǎn	v.	to shout
20	响	xiǎng	v.	to ring, to make a sound
21	听见	tīngjian		to hear
22	醒	xǐng	v.	to awaken, to be awake
23	急忙	jímáng	adv.	in a hurry
24	爬	pá	v.	to get up
25	起来	qǐlai		used after verbs to indicate upward movement
26	推	tuī	v.	to push

27	气	qì	n.	air
28	扔	rēng	v.	to throw
29	好不	hǎobù	adv.	used before some two-character adjectives to show high degree
30	上去	shàngqu		to go upward
31	站	zhàn	n.	stop, station
32	下来	xiàlai		to come down
33	出租车	chūzūchē	n.	taxi
34	不得了	bùdéliǎo	adj.	extremely, great

Language Points

1 adj.+ 得很 / adj. + 得 + 不得了

- 比赛精彩得很！
- 慢得不得了。

▲ 表示程度高。例如：

This expression indicates a high degree. For example:

① 那个孩子聪明得很，每门功课都很好。
② 那个孩子聪明得不得了，每门功课都很好。
③ 这里的冬天冷得很，你得多穿衣服。
④ 这里的冬天冷得不得了，你得多穿衣服。

2 趋向补语（2） Compound directional complement (2)

- 我跑下楼。

▲ "上、下、进、出、回、过、起"用在动词后面，表示动作的方向。例如：

"上，下，进，出，回，过" and "起" can be used after verbs to indicate the direction of the action.

① 要迟到了，他跑进了教室。
② 我们开车吧，从这儿开回家。
③ 图书馆就在马路对面，你走过桥就能看到。

- 要是踢进去，胜利就是我们的了。/ 我急忙从床上爬起来。/ 我好不容易才挤了上去。

▲ "来、去"和"上、下、进、出、回、过、起"等可以组成复合趋向补语，用在动词后面，表示动作的方向。见下表：

"来" and "去" can be combined with "上，下，进，出，回，过" and "起" to form compound words and serve as compound directional complements. Compound directional complements are also used after verbs to indicate the direction of the actions. See the table below:

	上	下	进	出	回	过	起
来	+	+	+	+	+	+	+
去	+	+	+	+	+	+	−

① 他很快地跑上去了。
② 不要跑，你慢慢地走过来。
③ 孩子摔（shuāi, to tumble）倒了，妈妈让他自己爬起来。

⚠ 注意 有宾语时，一般语序为：
Notice When there is an object in the sentence, the word order is:

V + 上 / 下 / 进 / 出 / 回 / 过 + O + 来 / 去

V + 起 + O + 来

④ 老师走进教室（来）了。
⑤ 大卫飞回美国（去）了。
⑥ 汽车开过桥（来）了。
⑦ 他拿起笔（来），准备写字。

▲ 但当宾语是非地点名词时，宾语也可以放在"来/去"之后。例如：
When the object is not a location, it can also be put after "来" or "去". For example:

⑧ 他拿进来一本书。
⑨ 他搬上来很多箱子。
⑩ 他拿起来一支笔。

3 一V，……

● 醒来一看，已经是七点四十了。

▲ 表示在V的动作行为以后，出现或发现了新的情况。例如：

This pattern indicates that after the first action, the speaker finds out a new situation or a new situation occurs. For example:

① 早上有人敲门，我打开门一看，是大卫。
② 安娜拿起电话一听，是妈妈打来的。
③ 他做好了饭，我一尝，有点儿辣。

❹ 好不容易／好容易才……

● 我好不容易才挤了上去。

▲ 表示很不容易才获得结果或达到目的。此时,"好不容易"和"好容易"意思相同,都是否定的意思。例如:

This phrase is used to indicate that it takes great effort to achieve some target. At this time, "好不容易" has the same meaning with "好容易". Both express a negative meaning. For example:

① 我听了好几遍,好不容易才听懂。

② 今天的作业很多,我好不容易才写完。

③ 衣服很脏,玛丽好容易才洗干净。

Exercises in Class

■ 语言点练习　Grammatical exercises

1. 看图片,用"V + 复合趋向补语"完成对话　Make dialogues with "V + compound directional complements" according to the pictures

上去　下来　回来　回去　过去　过来　进去　进来　出去　出来

❶

❷

2. 用复合趋向补语造句　Make sentences with compound directional complements

（1）爬　上去　山
（2）跑　回来　家
（3）走　下来　楼
（4）飞　进来　教室
（5）扔　过来　球
（6）搬　出去　桌子
（7）抬　上去　一些东西
（8）踢　进去　球
（9）推　下去　石头（shítou, stone）
（10）拾　起来　一个钱包

3. 用"好不容易/好容易才……"造句 Make sentences with "好不容易/好容易才……"

（1）too much homework　　finished

（2）too much clothes　　finished washing

（3）too difficult question　　understood

（4）lost　　found her

（5）too excited　　fell asleep（睡着，shuìzháo）

二 任务型练习　Task-based exercises

1. 小组活动：学生两人一组，一人扮演课文（二）中的主人公，一人扮演他的老板。他跟老板解释迟到原因。

   Pair work：Two students are in a group. One student plays the role in the text II, the other plays the role of his boss. He is explaining to his boss why he was late.

2. 小组活动：学生两人一组，一人扮演记者，一人扮演数学系足球队队员。

   Pair work：Two students are in a group. One student is a reporter, the other is a football player from maths department.

   要求：使用下面的语言点。

   You're required to use the following grammar points.

   一 V，……　　好不容易/好容易才……　　趋向补语

3. 你遇到过什么倒霉事？跟大家分享一下儿吧。

   Do you have some unlucky experiences? Tell your story to your classmates.

三 扩展阅读　Extensive reading

上周末，留学生队和中文系学生队举行了一场足球比赛。大卫和李军都参加了，玛丽和安娜去给他们加油。大家都踢得很不错，比赛也很精彩。比赛的结果是两个队二比二，踢平了，没有输赢。在那天的比赛中，李军非常厉害，踢进了两个球。大卫踢得也不错，不过，他错过了一次射门的机会，他觉得很后悔。

错过　cuòguò　v.　to miss
后悔　hòuhuǐ　v.　to regret

选择正确答案　Choose the correct answers

（1）中文系学生队和留学生队举行了什么比赛？

　　A. 篮球　　　　　　　　B. 网球　　　　　　　　C. 足球

（2）比赛的结果怎么样？

　　A. 两队平了　　　　　　B. 中文系赢了　　　　　C. 留学生队赢了

（3）谁踢进了两个球？

　　A. 大卫　　　　　　　　B. 李军　　　　　　　　C. 玛丽

（4）大卫为什么觉得后悔？

　　A. 踢平了　　　　　　　B. 留学生队输了　　　　C. 错过了射门机会

（5）那天谁没有去给球队加油？

　　A. 玛丽　　　　　　　　B. 中村　　　　　　　　C. 安娜

我进不去宿舍了

Wǒ jìn bu qù sùshè le

张 红：李军，你的腿怎么了？为什么一拐一拐的？

李 军：嗐，别提了，都因为钥匙。

张 红：什么钥匙？

李 军：房间钥匙。我忘了带钥匙，进不去宿舍了。

张 红：那你的腿怎么这样了？

李 军：足球比赛马上要开始了，我怕来不及，就从窗户爬进去了。

张 红：你们的房间在三层，你怎么爬进去的？

李 军：我们隔壁是水房。我从水房窗户爬过去的。

张 红：那多危险啊！

李 军：还算顺利。不过往房间里跳时，一下子摔倒了，你看，就变成现在这个样子了。

Zhāng Hóng： Lǐ Jūn, nǐ de tuǐ zěnme le? Wèi shénme yì guǎi yì guǎi de?
Lǐ Jūn： Hài, biétí le, dōu yīnwèi yàoshi.
Zhāng Hóng： Shénme yàoshi?
Lǐ Jūn： Fángjiān yàoshi. Wǒ wàngle dài yàoshi, jìn bu qù sùshè le.
Zhāng Hóng： Nà nǐ de tuǐ zěnme zhèyàng le?
Lǐ Jūn： Zúqiú bǐsài mǎshàng yào kāishǐ le, wǒ pà láibují, jiù cóng chuānghu pá jinqu le.
Zhāng Hóng： Nǐmen de fángjiān zài sān céng, nǐ zěnme pá jinqu de?
Lǐ Jūn： Wǒmen gébì shì shuǐfáng. Wǒ cóng shuǐfáng chuānghu pá guoqu de.

Zhāng Hóng: Nà duō wēixiǎn a!
Lǐ Jūn: Hái suàn shùnlì. Búguò wǎng fángjiān li tiào shí, yíxiàzi shuāidǎo le, nǐ kàn, jiù biànchéng xiànzài zhège yàngzi le.

有一个人眼睛近视，常常看不清楚东西。一天，他回家后，脱下衬衫挂在墙上，可是衣服掉在了地上，原来那个地方没有钉子，是一只苍蝇，苍蝇立刻就飞走了。夜里，有只蚊子飞来飞去，他睡不着觉，就爬起来打蚊子。他看到墙上落着一只蚊子，就轻轻地走过去，一巴掌打了下去。突然，他感到手非常疼。原来墙上是一个钉子，不是蚊子。

Yǒu yí ge rén yǎnjing jìnshì, chángcháng kàn bu qīngchu dōngxi. Yì tiān, tā huí jiā hòu, tuōxia chènshān guà zài qiáng shang, kěshì yīfu diào zài le dìshang, yuánlái nàge dìfang méiyǒu dīngzi, shì yì zhī cāngying, cāngying lìkè jiù fēizǒu le. Yèli, yǒu zhī wénzi fēilái-fēiqù, tā shuì bu zháo jiào, jiù pá qilai dǎ wénzi. Tā kàndào qiáng shang luòzhe yì zhī wénzi, jiù qīngqīng de zǒu guoqu, yì bāzhang dǎle xiaqu. Tūrán, tā gǎndào shǒu fēicháng téng. Yuánlái qiáng shang shì yí ge dīngzi, bú shì wénzi.

词语表 — New Words and Expressions

1	腿	tuǐ	n.	leg
2	拐	guǎi	v.	to limp
3	因为	yīnwèi	conj.	because, because of
4	来不及	láibují	v.	there's not enough time
5	窗户	chuānghu	n.	window
6	层	céng	mw.	storey, floor

7	隔壁	gébì	n.	next door
8	水房	shuǐfáng	n.	washing room
9	危险	wēixiǎn	adj.	dangerous
10	往	wǎng	prep.	towards
11	跳	tiào	v.	to jump
12	一下子	yíxiàzi	adv.	all at once, all of a sudden
13	摔倒	shuāidǎo		to tumble, to fall
	倒	dǎo	v.	to fall over
14	变成	biànchéng		to turn into
	变	biàn	v.	to become
15	近视	jìnshì	adj.	myopic, short-sighted
16	清楚	qīngchu	adj.	clear
17	脱	tuō	v.	to take off
18	挂	guà	v.	to hang
19	墙	qiáng	n.	wall
20	掉	diào	v.	to fall, to drop
21	钉子	dīngzi	n.	nail
22	只	zhī	mw.	measure word (*for some animals, boots or utensils*)
23	苍蝇	cāngying	n.	fly
24	立刻	lìkè	adv.	at once
25	飞	fēi	v.	to fly
26	蚊子	wénzi	n.	mosquito
27	睡着	shuìzháo		to fall asleep
	着	zháo	v.	*used after a verb to indicate the result of reaching the goal or the action*
28	落	luò	v.	to go down, to fall
29	轻	qīng	adj.	light
30	巴掌	bāzhang	n.	palm, hand
31	下去	xiàqu		to go down
32	突然	tūrán	adj.	suddenly
33	感到	gǎndào	v.	to feel

Language Points

1 可能补语 Potential complement

● 我忘了带钥匙，进不去宿舍了。

▲ 结果补语或趋向补语之前加上"得/不"构成可能补语，表示结果能否实现。例如：
A potential complement is formed by a result complement or directional complement with "得/不" preceded, indicating the possibility of realizing the result. For example:

结果补语	可能补语		趋向补语	可能补语	
洗干净	洗得干净	洗不干净	进去	进得去	进不去
听懂	听得懂	听不懂	爬起来	爬得起来	爬不起来

① 她说话很慢，我听得懂。
② 你的声音太小了，我听不见。
③ 早上八点上课，太早了，你起得来吗？
④ 山那么高，我爬不上去。

⚠ 注意 "可能补语+了"表示一种变化。例如：
Notice When potential complement is attached by "了" at the end of a sentence, it indicates change. For example:

① 刚来中国的时候，我听不懂中国人说话，现在我听得懂了。
② 这件衣服太脏了，洗不干净了。
③ 山太高了，我太累了，爬不上去了，你们继续爬，我在这里等你们回来。

2 往+方位词/地点+V

● 不过往房间里跳时，一下子摔倒了。

▲ "往"表示动作的方向。例如：
"往" is used before locational words to indicate the direction. For example:
① 往前走，五分钟左右就到图书馆了。
② 先往北走，再往西拐，就是银行。
③ 射门就是往球门里踢球。

3 V来V去

● 夜里，有只蚊子飞来飞去。

▲ "V来V去"表示相同的动作行为多次重复。例如：

This pattern indicates that an action takes place many times. For example:

① 孩子们在房间里跑来跑去。

② 鱼在水里游来游去。

③ 她想来想去，也不知道该怎么办。

④ V走

● 苍蝇立刻就飞走了。

▲ "V走"表示离开。例如：

"V走" means leave. For example:

① 她哭了，跑走了。

② 我去晚了，公共汽车已经开走了。

③ 有人借走了那本书，我没有借到。

④ 这个杯子送给你，你拿走吧。

Exercises in Class

一 语言点练习　Grammatical exercises

将下列补语改成可能补语并造句

Change the following complements into potential complements and make sentences

例：洗干净→洗得干净 / 洗不干净

　　　　→衣服太脏了，洗不干净。

　　　　→衣服太脏了，你洗得干净吗？ / 你洗得干净洗不干净？

（1）听见→

（2）做完→

（3）看清楚→

（4）买到→

（5）爬上去→

（6）踢进去→

（7）跳起来→

（8）开过去→

二 任务型练习　Task-based exercises

1. 两人活动：学生两人一组，一人扮演张红，一人扮演老师。张红帮李军向老师请假。

   Pair work：Two students are in a group. One student plays the role of Zhang Hong, the other plays the role of the teacher. Zhang Hong is asking for a leave for Li Jun.

   要求：尽量使用本课所学生词，解释清楚李军受伤的经过。

   You're required to use the new words in this lesson, and clearly explain how Li Jun got injured.

2. 两人活动：学生两人一组，一人扮演近视的人，一人扮演医生。近视的人向医生讲受伤的经过。

   Pair work：Two students are in a group. One student plays the role of the myopic person, the other plays the role of the doctor. The myopic person tells the doctor why he was hurted.

3. 小组活动：你近视吗？跟你的两位同学一起谈谈近视的苦恼和趣事吧。

   Group work：Are you myopic? Share your stories with your classmates.

   要求：尽量使用本课所学生词，并使用下面的语言点。

   You're required to use the new words in this lesson and the following language points.

   V 来 V 去　　可能补语

三 扩展阅读　Extensive reading

有三个人，名叫张三、李四和王五，都是近视眼，常常看不清楚东西，但是他们都不愿意承认。一天，他们听说有座庙第二天早上要挂一块新匾，就约好去看，谁能看清楚匾上的字，就说明谁的眼睛最好。张三晚上睡不着，就爬起来跑到庙里，问庙里的人匾上的字是什么，那个人告诉了他。李四也睡不着，也爬起来去问庙里的人匾上写的字，而且他还问了是谁写的。王五和张三、李四一样，也去问了匾上的字，还问了写匾的年月日。第二天，他们三个人见了面，每个人都说看清楚了匾上的字，但是他们旁边的人都笑了起来，因为新匾还没挂出来呢。

承认	chéngrèn	v.	to admit, to acknowledge
庙	miào	n.	temple
匾	biǎn	n.	a horizontal board inscribed with words of praise

回答问题　Answer the questions

（1）张三、李四、王五都有什么毛病？

（2）他们约好了做什么事情？

（3）张三怎么知道匾上的字的？

（4）李四和张三知道的内容一样吗？

（5）王五为了知道匾上的字，做了什么？

（6）第二天，听了他们的对话，旁边的人为什么都笑了？

10 山上的风景美极了

中　村：玛丽，周末去农村的旅行怎么样？

玛　丽：很不错。上午我们先参观了一所养老院，然后参观了一所幼儿园，我们和孩子们一起唱歌、跳舞、做游戏，非常有意思。

中　村：去农民家了吗？

玛　丽：去了，我们还在农民家吃饭了呢。

中　村：后来去别的地方了吗？

玛　丽：下午我们去爬了附近的一座山，山上有古老的长城，非常雄伟。

中　村：是什么山？

玛　丽：想不起山的名字来了，听说是那个地区最高的山，有几百米高吧。

中　村：那么高，你爬得上去吗？

玛　丽：在朋友们的鼓励下，我好不容易才爬了上去。从山上往远处一看，美极了：蓝蓝的天，白白的云，红红的花，绿绿的草，小鸟在天上飞来飞去……真像一幅风景画儿。

中　村：听你这么一说，我真后悔没有去。

玛　丽：没关系，我照了很多相片，可以发给你。

Zhōngcūn: Mǎlì, zhōumò qù nóngcūn de lǚxíng zěnmeyàng?
Mǎlì: Hěn búcuò. Shàngwǔ wǒmen xiān cānguānle yì suǒ yǎnglǎoyuàn, ránhòu cānguānle yì suǒ yòu'éryuán, wǒmen hé háizimen yìqǐ chàng gē、tiào wǔ、zuò yóuxì, fēicháng yǒu yìsi.
Zhōngcūn: Qù nóngmín jiā le ma?
Mǎlì: Qù le, wǒmen hái zài nóngmín jiā chī fàn le ne.
Zhōngcūn: Hòulái qù bié de dìfang le ma?
Mǎlì: Xiàwǔ wǒmen qù pále fùjìn de yí zuò shān, shān shang yǒu gǔlǎo de Chángchéng, fēicháng xióngwěi.
Zhōngcūn: Shì shénme shān?
Mǎlì: Xiǎng bu qǐ shān de míngzi lái le, tīngshuō shì nàge dìqū zuì gāo de shān, yǒu jǐbǎi mǐ gāo ba.
Zhōngcūn: Nàme gāo, nǐ pá de shangqu ma?
Mǎlì: Zài péngyoumen de gǔlì xià, wǒ hǎobù róngyì cái pále shangqu. Cóng shān shang wǎng yuǎnchù yí kàn, měijí le: lánlán de tiān, báibái de yún, hónghóng de huā, lǜlǜ de cǎo, xiǎo niǎo zài tiānshang fēilái-fēiqù⋯⋯ Zhēn xiàng yì fú fēngjǐnghuàr.
Zhōngcūn: Tīng nǐ zhème yì shuō, wǒ zhēn hòuhuǐ méiyǒu qù.
Mǎlì: Méi guānxi, wǒ zhàole hěn duō xiàngpiàn, kěyǐ fā gěi nǐ.

玛丽宿舍的墙上贴着一张照片，是玛丽在长城上照的。照片上蓝天白云，阳光灿烂，古老的长城像一条巨龙卧在山峰上，高高低低，朝远处延伸出去，非常壮观。玛丽站在高高的长城上，笑得很开心，右手的食指和中指摆成V字。她身上穿着一件T恤衫，上面写着一行字："我登上了长城"。

Mǎlì sùshè de qiáng shang tiēzhe yì zhāng zhàopiàn, shì Mǎlì zài Chángchéng shang zhào de. Zhàopiàn shang lán tiān bái yún, yángguāng cànlàn, gǔlǎo de Chángchéng xiàng yì tiáo jù lóng wò zài shānfēng shang, gāogāodīdī, cháo yuǎnchù yánshēn chuqu, fēicháng zhuàngguān. Mǎlì zhàn zài gāogāo de Chángchéng shang, xiào de hěn kāixīn, yòushǒu de shízhǐ hé zhōngzhǐ bǎichéng V zì. Tā shēnshang chuānzhe yí jiàn T xùshān, shàngmiàn xiězhe yì háng zì: "Wǒ dēngshangle Chángchéng".

词语表

New Words and Expressions

1	农村	nóngcūn	n.	village
2	所	suǒ	mw.	*measure word (for houses, schools, etc.)*
3	养老院	yǎnglǎoyuàn	n.	old folks' home, home for the aged
4	幼儿园	yòu'éryuán	n.	kindergarten, nursery school
5	游戏	yóuxì	n.	game
6	农民	nóngmín	n.	farmer
7	后来	hòulái	n.	later, afterwards
8	附近	fùjìn	adj.	nearby
9	座	zuò	mw.	*measure word (for mountains, buildings, etc.)*
10	古老	gǔlǎo	adj.	ancient, age-old
11	雄伟	xióngwěi	adj.	grand, imposing and great
12	地区	dìqū	n.	district
13	百	bǎi	num.	hundred
14	云	yún	n.	cloud
15	草	cǎo	n.	grass
16	天上	tiānshang	n.	in the sky
17	幅	fú	mw.	*measure word (for pictures, scrolls, etc.)*
18	画儿	huàr	n.	picture, painting
19	后悔	hòuhuǐ	v.	to regret
20	照	zhào	v.	to photograph, to take (*a picture*)
21	相片	xiàngpiàn	n.	photograph
22	发	fā	v.	to send
23	阳光	yángguāng	n.	sunlight
24	灿烂	cànlàn	adj.	brilliant, glorious
25	巨龙	jù lóng		huge dragon
26	卧	wò	v.	to lie, to crouch
27	山峰	shānfēng	n.	mountain peak
28	低	dī	adj.	low

29	朝	cháo	prep.	towards
30	延伸	yánshēn	v.	to extend, to stretch
31	站	zhàn	v.	to stand
32	笑	xiào	v.	to smile, to laugh
33	开心	kāixīn	adj.	happy, glad
34	右手	yòushǒu	n.	right hand
	右	yòu	n.	right
35	食指	shízhǐ	n.	index finger
36	中指	zhōngzhǐ	n.	middle finger
37	摆	bǎi	v.	to lay, to set
38	T恤衫	T xùshān		T-shirt
39	上面	shàngmiàn	n.	above, upside
40	行	háng	mw.	line, row
41	登	dēng	v.	to ascend, to mount

专有名词 Proper Nouns

| 长城 | Chángchéng | the Great Wall |

Language Points

1 想不起来 / 想得起来　be unable to call to mind / be able to recall

● 想不起山的名字来了。

① 我想不起来她的名字了。
② 我们是什么时候认识的？你想得起来吗？

2 V 成 + NP

● 右手的食指和中指摆成 V 字。

▲ "V成"是一个结果补语，后面要接一个名词性短语，表示动作以后出现了某种变化。如：

"V成" is a resultative complement, it means "become into". For example：

① 零度以下，水就会变成冰。

② 十年以后，这棵小树会长成大树。

③ 来中国以后，我吃得太多了，快吃成小胖子了。

❸ 单元语言点小结　Summary of Language Points

语言点	例句	课号
1. 趋向补语（1）	咱们过去看看。	6
2. 存在句（2）	墙上挂着一幅画儿。	6
3. 为了	为了学习汉语，我来中国留学。	6
4. 形容词重叠	她头发长长的，眼睛大大的，很漂亮。	7
5. 再说……	这家餐厅的菜很好吃，再说，价钱也不贵。	7
6. V_1 再 V_2	写完作业再去玩儿。	7
7. 得……了	时间不早了，我得回去了。	7
8. adj. + 得很 / adj. + 得 + 不得了	比赛精彩得很。/ 比赛精彩得不得了。	8
9. 趋向补语（2）	他急急忙忙地跑上楼去了。	8
10. 一 V，……	我拿起电话一听，是老师打来的。	8
11. 好不容易 / 好容易才……	车站人很多，我好不容易才买到车票。	8
12. 可能补语	那座山太高了，我爬不上去。	9
13. 往 + 方位词 / 地点 + V	往前走，到路口再往左拐，就到了。	9
14. V 来 V 去	看来看去，这些衣服我都不喜欢。	9
15. V 走	苍蝇立刻就飞走了。	9
16. 想不起来 / 想得起来	我想不起来她的名字了。	10
17. V 成 + NP	我快吃成一个小胖子了。	10

Exercises in Class

一 看图说句子　Make sentences according to the pictures

长成

变成

结成

摆成

二 任务型练习　Task-based exercises

1. 辩论活动：学生分成两组，一组主张住在农村好，一组主张住在城市好。合作准备理由，然后两组辩论。

   Debate：Divide the students into two groups. One group claims that it is better to live in countryside, while the other group claims that it is better to live in city. Two groups make a debate.

   要求：尽量使用本课生词和本单元语言点。

   You're required to use the new words in the lesson and the language points in the unit.

2. 两人活动：学生两人一组，一人描述一张风景照片，另一人边听边画。然后两人一起谈谈照片的来历，比如：是什么时候在什么地方拍的。

   Pair work：Two students are in a group. One student describes a senic picture, the other student listens and tries to draw out the picture. Then the two students talk about the story of the picture. For example, when and where the picture was taken.

三 扩展阅读　Extensive reading

最近，我和同学们参加了学校组织的活动。我们参观了郊区农村的幼儿园、养老院，还参观了小学和做衣服的工厂。我最难忘的是在农民家吃饭。他们做了很多菜。这些菜都是他们自己种的，很新鲜，所以味道好极了。农民们热情得不得了，一直和我们聊天儿，也一直劝我们喝酒，结果我们差一点儿喝醉了。只是我的汉语水平还不太高，他们说的很多话我还听不懂。我决心好好儿学习汉语，以后有机会再去农村。

工厂	gōngchǎng	n.	factory, mill
难忘	nánwàng	adj.	unforgettable
种	zhòng	v.	to plant
决心	juéxīn	v.	to make up one's mind

选择正确答案　Choose the correct answers

（1）他们没去____参观。
　　A. 幼儿园　　　　B. 养老院　　　　C. 公司
（2）他们参观的工厂是做____的。
　　A. 饮料　　　　　B. 衣服　　　　　C. 食物
（3）农民家的菜是____。
　　A. 自己种的　　　B. 商店买的　　　C. 朋友送的
（4）农民做的菜____。
　　A. 很好吃　　　　B. 不新鲜　　　　C. 很难吃
（5）他们喝了酒以后，____。
　　A. 都喝醉了　　　B. 有一个人喝醉了　C. 都没喝醉

11 西红柿炒鸡蛋

张　红：玛丽，你不是想学做中国菜吗？今天我就教你做一个中国的家常菜。

玛　丽："家常菜"是什么菜呀？

张　红：家常菜就是中国人平时在家里常吃的菜。

玛　丽：好啊，我就想学做家常菜。对了，做什么菜呀？

张　红：西红柿炒鸡蛋，又好吃又好学，咱们一起做怎么样？

玛　丽：行，我做什么？

张　红：来，把鸡蛋打到这个碗里，用筷子搅拌均匀，再把西红柿切成小块儿。

玛　丽：你看这么大行吗？

张　红：挺好。你把火点着，把锅放在火上，往锅里倒点儿油，把鸡蛋放进去炒一下儿，倒出来。再放一点儿油，把西红柿放进锅里炒熟，把炒好的鸡蛋放进去，别忘了加点儿白糖，最后再加点儿盐。……好了，尝尝，怎么样？

玛　丽：好，我先尝一口。嗯，又好看又好吃，真不错！

张　红：是啊，这就是中国菜的特点：看起来漂亮，闻起来很香，吃起来好吃。

玛　丽：就是做起来不太容易。

Zhāng Hóng: Mǎlì, nǐ bú shì xiǎng xué zuò Zhōngguó cài ma? Jīntiān wǒ jiù jiāo nǐ zuò yí ge Zhōngguó de jiāchángcài.

Mǎlì: "Jiāchángcài" shì shénme cài ya?

Zhāng Hóng: Jiāchángcài jiù shì Zhōngguórén píngshí zài jiā li cháng chī de cài.

Mǎlì: Hǎo a, wǒ jiù xiǎng xué zuò jiāchángcài. Duìle, zuò shénme cài ya?

Zhāng Hóng: Xīhóngshì chǎo jīdàn, yòu hǎochī yòu hǎo xué, zánmen yìqǐ zuò zěnmeyàng?

Mǎlì: Xíng, wǒ zuò shénme?

Zhāng Hóng: Lái, bǎ jīdàn dǎdào zhège wǎn li, yòng kuàizi jiǎobàn jūnyún, zài bǎ xīhóngshì qiēchéng xiǎo kuàir.

Mǎlì: Nǐ kàn zhème dà xíng ma?

Zhāng Hóng: Tǐng hǎo. Nǐ bǎ huǒ diǎnzháo, bǎ guō fàng zài huǒ shang, wǎng guō li dào diǎnr yóu, bǎ jīdàn fàng jinqu chǎo yíxiàr, dào chulai. Zài fàng yìdiǎnr yóu, bǎ xīhóngshì fàngjin guō li chǎoshú, bǎ chǎohǎo de jīdàn fàng jinqu, bié wàngle jiā diǎnr báitáng, zuìhòu zài jiā diǎnr yán. ……Hǎole, chángchang, zěnmeyàng?

Mǎlì: Hǎo, wǒ xiān cháng yì kǒu. Ňg, yòu hǎokàn yòu hǎochī, zhēn búcuò!

Zhāng Hóng: Shì a, zhè jiù shì Zhōngguó cài de tèdiǎn: kàn qilai piàoliang, wén qilai hěn xiāng, chī qilai hǎochī.

Mǎlì: Jiù shì zuò qilai bú tài róngyì.

西红柿炒鸡蛋

原料：西红柿300克，鸡蛋4个，油20克，白糖3克，盐5克，水淀粉10克。

做法：1. 把西红柿洗干净，切成小块儿；把鸡蛋打进碗里，加一点儿盐，用热油炒好。

2. 把油放进锅里，油热后放进西红柿、鸡蛋，搅拌均匀后加白糖和盐，再搅拌几下儿，开锅后迅速加进水淀粉。

特点：甜咸可口，营养丰富。

Xīhóngshì Chǎo Jīdàn

Yuánliào: Xīhóngshì sānbǎi kè, jīdàn sì ge, yóu èrshí kè, báitáng sān kè, yán wǔ kè, shuǐdiànfěn shí kè.

Zuòfǎ:
1. Bǎ xīhóngshì xǐ gānjìng, qiēchéng xiǎo kuàir; bǎ jīdàn dǎjin wǎn li, jiā yìdiǎnr yán, yòng rè yóu chǎohǎo.
2. Bǎ yóu fàngjin guō li, yóu rè hòu fàngjin xīhóngshì, jīdàn, jiǎobàn jūnyún hòu jiā báitáng hé yán, zài jiǎobàn jǐ xiàr, kāi guō hòu xùnsù jiājin shuǐdiànfěn.

Tèdiǎn: Tián xián kěkǒu, yíngyǎng fēngfù.

New Words and Expressions

#				
1	教	jiāo	v.	to teach
2	家常菜	jiāchángcài	n.	home-made dish (food)
3	西红柿	xīhóngshì	n.	tomato
4	鸡蛋	jīdàn	n.	egg
5	把	bǎ	prep.	used to introduce an object to put it before the main verb in the sentence
6	筷子	kuàizi	n.	chopstick
7	搅拌	jiǎobàn	v.	to mix, to stir
8	均匀	jūnyún	adj.	well-distributed
9	切	qiē	v.	to cut
10	块儿	kuàir	n.	piece
11	火	huǒ	n.	fire
12	点着	diǎnzháo		to light a fire
	点	diǎn	v.	to light
13	锅	guō	n.	pot, wok
14	油	yóu	n.	oil
15	熟	shú/shóu	adj.	cooked
16	加	jiā	v.	to add
17	白糖	báitáng	n.	white sugar

18	最后	zuìhòu	n.	final, at last
19	盐	yán	n.	salt
20	尝	cháng	v.	to taste
21	口	kǒu	n./mw.	mouth; *measure word*
22	嗯	ǹg	interj.	*indicating a reply*
23	特点	tèdiǎn	n.	characteristic
24	闻	wén	v.	to smell
25	香	xiāng	adj.	appetizing, delicious
26	原料	yuánliào	n.	raw material
27	克	kè	mw.	gram
28	淀粉	diànfěn	n.	starch
29	做法	zuòfǎ	n.	way of handling or making something
30	开锅	kāi guō		(of a pot) to boil
31	迅速	xùnsù	adj.	rapid, speedy
32	咸	xián	adj.	salted, salty
33	可口	kěkǒu	adj.	tasty
34	营养	yíngyǎng	n.	nutrition
35	丰富	fēngfù	adj.	rich, abundant

Language Points

1 就是

● 家常菜就是中国人平时在家里常吃的菜。

（1）对前面的事物进行解释、说明。例如：

Used to expound the previous objects. For example:

① 北大，就是北京大学。

② "二锅头"，就是一种很厉害的中国白酒。

● 就是做起来不太容易。

（2）指出不足的方面，语气较委婉。例如：
Used to point out the shortcoming with a mild tone. For example:
③ 这个菜很好吃，就是太辣了。
④ 那套公寓不错，就是离学校有点儿远。

2 又……又……

● 西红柿炒鸡蛋，又好吃又好学。

▲ 连接形容词或动词，表示两种性质状态或动作行为同时存在。例如：
This pattern is used to connect adjectives or verbs, indicating two states or actions exist at the same time. For example:
① 他长得又高又大，他的女朋友又聪明又漂亮。
② 他写汉字写得又快又好。
③ 那个孩子又唱又跳，高兴极了。
④ 老朋友在一起又说又笑，很高兴。

3 "把"字句（1） 把 sentence（1）

● 把鸡蛋打到这个碗里。

（1）S + 把 + N_1 + V + 在/到/进/给/成 + N_2

▲ 表示 S 通过 V 使 N_1 变成 N_2 表示的位置或状态。例如：
This pattern is used to express that the position or the status of N_1 is changed into N_2 through the action. For example:
① 他把锅放在了火上。
② 我把行李搬进房间了。
③ 你把那本书带给王老师了吗？
④ 我把西红柿切成小块儿了。

● 把西红柿炒熟。

（2）S + 把 + N + V + 结果补语（the result complement）

▲ 表示 S 通过动作 V 使 N 产生变化，达到某种目的或目标。例如：
This pattern is used to indicate that a target is achieved after the action. For example:
⑤ 请把这件衣服洗干净。
⑥ 先用热油把鸡蛋炒好，再炒西红柿。
⑦ 有人把那本书借走了，我没有借到。

4 V起来（1）

● 就是做起来不太容易。

▲ "V起来"除了表示动作的趋向以外，还可以用于引出评价或判断。例如：
Besides the direction of the action, "V起来" can still be used to draw an evaluation or judgement. For example:

① 出国留学的手续说起来简单，办起来其实很麻烦。
② 这套公寓离学校不远，又很干净，看起来挺不错的。
③ 这首歌听起来很好听，唱起来有点儿难。

课堂练习　　Exercises in Class

一 语言点练习　Grammatical exercises

1. 把下列句子改成"把"字句　Rewrite the sentences with "把"

（1）我做完作业了。

（2）你收拾好行李了吗？

（3）你的自行车，我放在车棚里了。

（4）你写错了，这是"日"，你写成了"目"。

（5）这是刘老师的书，请你给他好吗？

（6）玛丽喜欢这些照片，我要发给她。

（7）有人借了那本书，那本书不在图书馆里了。

（8）弟弟摔杯子，杯子破了。

2. 用"把"造句　Make sentences with "把"

（1）书　放　桌子上
（2）行李　搬　楼下
（3）垃圾　扔　垃圾桶

（4）礼物　送　她

（5）钥匙　递　我

（6）英语　翻译　汉语

（7）苹果　洗

（8）衬衫　脱

（9）衬衫　挂

（10）冰箱　塞

3. 用"又……又……"回答问题　Answer the questions with "又……又……"

（1）你的女朋友怎么样？

（2）你的男朋友怎么样？

（3）你喜欢什么样的苹果？

（4）你姐姐的孩子怎么样？

（5）他做的中国菜怎么样？

4. 用"V 起来"造句　Make sentences with "V 起来"

（1）他的歌　好听

（2）葡萄酒　好喝

（3）中国菜　好吃　好看

（4）高跟鞋（gāogēnxié，high-heels）　漂亮　舒服

（5）丝绸（sīchóu，silk）衣服　软　舒服

二 任务型练习　Task-based exercises

	汉语里的词汇 (Vocabulary in Chinese)
菜的做法	
做菜用的器具 (utensil)	
做菜用的调料 (seasoning)	
味道	

请介绍一个菜的做法　Please introduce the receipt of one dish

三 扩展阅读 Extensive reading

酸辣土豆丝

原料：土豆 500 克，干红辣椒 2 个，醋 2 大勺，酱油 1 大勺，青蒜苗、盐、味精、料酒、白糖、葱丝、姜丝、水淀粉、辣椒油适量。

做法：
1. 把土豆洗干净，切成细丝，泡入凉水中；把青蒜苗洗干净，切成 3 厘米长的段；把干红辣椒用水泡一下儿，切成细丝。
2. 把炒锅放到火上，加入油，烧热以后，放入干红辣椒丝，变成褐色时放入葱、姜丝炒一下儿，放入醋，然后放入土豆丝翻炒几下儿。
3. 放入酱油、料酒、盐、白糖翻炒，土豆丝快熟时，加入青蒜苗、味精拌炒，再倒入水淀粉、辣椒油翻炒均匀，出锅。

土豆	tǔdòu	n.	potato
辣椒	làjiāo	n.	hot pepper
醋	cù	n.	vinegar
酱油	jiàngyóu	n.	soy sauce
青蒜苗	qīngsuànmiáo	n.	garlic sprout
味精	wèijīng	n.	MSG
料酒	liàojiǔ	n.	cooking wine
葱	cōng	n.	green Chinese onion
姜	jiāng	n.	ginger
适量	shìliàng	adj.	appropriate amount
入	rù	v.	to go into
厘米	límǐ	mw.	centimeter
褐色	hèsè	n.	brown

根据这个菜谱，试着做一个酸辣土豆丝

According to this recipe, try to make the sour and spicy shredded potato

12 搬家
Bān jiā

大　　卫：劳驾，请把这些纸箱子搬到那儿，注意按纸箱子上的号码放好，不要把顺序弄乱了。

工　　人：好。电视放在哪儿？

大　　卫：先放在桌子上吧。小心，很重，别碰着手了。

工　　人：先生，您的东西都在这儿了。

大　　卫：谢谢，你们辛苦了。

（在电话里）

工作人员：保洁公司。需要我们为您服务吗？

大　　卫：我刚搬完家，家里比较脏，想请你们来收拾一下儿。

工作人员：好，请把您的姓名、地址和电话号码告诉我们。先生贵姓？

大　　卫：免贵姓李，我叫大卫，住在华美小区3号楼2单元1603号，我的手机号码是13691350768。你们明天下午两点来，好吗？

工作人员：好，明天下午见。

Dàwèi:　Láojià, qǐng bǎ zhèxiē zhǐ xiāngzi bāndào nàr, zhùyì àn zhǐ xiāngzi shang de hàomǎ fànghǎo, búyào bǎ shùnxù nòngluàn le.

Gōngrén:　Hǎo. Diànshì fàng zài nǎr?

Dàwèi:	Xiān fàng zài zhuōzi shang ba. Xiǎoxīn, hěn zhòng, bié pèngzháo shǒu le.
Gōngrén:	Xiānsheng, nín de dōngxi dōu zài zhèr le.
Dàwèi:	Xièxie, nǐmen xīnkǔ le.
(zài diànhuà li)	
Gōngzuò rényuán:	Bǎojié gōngsī. Xūyào wǒmen wèi nín fúwù ma?
Dàwèi:	Wǒ gāng bānwán jiā, jiā li bǐjiào zāng, xiǎng qǐng nǐmen lái shōushi yíxiàr.
Gōngzuò rényuán:	Hǎo, qǐng bǎ nín de xìngmíng、dìzhǐ hé diànhuà hàomǎ gàosu wǒmen. Xiānsheng guìxìng?
Dàwèi:	Miǎn guì xìng Lǐ, wǒ jiào Dàwèi, zhù zài Huáměi Xiǎoqū sān hào lóu èr dānyuán yāo liù líng sān hào, wǒ de shǒujī hàomǎ shì yāo sān liù jiǔ yāo sān wǔ líng qī liù bā. Nǐmen míngtiān xiàwǔ liǎng diǎn lái, hǎo ma?
Gōngzuò rényuán:	Hǎo, míngtiān xiàwǔ jiàn.

我看中了一套房子。这套房子离学校不太远，在一个居民小区里。小区的南边是一个小公园，每天有很多人在那儿散步、下棋。北边有一个大超市，买东西很方便。东边离地铁站不远。西边没有房子，远远地可以看到西山，风景很漂亮。我很满意，认为条件不错。虽然房租有点儿贵，但是我还是决定马上搬家。

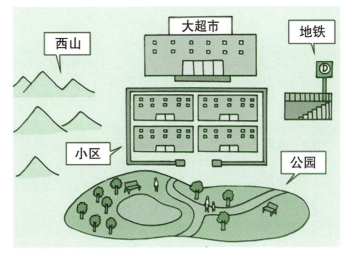

Wǒ kànzhòngle yí tào fángzi. Zhè tào fángzi lí xuéxiào bú tài yuǎn, zài yí ge jūmín xiǎoqū li. Xiǎoqū de nánbian shì yí ge xiǎo gōngyuán, měi tiān yǒu hěn duō rén zài nàr sàn bù、xià qí. Běibian yǒu yí ge dà chāoshì, mǎi dōngxi hěn fāngbiàn. Dōngbian lí dìtiězhàn bù yuǎn. Xībian méiyǒu fángzi, yuǎnyuǎn de kěyǐ kàndào Xī Shān, fēngjǐng hěn piàoliang. Wǒ hěn mǎnyì, rènwéi tiáojiàn búcuò. Suīrán fángzū yǒudiǎnr guì, dànshì wǒ háishi juédìng mǎshàng bān jiā.

词语表 New Words and Expressions

1	劳驾	láo jià		excuse me
2	纸	zhǐ	n.	paper
3	箱子	xiāngzi	n.	box
4	按	àn	prep.	according to
5	不要	búyào	adv.	do not
6	顺序	shùnxù	n.	order, sequence
7	弄	nòng	v.	to do, to make
8	乱	luàn	adj.	in disorder
9	小心	xiǎoxīn	v.	to be careful
10	重	zhòng	adj.	heavy
11	碰	pèng	v.	to touch
12	辛苦	xīnkǔ	adj.	hard, laborious
13	保洁	bǎojié	v.	to clean
14	姓名	xìngmíng	n.	full name
15	地址	dìzhǐ	n.	address
16	贵姓	guìxìng	n.	(Pol.) your surname
17	免贵	miǎn guì		(Pol.) used when asked name
18	小区	xiǎoqū	n.	residential community
19	单元	dānyuán	n.	unit (of house, textbook, etc.)
20	看中	kànzhòng		to take a fancy to
21	居民	jūmín	n.	resident, dweller
22	南边	nánbian	n.	southside
23	公园	gōngyuán	n.	park
24	下棋	xià qí		to play chess
25	满意	mǎnyì	v.	to be satisfied with
26	认为	rènwéi	v.	to consider
27	条件	tiáojiàn	n.	condition
28	虽然	suīrán	conj.	though, although

专有名词 Proper Nouns

1 李	Lǐ	Lee
2 华美小区	Huáměi Xiǎoqū	Huamei Residential Community
3 西山	Xī Shān	West Mountain

Language Points

1 "把"字句（2） 把 sentence (2)

● 不要把顺序弄乱了。

▲ "把"字句中有否定词或助动词时，否定词或助动词应该放在"把"的前面。例如：
When there are negative words or auxiliary verbs in "把" sentences, they should be put before "把". For example:

① 他今天没把作业做完。
② 别把手机摔坏了。
③ 你应该把药吃了再睡觉。
④ 我一定要把这件事告诉老师。
⑤ 你不能把孩子一个人留在家里。

2 存在句（3） Existential Sentences (3)

● 小区的南边是一个小公园。

▲ "处所词 + 是 + NP"表示某处有某人或某物。例如：
The pattern "place + 是 + NP" is used to indicate that there is something or somebody in someplace. For example:

① 我的公寓旁边是一个医院。
② 窗户前边是一个大沙发（shāfā，sofa）。
③ 北京大学的北边是圆明园。

3 虽然……但是…… Although...; but...

● 虽然房租有点儿贵，但是我还是决定马上搬家。

① 虽然我会说几句汉语，但是我的汉字还不行。

② 饺子虽然好吃，但是包起来太麻烦了。

③ 虽然天气不太好，但是他还是去跑步了。

Exercises in Class

一 语言点练习　Grammatical exercises

用"虽然……但是……"回答问题　Answer the questions with "虽然……但是……"

（1）以前你说学习汉语很有意思，现在为什么不学习了？

（2）你说喜欢北京，为什么要回国？

（3）北京不是很漂亮吗？你为什么不喜欢住在这里？

（4）你喜欢吃饺子，但是为什么不常常包饺子吃呢？

（5）你说住在学校宿舍里没有机会练习汉语，为什么不搬出去呢？

（6）他都16岁了，怎么还让妈妈帮他洗衣服？

（7）你很累，为什么不休息？

（8）爬那么高的山很危险，你为什么还去爬呢？

二 看图片，用"处所词 + 是 + NP"写句子　Make sentences with "place + 是 + NP" according to the pictures

三 任务型练习　Task-based exercises

1. 两人活动：学生两人一组，假设你们是朋友，你请朋友来帮你搬家。搬家的时候，你们一边收拾东西，一边聊天儿。你告诉朋友东西放在什么地方，同时说说你为什么要搬家，搬家以后一个人住，怎么打扫卫生，等等。

   Pair work： Two students are in a group. If you were friends, you asked your friend to help you move. You are chatting and putting things in order. You tell your friend where to put things, why you decided to move, how you will clean your house , etc..

2. 两人活动：学生两人一组，一人扮演中介公司的工作人员，一人扮演租房人。两人一起谈谈租房的事情。

   Pair work： Two students are in a group. One student plays the role of a person who is seeking a house, the other plays the role of a person from the agency. They are talking about renting a house.

   要求：根据课文的内容进行交谈。

   You're required to make your conversation based on the text in this lesson.

3. 班级活动：学生分成两组，一组主张搬家请朋友帮忙，一组主张请搬家公司，分别说明理由。

   Class work： Divide the students into two groups. One group claims that you should ask your friends to help you if you move to another place. While the other group claims that you should ask for help from the agency. Two groups state the reasons respectively.

   要求：尽量使用本课所学生词。

   You're required to use the new words in this lesson.

三 扩展阅读　Extensive reading

玛丽最近在网上看到一个启事。上面说有人因为孩子出国留学了，家里房子比较多，想把房子租给留学生。玛丽看了以后很高兴，马上就给房东打了电话。房东请玛丽到家里谈谈。玛丽按地址找到了他的家。这是一个漂亮的小区，有树、有草、有花儿，还有一条小河，环境很不错，玛丽很满意。另外，小区里有超市、餐馆、药店等，生活也很方便，就是离玛丽的学校比较远，骑车要三十多分钟。不过玛丽觉得虽然远一点儿，但是环境更重要，再说房租也不贵，她决定下个星期就搬家。

房东	fángdōng	n.	landlord or landlady
药店	yàodiàn	n.	drugstore, chemist's shop
更	gèng	adv.	more

判断正误　True or false

（1）那家的人都出国留学了。
（2）玛丽自己找到了房东的家。
（3）这个小区的风景很好，但是生活不太方便。
（4）这个小区周围有车站、超市，还有药店，环境不错。
（5）这个小区离玛丽的学校比较远，坐车要三十分钟。
（6）因为房租很便宜，所以玛丽决定搬家。

一封信 Yī fēng xìn

刘老师：

您好！

您的信我收到了，但是因为忙，也因为我的汉语不好，过了这么久才给您写信，请您原谅。您一切都好吧？

转眼我到中国已经半年多了。去年9月刚来中国时，我听不懂也看不懂，也没有朋友，非常难过。现在我的汉语水平有了一定程度的提高，也交了不少朋友，不但有中国的，而且还有世界各地的，我们一起学习，互相帮助，每天都过得很开心。汉语学习也越来越有意思了。开始上课时，我不习惯老师说汉语，只能听懂百分之四五十，因为我没学过简化字，有很多字不认识。但是我每天努力学习，不懂就问老师和同学，所以我的进步很快。现在我已经能用汉语进行一般的会话了，上课也能听懂四分之三了，还能用汉语写一篇不错的作文了。最重要的是，我越来越喜欢汉语了，我想将来找一个和中国有关系的工作。

我现在的生活也基本没问题了。刚来时我不习惯吃中国菜，觉得油太多，也看不懂菜单，只好常常去吃麦当劳。现在我不但习惯了吃中餐，还会做几个地道的中国菜呢。等我回去以后一定做给你们吃。

我以前打算今年8月回国，但是我现在决定延长一年，到明年8

月再回国。在这一年里,我想多了解一点儿中国文化,多交一些朋友。

老师,您的工作顺利吗?祝您身体健康!

您的学生:玛丽
4月10日

Liú lǎoshī:

　　Nín hǎo!

　　Nín de xìn wǒ shōudào le, dànshì yīnwèi máng, yě yīnwèi wǒ de Hànyǔ bù hǎo, guòle zhème jiǔ cái gěi nín xiě xìn, qǐng nín yuánliàng. Nín yíqiè dōu hǎo ba?

　　Zhuǎnyǎn wǒ dào Zhōngguó yǐjīng bàn nián duō le. Qùnián jiǔyuè gāng lái Zhōngguó shí, wǒ tīng bu dǒng yě kàn bu dǒng, yě méiyǒu péngyou, fēicháng nánguò. Xiànzài wǒ de Hànyǔ shuǐpíng yǒule yídìng chéngdù de tígāo, yě jiāole bù shǎo péngyou, búdàn yǒu Zhōngguó de, érqiě hái yǒu shìjiè gè dì de, wǒmen yìqǐ xuéxí, hùxiāng bāngzhù, měi tiān dōu guò de hěn kāixīn. Hànyǔ xuéxí yě yuè lái yuè yǒu yìsi le. Kāishǐ shàng kè shí, wǒ bù xíguàn lǎoshī shuō Hànyǔ, zhǐ néng tīngdǒng bǎi fēnzhī sìshíwǔ, yīnwèi wǒ méi xuéguo jiǎnhuàzì, yǒu hěn duō zì bú rènshi. Dànshì wǒ měi tiān nǔlì xuéxí, bù dǒng jiù wèn lǎoshī hé tóngxué, suǒyǐ wǒ de jìnbù hěn kuài. Xiànzài wǒ yǐjīng néng yòng Hànyǔ jìnxíng yìbān de huìhuà le, shàng kè yě néng tīngdǒng sì fēnzhī sān le, hái néng yòng Hànyǔ xiě yì piān búcuò de zuòwén le. Zuì zhòngyào de shì, wǒ yuè lái yuè xǐhuan Hànyǔ le, wǒ xiǎng jiānglái zhǎo yí ge hé Zhōngguó yǒu guānxi de gōngzuò.

　　Wǒ xiànzài de shēnghuó yě jīběn méi wèntí le. Gāng lái shí wǒ bù xíguàn chī Zhōngguó cài, juéde yóu tài duō, yě kàn bu dǒng càidān, zhǐhǎo chángcháng qù chī Màidāngláo. Xiànzài wǒ búdàn xíguàn le chī zhōngcān, hái huì zuò jǐ ge dìdao de Zhōngguó cài ne. Děng wǒ huíqu yǐhòu yídìng zuò gěi nǐmen chī.

　　Wǒ yǐqián dǎsuàn jīnnián bāyuè huí guó, dànshì wǒ xiànzài juédìng yáncháng yì nián, dào míngnián bāyuè zài huí guó. Zài zhè yì nián li, wǒ xiǎng duō liǎojiě yìdiǎnr Zhōngguó wénhuà, duō jiāo yìxiē péngyou.

　　Lǎoshī, nín de gōngzuò shùnlì ma? Zhù nín shēntǐ jiànkāng!

Nín de xuésheng: Mǎlì
sìyuè shí rì

New Words and Expressions

1	封	fēng	mw.	measure word (for letters)
2	信	xìn	n.	letter

3	收到	shōudào		to receive
4	久	jiǔ	adj.	long
5	原谅	yuánliàng	v.	to forgive, to pardon
6	一切	yíqiè	pron.	everything, all
7	转眼	zhuǎnyǎn	v.	in the blink of an eye
8	去年	qùnián	n.	last year
9	难过	nánguò	adj.	be sad, be bad or sorry
10	一定	yídìng	adj.	certain, fair
11	程度	chéngdù	n.	degree
12	提高	tígāo	v.	to raise, to improve
13	交	jiāo	v.	to make (friends) with
14	不但	búdàn	conj.	not only
15	而且	érqiě	conj.	but also
16	世界	shìjiè	n.	world
17	各	gè	pron.	various, each
18	互相	hùxiāng	adv.	each other
19	篇	piān	mv.	*measure word for article*
20	越来越	yuè lái yuè		more and more
21	……分之……	……fēnzhī……		percent
22	过	guo	part.	*used after a verb to indicate a past action or state*
23	简化字	jiǎnhuàzì	n.	simplified Chinese characters
24	进行	jìnxíng	v.	to carry out, to carry on
25	会话	huìhuà	v.	to make a dialogue or conversation
26	将来	jiānglái	n.	future
27	基本	jīběn	adj.	basic, fundamental
28	菜单	càidān	n.	menu
29	中餐	zhōngcān	n.	Chinese food
30	地道	dìdao	adj.	genuine, authentic
31	今年	jīnnián	n.	this year

32	延长	yáncháng	v.	to prolong
33	明年	míngnián	n.	next year
34	了解	liǎojiě	v.	to comprehend, to understand
35	文化	wénhuà	n.	culture
36	健康	jiànkāng	adj.	healthy

Language Points

1 不但……而且……　Not only... but also...

● 不但有中国的，而且还有世界各地的。

（1）A 不但……，而且/也/还……

① 她不但会唱中文歌，而且还会跳中国的民族舞。

② 他不但是我的老师，（而且）也是我的朋友。

③ 他不但参加了比赛，（而且）还得了第一名。

（2）不但 A……，（而且）B 也……

④ 不但她会唱中文歌，（而且）玛丽也会唱中文歌。

⑤ 不但他参加了比赛，（而且）李军也参加了比赛。

⑥ 不但他是我的朋友，（而且）李军也是我的朋友。

2 越来越 + adj. / V　More and more

● 汉语学习也越来越有意思了。

▲ 表示事物的程度随着时间的推移而变化。例如：
This expression is used to indicate that the degree is varied as time passes. For example:

① 夏天快到了，天气越来越热了。

② 到中国以后，我好像越来越胖了。

③ 我越来越喜欢打太极拳了。

④ 玛丽越来越习惯吃中国菜了。

3 小数、分数和百分数　Decimal number, fractional number and percentage

● 我不习惯老师说汉语，只能听懂百分之四五十。/ 上课也能听懂四分之三了。

数　字	汉字的写法	汉语的读法
0.8	零点八	líng diǎn bā
32.58	三十二点五八	sānshí'èr diǎn wǔ bā
2/3	三分之二	sān fēnzhī èr
4/5	五分之四	wǔ fēnzhī sì
6%	百分之六	bǎi fēnzhī liù
70%	百分之七十	bǎi fēnzhī qīshí

①听中国人聊天儿，我只能听懂百分之二三十。

②我们班三分之一的学生是男生。

③超市的东西比购物中心便宜五分之一。

4 过

● 我没学过简化字，有很多字不认识。

▲ 表示过去有某种经历。否定形式为"S + 没（有）+ V 过 + O"。例如：

This phrase indicates the past experience. The negative form is "S + 没（有）+ V 过 + O". For example:

①我只吃过一次北京烤鸭，你呢？

　→ 我没有吃过北京烤鸭。

②那个地方我两年前去过，还不错。

　→ 那个地方我没去过，不知道好不好。

③这一个月，你只上过两天班，老板（lǎobǎn, boss）很生气。

　→ 这一个月，我没上过班，公司里的事我不知道。

④他最近身体不好，已经生过两次病了，应该锻炼身体了。

Exercises in Class

一 语言点练习　Grammatical exercises

1. 用"不但……而且……"造句　Make sentences with "不但……而且……"

（1）他　　聪明　　努力

（2）他　　他女朋友　　聪明

（3）我们　　喜欢唱歌　　跳舞

（4）我们　　他们　　　喜欢唱歌

（5）大卫　　我的同学　　我的朋友

（6）大卫　　玛丽　　　我的同学

（7）大卫　　会说汉语　　会说英语

（8）大卫　　我们　　　会说汉语

2. 用"越来越……"回答问题　Answer the questions with "越来越……"

（1）你汉语学得怎么样了？

（2）听说你来中国后胖了，是真的吗？

（3）现在天气怎么样？

（4）你的两个孩子怎么样了？

（5）他病了很长时间，现在身体怎么样了？

（6）你跟同屋的关系怎么样了？

（7）你爸爸还那么喜欢喝酒吗？

（8）你喜欢吃中国菜了吗？

3. 读出下列数字　Read the numerals

1.25	78.3	1/6	2/7	25％	74％
3.1415	68.21	3/20	1/15	98％	100％

4. 用"V 过"回答问题　Answer the questions with "V 过"

（1）你遇到过有名的人吗？

（2）你看过中国小说吗？

（3）旅行的时候，你和不认识的人说过话吗？

（4）你包过饺子吗？

（5）你唱过中文歌吗？

二　任务型练习　Task-based exercises

1. 两人活动：两人一组，一人扮演玛丽，一人扮演玛丽的老师，玛丽给老师打电话，谈谈在中国的学习和生活。

Pair work：Two students are in a group. One student plays the role of Mary, the other plays the role of Mary's teacher in America. They are chatting on phone about Mary's life and study in China.

要求：根据课文内容进行交谈。

You're required to make your conversation based on the text.

2. 小组活动：学生三四人一组，一人扮演记者，其他人扮演留学生。记者采访留学生，了解他们在中国的生活。

Group work：Three or four students are in a group. One student plays the role of a reporter, the other two or three students play the roles of foreign students. The reporter is trying to understand the foreign students' lives in China.

问题举例：

The reporter can ask questions such as the following：

（1）你刚来中国的时候有什么困难？

（2）你上课的时候怎么样？

（3）你觉得你的汉语进步了吗？

（4）你学习汉语时，最难的是什么？

（5）你生活上遇到过什么问题吗？

要求：尽量使用本课所学生词和语言点。

You're required to use the new words and the grammar points in this lesson.

Chénggōng xūyào duō cháng shíjiān
成功需要多长时间

大 卫：画家朋友，听说你在美术比赛中得了第一名。请给我们介绍一下儿你是怎么成功的，好吗？

画 家：怎么说呢？很多人以为成功是很难的事情，其实，只要坚持努力，理想就一定能实现。

大 卫：这话是什么意思呢？

画 家：我上初中的时候才开始喜欢画画儿。从那时候开始一直到高中一年级，每天大概只用一个小时画画儿。

大 卫：那么，四年里，你画画儿的时间大概只有六十一天啊。高中二年级以后，你没有再画吗？

画 家：高中二年级和三年级的时候，因为准备考大学，我暂时停止了画画儿。上大学以后，才又重新拿起画笔。大学四年里，我每天也只用一个小时画画儿。

大 卫：四年里，画画儿的时间大概也是六十一天。大学毕业以后呢？

画 家：大学毕业后，我当了三年大学老师。这三年里，我每天大概花三个小时画画儿。三年里，画画儿的时间大概是一百三十七天。

大　卫：后来呢？

画　家：后来我辞去了大学的工作，去全国各地游览了三年，每天用八个小时画画儿。三年里，画画儿的时间正好是三百六十五天。

大　卫：这三年，你画画儿的时间比较多。

画　家：是的。后来我回到北京，专门画了三年画儿，每天用十个小时画画儿。三年里，画画儿的时间大概是四百六十五天。然后，在这次比赛中，我得了这个大奖。

大　卫：从你小时候对画画儿产生兴趣，到得大奖，你花在画画儿上的时间是多少呢？我们算一下儿：六十一天加六十一天，加一百三十七天，加三百六十五天，加四百六十五天，等于一千零八十九天。大概只有三年！

画　家：是啊，其他的时间，我都在做与画画儿无关的事。所以我说，成功不需要多少时间。你同意我的看法吗？

大　卫：你真棒！祝贺你。

（选自《读者》，作者：张小石）

Dàwèi: Huàjiā péngyou, tīngshuō nǐ zài měishù bǐsài zhōng déle dì-yī míng. Qǐng gěi wǒmen jièshào yíxiàr nǐ shì zěnme chénggōng de, hǎo ma?

Huàjiā: Zěnme shuō ne? Hěn duō rén yǐwéi chénggōng shì hěn nán de shìqing, qíshí, zhǐyào jiānchí nǔlì, lǐxiǎng jiù yídìng néng shíxiàn.

Dàwèi: Zhè huà shì shénme yìsi ne?

Huàjiā: Wǒ shàng chūzhōng de shíhou cái kāishǐ xǐhuan huà huàr. Cóng nà shíhou kāishǐ yìzhí dào gāozhōng yīniánjí, měi tiān dàgài zhǐ yòng yí ge xiǎoshí huà huàr.

Dàwèi: Nàme, sì nián li, nǐ huà huàr de shíjiān dàgài zhǐyǒu liùshíyī tiān a. Gāozhōng èrniánjí yǐhòu, nǐ méiyǒu zài huà ma?

Huàjiā: Gāozhōng èrniánjí hé sānniánjí de shíhou, yīnwèi zhǔnbèi kǎo dàxué, wǒ zànshí tíngzhǐle huà huàr. Shàng dàxué yǐhòu, cái yòu chóngxīn náqi huàbǐ. Dàxué sì nián li, wǒ měi tiān yě zhǐ yòng yí ge xiǎoshí huà huàr.

Dàwèi: Sì nián li, huà huàr de shíjiān dàgài yě shì liùshíyī tiān. Dàxué bì yè yǐhòu ne?

Huàjiā: Dàxué bì yè hòu, wǒ dāngle sān nián dàxué lǎoshī. Zhè sān nián li, wǒ měi tiān dàgài huà sān ge xiǎoshí huà huàr. Sān nián li, huà huàr de shíjiān dàgài shì yìbǎi sānshíqī tiān.

Dàwèi: Hòulái ne?

Huàjiā: Hòulái wǒ cíqùle dàxué de gōngzuò, qù quán guó gè dì yóulǎnle sān nián, měi tiān yòng bā ge xiǎoshí huà huàr. Sān nián li, huà huàr de shíjiān zhènghǎo shì sānbǎi liùshíwǔ tiān.

Dàwèi: Zhè sān nián, nǐ huà huàr de shíjiān bǐjiào duō.

Huàjiā: Shì de. Hòulái wǒ huídào Běijīng, zhuānmén huàle sān nián huàr, měi tiān yòng shí ge xiǎoshí huà huàr. Sān nián li, huà huàr de shíjiān dàgài shì sìbǎi liùshíwǔ tiān. Ránhòu, zài zhè cì bǐsài zhōng, wǒ déle zhège dà jiǎng.

Dàwèi: Cóng nǐ xiǎoshíhou duì huà huàr chǎnshēng xìngqù, dào dé dà jiǎng, nǐ huā zài huà huàr shang de shíjiān shì duōshao ne? Wǒmen suàn yíxiàr: liùshíyī tiān jiā liùshíyī tiān, jiā yìbǎi sānshíqī tiān, jiā sānbǎi liùshíwǔ tiān, jiā sìbǎi liùshíwǔ tiān, děngyú yìqiān líng bāshíjiǔ tiān. Dàgài zhǐyǒu sān nián!

Huàjiā: Shì a, qítā de shíjiān, wǒ dōu zài zuò yǔ huà huàr wúguān de shì. Suǒyǐ wǒ shuō, chénggōng bù xūyào duōshao shíjiān. Nǐ tóngyì wǒ de kànfǎ ma?

Dàwèi: Nǐ zhēn bàng! Zhùhè nǐ.

New Words and Expressions

1 画家	huàjiā	n.	painter
2 美术	měishù	n.	art
3 得	dé	v.	to get, to obtain, to gain
4 成功	chénggōng	v.	to succeed
5 以为	yǐwéi	v.	to think, to believe, to consider
6 事情	shìqing	n.	affair, matter
7 其实	qíshí	adv.	in fact, actually
8 只要	zhǐyào	conj.	if only, so long as
9 坚持	jiānchí	v.	to insist
10 理想	lǐxiǎng	n.	ideal, hope for the future

11	实现	shíxiàn	v.	to accomplish
12	画	huà	v.	to draw (a picture)
13	高中	gāozhōng	n.	senior school
14	年级	niánjí	n.	grade
15	暂时	zànshí	adj.	temporarily, for the time being
16	停止	tíngzhǐ	v.	to stop
17	画笔	huàbǐ	n.	painting brush
18	当	dāng	v.	to work as
19	辞	cí	v.	to resign, to quit one's job
20	游览	yóulǎn	v.	to go sightseeing
21	正好	zhènghǎo	adv.	just right, just enough
22	专门	zhuānmén	adv.	especially
23	奖	jiǎng	n.	prize
24	小时候	xiǎoshíhou	n.	in one's childhood
25	产生	chǎnshēng	v.	to come into being
26	算	suàn	v.	to count
27	加	jiā	v.	to plus
28	等于	děngyú	v.	to be equal to
29	零	líng	num.	zero
30	其他	qítā	pron.	other
31	与……无关	yǔ…… wúguān		to have nothing to do with
32	看法	kànfǎ	n.	point of view
33	祝贺	zhùhè	v.	to congratulate

Language Points

1 只要……就…… As long as...

● 只要坚持努力，理想就一定能实现。

▲ 表示在某种条件下，必然会有某结果发生。例如：
This pattern is used to express that some result occurs under certain conditions. For example:

① 只要你同意，我就天天给你打电话。
② 只要天气好，我们就去爬山。

❷ V去

● 后来我**辞去**了大学的工作。

▲ 表示受事因为动词所表示的动作而消失。例如：
This pattern is used to indicate that the object is disappeared due to the action. For example:
① 找工作、换工作花去了一年时间。
② 他擦（cā, to wipe）去脸上的汗，继续向上爬。

❸ 常用结果补语小结 Summary of the common result complement

完	听完	画完	做完	吃完	
见	看见	听见	遇见		
到	看到	听到	买到	找到	得到
着	睡着	点着	买着	找着	
去	辞去	花去	擦去	洗去	
懂	看懂	听懂			
走	飞走	偷走	借走	拿走	
成	变成	画成	切成	摆成	翻译成
好	吃好	炒好	放好	买好	

Exercises in Class

一 课文练习 Text-based exercise

根据课文内容完成下面的表格　Fill in the forms based on the text in this lesson

时　间	每天画画儿的时间	总画画儿的时间
初中到高中一年级，四年	一小时	61 天
大学四年		
大学毕业当老师三年		

时　　间	每天画画儿的时间	总画画儿的时间
游览三年		
回到北京三年		
从开始画画儿到成功一共用了多长时间？		

二 语言点练习　Grammatical exercises

1. 用"只要……就……"造句　Make sentences with "只要……就……"

（1）我有时间　　　　看你

（2）天气好　　　　　去跑步

（3）一喝酒　　　　　醉

（4）一看书　　　　　头疼

（5）一看见我　　　　哭

（6）你去　　　　　　我去

（7）他不来找我　　　我高兴

（8）你给我加油　　　我赢

2. 选词填空　Fill in the blanks with the following words

完　见　到　着　去　走　成　懂　好

（1）对不起，我写错了，我把你的名字写（　　　）"西瓜"了。

（2）这个问题很简单，我一听就听（　　　）了。

（3）快点儿，写（　　　）作业我们去看电影。

（4）你看（　　　）了吗？他们的人比我们多多了。

（5）去旅行的人太多了，我们没买（　　　）火车票。

（6）你睡（　　　）了吗？

（7）我不记得谁把我的书借（　　　）了。

（8）你为什么要辞（　　　）那么好的工作？

（9）我准备（　　　）了，我们出发吧？

三 任务型练习 Task-based exercises

1. 小组活动：学生两三个人一组，一人扮演画家，其他人扮演画家的朋友。在庆祝聚会上，画家和朋友聊天儿，谈自己的经历。

    Group work: Two or three students are in a group. One student plays the role of the painter, the other plays the role of his friend. They are talking about the experience of the painter in a celebration.

2. 小组活动：学生三四人一组，谈谈画家说的"成功不需要很多时间"的观点。你同意这个观点吗？要成功，你觉得最重要的是什么？

    Group work: Three or four students are in a group. The opinion of the painter is "it doesn't take a long time to succeed". Do you agree with him? What do you think is the most important if you want to make success?

四 扩展阅读 Extensive reading

鼠宝宝学外语

鼠妈妈一下子生了八个鼠宝宝，老大叫阿大，老二叫阿二，老三叫阿三，这样一个一个排下去，最后一个老小就叫阿八。鼠妈妈想让八个宝宝都成为最聪明的老鼠，所以，一生下来就教它们说话。

"吱吱吱！吱吱吱！"不到一天，孩子们就全学会了。

鼠妈妈高兴得不得了，对八个宝宝说："从明天起，妈妈教你们学外语。"

"什么叫外语啊？"阿大问。

"外语嘛，就是别的动物说的话。"

阿八说："我是老鼠，只要会吱吱叫就行了，我不想说外语。"

"学了外语对我们有好处，妈妈要让你们成为最聪明的老鼠，所以你们必须学！"妈妈说。

学外语真难啊！累死人了！真没意思！鼠宝宝们一个一个地睡着了。

鼠	shǔ n.	rat
排	pái v.	to arrange (a sequence)
吱	zhī ono.	squeak
必须	bìxū adv.	must

鼠妈妈没办法，只好说："我们先去找吃的，吃饱了再来学外语。"

"看，一块巧克力！"鼠宝宝们跟着妈妈跑了过去。

"喵——"忽然，一只大花猫出现了，"你们跑不了啦！"

鼠宝宝都吓呆了。这时，鼠妈妈说："孩子们，快说狗的外语。"

鼠宝宝们马上一起叫起来："汪汪汪！汪汪汪！"声音比在家练习的时候大多了。

大花猫糊涂了。这是什么动物呢？没等大花猫想明白，鼠妈妈早带着孩子们跑远了。

鼠宝宝们回到洞里，一齐说："学外语真好！学外语真好啊！"

（选自《鼠宝宝学外语》，作者：胡莲娟）

喵	miāo	ono.	mew
出现	chūxiàn	v.	to appear
吓	xià	v.	to frighten
呆	dāi	adj.	dumb
糊涂	hútu	adj.	confused
洞	dòng	n.	hole, cavity
一齐	yìqí	adv.	simultaneously

回答问题　Answer the questions

你为什么要学习汉语？你觉得怎么才能学好汉语？

15 请稍等
Qǐng shāo děng

有位先生利用假期出去玩儿了一趟,回来后,他跟一位朋友讲了这样一件事:

有一天,他出去玩儿,走了一上午,又累又渴。这时,他看见一家饭店,门口立着一块大牌子:"服务周到,经济实惠。"他

就走了进去,想在那儿吃午饭。饭店里边人很少,开着灯,很安静,看起来挺不错的。他脱下外衣,挂在门边,然后找了一个座位坐下来。

很快,一个服务员走了过来:"欢迎光临!先生,您需要点儿什么?"

他说:"先给我来一杯扎啤吧。"

"好的,请稍等。"

过了一会儿,服务员回来了:"对不起,先生,扎啤没有了。"他心想,可能自己没点菜,人家不太高兴。他又说:"那么,请给我上个汤,肉丝汤。"

"好的,请稍等。"

又过了一会儿,服务员回来了:"对不起,先生,肉丝汤没有了。"

"那么,给我来一份炸牛排、炸羊排或者炸猪排吧。""好的,请稍等。"

过了一会儿，服务员又回来了："非常对不起，先生，炸牛排、炸羊排、炸猪排都没有了。"

他终于忍不住生气了，说："好吧，我不吃了。请把我的外衣拿过来。"

"好的，请稍等。"

这次，服务员很快就回来了："真是不好意思，先生，您的外衣也没有了。"

朋友问他那家饭店的名字，他一笑，说："就叫'没有了'。"

Yǒu wèi xiānsheng lìyòng jiàqī chūqu wánrle yí tàng, huílai hòu, tā gēn yí wèi péngyou jiǎngle zhèyàng yí jiàn shì:

Yǒu yì tiān, tā chūqu wánr, zǒule yí shàngwǔ, yòu lèi yòu kě, zhèshí, tā kànjiàn yì jiā fàndiàn, ménkǒu lìzhe yí kuài dà páizi: "Fúwù zhōudào, jīngjì shíhuì." Tā jiù zǒule jinqu, xiǎng zài nàr chī wǔfàn. Fàndiàn lǐbian rén hěn shǎo, kāizhe dēng, hěn ānjìng, kàn qilai tǐng búcuò de. Tā tuōxia wàiyī, guà zài mén biān, ránhòu zhǎole yí ge zuòwèi zuò xialai.

Hěn kuài, yí ge fúwùyuán zǒule guolai: "Huānyíng guānglín! Xiānsheng, nín xūyào diǎnr shénme?"

Tā shuō: "Xiān gěi wǒ lái yì bēi zhāpí ba."

"Hǎo de, qǐng shāo děng."

Guòle yíhuìr, fúwùyuán huílai le: "Duìbuqǐ, xiānsheng, zhāpí méiyǒu le." Tā xīn xiǎng, kěnéng zìjǐ méi diǎn cài, rénjia bú tài gāoxìng. Tā yòu shuō: "Nàme, qǐng gěi wǒ shàng ge tāng, ròusītāng."

"Hǎo de, qǐng shāo děng."

Yòu guòle yíhuìr, fúwùyuán huílai le: "Duìbuqǐ, xiānsheng, ròusītāng méiyǒu le."

"Nàme, gěi wǒ lái yí fèn zhá niúpái, zhá yángpái huòzhě zhá zhūpái ba." "Hǎo de, qǐng shāo děng."

Guòle yíhuìr, fúwùyuán yòu huílai le: "Fēicháng duìbuqǐ, xiānsheng, zhá niúpái, zhá yángpái, zhá zhūpái dōu méiyǒu le."

Tā zhōngyú rěn bu zhù shēng qì le, shuō: "Hǎo ba, wǒ bù chī le. Qǐng bǎ wǒ de wàiyī ná guolai."

"Hǎo de, qǐng shāo děng."

Zhè cì, fúwùyuán hěn kuài jiù huílai le: "Zhēn shì bù hǎoyìsi, xiānsheng, nín de wàiyī yě méiyǒu le."

Péngyou wèn tā nà jiā fàndiàn de míngzi, tā yí xiào, shuō: "Jiù jiào 'méiyǒu le'."

词语表 — New Words and Expressions

1 利用	lìyòng	v.	to make use of
2 讲	jiǎng	v.	to tell
3 饭店	fàndiàn	n.	restaurant
4 立	lì	v.	to erect
5 块	kuài	mw.	*measure word*, piece
6 牌子	páizi	n.	sign
7 周到	zhōudào	adj.	considerate
8 经济	jīngjì	adj.	economical
9 实惠	shíhuì	adj.	substantial
10 午饭	wǔfàn	n.	lunch
11 里边	lǐbian	n.	inside
12 灯	dēng	n.	light, lamp
13 安静	ānjìng	adj.	quiet
14 外衣	wàiyī	n.	coat
15 边	biān	n.	side
16 座位	zuòwèi	n.	seat
17 过来	guòlai	v.	to come over
18 光临	guānglín	v.	(*Pol.*) to honour sb. with presence
19 扎啤	zhāpí	n.	draught beer
20 稍等	shāo děng		to wait a minute
21 心	xīn	n.	heart
22 人家	rénjia	pron.	others
23 上	shàng	v.	to serve
24 汤	tāng	n.	soup
25 肉	ròu	n.	meat
26 丝	sī	n.	thread-like thing, shred
27 份	fèn	mw.	portion; the unit of division
28 炸	zhá	v.	to deep fry

29 牛排	niúpái	n.	steak
牛	niú	n.	cattle
30 羊排	yángpái	n.	mutton chop
羊	yáng	n.	sheep, goat
31 猪排	zhūpái	n.	pork chop
猪	zhū	n.	pig
32 忍不住	rěn bu zhù		cannot help
忍	rěn	v.	to bear

Language Points

单元语言点小结　Summary of Language Points

语言点	例句	课号
1. 就是	北大，就是北京大学。/ 这个菜很好吃，就是太辣了。	11
2. 又……又……	他长得又高又大，他的女朋友又聪明又漂亮。	11
3. "把"字句（1）	你把鸡蛋打到这个碗里。/ 请把西红柿炒熟。	11
4. V 起来（1）	出国留学的手续说起来简单，办起来其实很麻烦。	11
5. "把"字句（2）	别把手机摔坏了。	12
6. 存在句（3）	小区的南边是一个小公园。	12
7. 虽然……但是……	饺子虽然好吃，但是包起来太麻烦了。	12
8. 不但……而且……	她不但会唱中文歌，而且还会跳中国的民族舞。	13
9. 越来越 + adj. / V	夏天快到了，天气越来越热了。	13
10. 小数、分数和百分数	听中国人聊天儿，我只能听懂百分之二三十。	13
11. 过	我只吃过一次北京烤鸭，你呢？	13
12. 只要……就……	只要你同意，我就天天给你打电话。	14
13. V 去	他擦去脸上的汗，继续向上爬。	14
14. 常用结果补语小结	后来我辞去了大学的工作。	14

课堂练习　Exercises in Class

一　语言点练习　Grammatical exercises

根据课文内容，填出补语　Fill in the complements based on the text in this lesson

（1）他看＿＿＿＿了一家饭店，就走了＿＿＿＿。

（2）那家饭店看＿＿＿＿挺不错的。

（3）他脱＿＿＿＿外衣，挂在门边，然后找了个座位坐＿＿＿＿。

（4）很快，一个服务员走了＿＿＿＿。

（5）我不吃了，请把我的外衣拿＿＿＿＿。

二　任务型练习　Task-based exercises

1. 两人活动：两人一组，一人扮演课文中的那位先生，另一人扮演服务员。

   Pair work: Two students are in a group. One student plays the role of the man in the text, the other plays the role of the attendant.

2. 两人活动：两人一组，一人扮演课文中的那位先生，另一人扮演他的朋友或者妻子，他向朋友或妻子讲述自己遇到的事情。

   Pair work: Two students are in a group. One student plays the role of the man in the text, the other plays the role of his friend or his wife. They are talking about the story in the restaurant.

3. 两人活动：两人是好朋友，其中一人打算跟自己的女（男）朋友分手，可是拿不定主意，跟另一人商量。

   Pair work: Two people are good friends. One student is planning to depart with his girlfriend or her boyfriend, but he/she can't make the final decision. So he/she is discussing with his/her best friend.

   要求：使用本单元的语言点。

   You're required to use the language points in this unit.

三　扩展阅读　Extensive reading

中国的"吃"

张红：玛丽，你来中国已经半年多了，过得开心吗？

玛丽：当然开心啦。我交了不少朋友，汉语水平也有了很大的提高。而且，中国饭很好吃，饺子、面条儿、火锅、西红柿炒鸡蛋、牛排、肉丝汤……我都喜欢吃。

张红：是吗？那你一定了解中国的"吃文化"了？

玛丽：知道一点儿。

张红：那我问你一个问题，考考你，好吗？

玛丽：好，你问吧。

张红：中国人在吃的方面有三个特点，你知道吗？

玛丽：这个——我不知道，你给我讲讲吧。

张红：第一，中国人什么都敢吃；第二，能吃的不敢吃；第三，不能吃的却敢吃。

玛丽：什么叫"什么都敢吃"？

张红：有句话说，靠山吃山，靠水吃水。你看，山都能吃，还有什么不能吃呢？

玛丽：有意思。那什么叫"能吃的不敢吃"呢？

张红：鸭蛋，能吃吗？

玛丽：当然能吃了，我很喜欢吃咸鸭蛋。

张红：你考试的时候吃个大鸭蛋，怎么样？

玛丽：不行，不行。那我可不敢吃。

张红：你吃醋吗？

玛丽：吃——哎呀！不行，不行，不能吃醋。

张红：我说的没错吧，能吃的不敢吃！

玛丽：那什么是"不能吃的却敢吃"？

张红：你现在吃我一拳，怎么样？

玛丽：吃你一拳？没问题，你的劲儿那么小，吃你一拳也没关系。

张红：哈哈，拳头不能吃，但你吃了吧？

玛丽：真有意思，看起来，不但中国饭又好吃又好看，而且关于吃的词语还真不少呢！

敢	gǎn	aux. dare
靠	kào	v. to keep to, to get near
鸭蛋	yādàn	n. duck's egg
拳	quán	n. fist

你知道这些句子的意思吗？　Do you know the meaning of the following sentences?

（1）靠山吃山，靠水吃水。

（2）这次考试，他吃了个大鸭蛋。

（3）我不吃你的醋，你放心。

（4）吃你一拳也没关系。

16 从哪一头儿吃香蕉

一个朋友对我说过一句话，给我留下了深刻的印象。她说："有些人吃香蕉总是从尾巴开始剥，有些人总是从细头儿开始剥，差别很大。"她的话给了我很大的启发。

如果已经是一种习惯，一个人就很难改变他剥香蕉的方式。

一个戒烟的人，他戒了一天烟，难受极了，他想：我才戒了一天烟，就这么难。天哪，如果我还能活1万天的话，就还要受9999天的罪，算了吧！他戒烟失败。但是，如果换个想法：我第一天戒烟就成功了，真不错！如果我还能活1万天的话，坚持下去，后面的9999天就从成功开始，多好！这样，他就能慢慢地把烟戒掉了。

其实，这里有一个最简单的道理：遇到任何事情，我们都可以试试换个角度去想。很多事情不是必须那么做，或者必须这么做的。

香蕉，当然是可以从两头儿吃的！

（选自《读者》，作者：叶延滨）

16 从哪一头儿吃香蕉

Yí ge péngyou duì wǒ shuōguo yí jù huà, gěi wǒ liúxiale shēnkè de yìnxiàng. Tā shuō: "Yǒuxiē rén chī xiāngjiāo zǒngshì cóng wěiba kāishǐ bāo, yǒuxiē rén zǒngshì cóng xì tóur kāishǐ bāo, chābié hěn dà." Tā de huà gěile wǒ hěn dà de qǐfā.

Rúguǒ yǐjīng shì yì zhǒng xíguàn, yí ge rén jiù hěn nán gǎibiàn tā bāo xiāngjiāo de fāngshì.

Yí ge jiè yān de rén, tā jièle yì tiān yān, nánshòu jí le. Tā xiǎng: Wǒ cái jièle yì tiān yān, jiù zhème nán. Tiān na, rúguǒ wǒ hái néng huó yíwàn tiān dehuà, jiù hái yào shòu jiǔqiān jiǔbǎi jiǔshíjiǔ tiān de zuì, suànle ba! Tā jiè yān shībài. Dànshì, rúguǒ huàn ge xiǎngfǎ: Wǒ dì-yī tiān jiè yān jiù chénggōng le, zhēn búcuò! Rúguǒ wǒ hái néng huó yíwàn tiān dehuà, jiānchí xiàqu, hòumian de jiǔqiān jiǔbǎi jiǔshíjiǔ tiān jiù cóng chénggōng kāishǐ, duō hǎo! Zhèyàng, tā jiù néng mànmàn de bǎ yān jièdiào le.

Qíshí, zhèli yǒu yí ge zuì jiǎndān de dàoli: yùdào rènhé shìqing, wǒmen dōu kěyǐ shìshi huàn ge jiǎodù qù xiǎng. Hěn duō shìqing bú shì bìxū nàme zuò, huòzhě bìxū zhème zuò de.

Xiāngjiāo, dāngrán shì kěyǐ cóng liǎng tóur chī de!

词语表 — New Words and Expressions

1	句	jù	mw.	*measure word (used for language)*
2	留下	liúxia		to leave behind
3	深刻	shēnkè	adj.	deep
4	印象	yìnxiàng	n.	impression
5	香蕉	xiāngjiāo	n.	banana
6	总是	zǒngshì	adv.	always
7	尾巴	wěiba	n.	tail, end
8	剥	bāo	v.	to peel, to shell
9	细	xì	adj.	thin, slender
10	头儿	tóur	n.	top, tip
11	差别	chābié	n.	difference, disparity
12	启发	qǐfā	v.	to enlighten
13	改变	gǎibiàn	v.	to change
14	方式	fāngshì	n.	way, fashion
15	戒烟	jiè yān		to quit smoking
	戒	jiè	v.	to quit
16	难受	nánshòu	adj.	be unwell

17	活	huó	v.	to live
18	万	wàn	num.	ten thousand
19	受罪	shòu zuì		to endure hardship, torture, etc.
20	算了	suànle	v.	to forget it, to let it be
21	失败	shībài	v.	to fail, to be defeated, to lose (*a war, a game, etc.*)
22	想法	xiǎngfǎ	n.	idea
23	道理	dàoli	n.	reason
24	任何	rènhé	pron.	any
25	角度	jiǎodù	n.	angle
26	必须	bìxū	adv.	must

Language Points

1 才

● 我**才**戒了一天烟，就这么难。

▲ "才"用在数量词前面的时候，表示在说话人看来，时间还早或数量很少。例如：

When used before a quantifier, "才" indicates that it's still early or it's few in number on the speaker's opinion. For example:

① 现在才十点，看一会儿电视再睡吧。

② 才听了十五分钟，就头疼了。怎么办？明天有听力考试！

③ 这件衣服才200块，太便宜了。

④ 你怎么才吃了一个包子？太少了吧！

2 V 下去

● 坚持**下去**，后面的9999天就从成功开始。

▲ 表示继续进行某种行为或保持某种状态。例如：

It indicates the action or status continues. For example:

① 别停，说下去。

② 你不要再玩儿下去了，马上就要考试啦！

③ 我头疼得厉害，真的学不下去了，我们出去玩儿会儿吧。

❸ 百以上的称数法（千、万）　Numerals above hundred

1080	一千零八十
9873	九千八百七十三
12,465	一万两千四百六十五
3240,000	三百二十四万
40,790	四万零七百九十

❹ V 掉

● 这样，他就能慢慢地把烟戒掉了。

▲ "V 掉"是一个结果补语，表示动作之后某个事物消失。例如：

"掉" can be used after a verb to form a resultative complement, which means something disappears after the action. For example:

① 这些香蕉坏了，扔掉吧。

② 改掉一个坏习惯，只需要 21 天。

③ 这个面包明天就到期了，我们今天把它吃掉吧。

课堂练习　　Exercises in Class

一 语言点练习　Grammatical exercises

1. 读出下列数字　Read the following numerals

   1949　　2008　　45,798　　30,912　　480,005　　9600,000

2. 用"才"回答问题　Answer the questions with "才"

   （1）他很能喝酒吗？（不太能喝　喝　一瓶啤酒）

   （2）我们出去玩儿一会儿吧。（再做一会儿吧　工作　一个小时）

   （3）他的汉语这么好，一定学了很长时间吧？（没有　学　半年）

   （4）该起床了。（再睡一会儿　现在　6 点）

   （5）你吃饱了吗？（还没有　吃　一碗米饭）

3. 用"V掉"完成句子　Complete the sentences with "V掉"

   （1）我不喜欢这个工作了，_____。

（2）这些茶已经三年了，_____。

（3）喝酒对身体不好，_____。

（4）你的房间太乱了，_____。

二 任务型练习　Task-based exercises

1. 两人活动：学生两人一组，一人正在戒烟，感到痛苦；另一人劝他坚持。

   Pair work：Two students are in a group. One student is trying to give up smoking and he feels much suffering, the other is advising him to keep on.

2. 辩论：

   Debate：

   话题：要不要戒烟

   Topic：Smoking，quit or not?

   要求：尽量使用下面的生词和语言点。

   You're required to use the following words and language points.

   V过　……极了　才　V下去　V掉　如果……的话，就……

三 扩展阅读　Extensive reading

核桃和莲子

一位老教授在上他的最后一节课。快下课的时候，他拿出一个大杯子和一些核桃、莲子，对大家说："今天我们做一个实验。这个实验的结果可以告诉大家一个道理。"

他先在杯子里装满核桃，然后问："杯子满了吗？"

学生们回答："满了。"然后，教授又把莲子装进杯子。他问："你们能从这个实验中得到什么启发？"

学生们都不说话。

最后教授说："想想看，如果我们先用莲子把杯子装满，还能再装核桃吗？人生中有很多事情，有的是小事，有的是大事。如果我们花很多时间去做

节	jié	mw. measure word (for class)
核桃	hétao	n. walnut
莲子	liánzǐ	n. lotus seed
实验	shíyàn	n. experiment
装	zhuāng	v. to fill, to load, to pack
人生	rénshēng	n. life

那些小事，就没有时间做那些真正对自己重要的事情了。我希望大家记住这个实验，如果莲子先装满了，就装不下核桃了。"

| 真正 | zhēnzhèng adv. truely, really |

回答问题 Answer the questions

老教授要告诉学生的道理是什么？你同意吗？

17 李军的日记

2023 年 7 月 13 日　星期四　小雨

五年前的暑假，我高中毕业了。那时候，我们同学约好，五年后的暑假一起回母校聚会。

这五年里，我们大家虽然也经常联系，但是除了发发电子邮件、发发微信、打打电话，从来也没有见过面。所以，能够聚一聚，我们都非常高兴。离聚会的时间还差一个多月，我们就在网上讨论聚会的计划和安排了。最后，我们决定在 7 月 11 日——就是五年前我们离开学校的日子，大家一起回母校。

说实话，没见面以前，我有些担心：已经有五年没见面了，大家一定有很多变化，如果找不到共同的话题，该怎么办？但是，没想到，大家见面后，不但不觉得陌生，而且似乎比五年前还亲热，问好、握手，一下子就回到了过去。第一天晚上，我们一边喝酒，一边回忆做过的坏事、傻事，痛痛快快地一直聊到第二天早上。

两天的时间很快就过去了。我们在宿舍楼、教室、操场、食堂、图书馆、体育馆，每一个曾经去过的地方，都照了相、合了影，作为留念。

这真是一次愉快的聚会！

èr líng èr sān nián qīyuè shísān rì   xīngqīsì   xiǎo yǔ

Wǔ nián qián de shǔjià, wǒ gāozhōng bì yè le. Nà shíhou, wǒmen tóngxué yuēhǎo, wǔ nián hòu de shǔjià yìqǐ huí mǔxiào jùhuì.

Zhè wǔ nián li, wǒmen dàjiā suīrán yě jīngcháng liánxì, dànshì chúle fāfa diànzǐ yóujiàn. fāfa wēixìn、dǎda diànhuà, cónglái yě méiyǒu jiànguo miàn. Suǒyǐ, nénggòu jù yi jù, wǒmen dōu fēicháng gāoxìng. Lí jùhuì de shíjiān hái chà yí ge duō yuè, wǒmen jiù zài wǎngshang tǎolùn jùhuì de jìhuà hé ānpái le. Zuìhòu, wǒmen juédìng zài qīyuè shíyī rì —— jiù shì wǔ nián qián wǒmen líkāi xuéxiào de rìzi, dàjiā yìqǐ huí mǔxiào.

Shuō shíhuà, méi jiàn miàn yǐqián, wǒ yǒuxiē dān xīn: yǐjīng yǒu wǔ nián méi jiàn miàn le, dàjiā yídìng yǒu hěn duō biànhuà, rúguǒ zhǎo bu dào gòngtóng de huàtí, gāi zěnme bàn? Dànshì, méi xiǎngdào, dàjiā jiàn miàn hòu, búdàn bù juéde mòshēng, érqiě sìhū bǐ wǔ nián qián hái qīnrè, wèn hǎo、wò shǒu, yíxiàzi jiù huídàole guòqù. Dì-yī tiān wǎnshang, wǒmen yìbiān hē jiǔ, yìbiān huíyì zuòguo de huàishì、shǎ shì, tòngtongkuàikuài de yìzhí liáodào dì-èr tiān zǎoshang.

Liǎng tiān de shíjiān hěn kuài jiù guòqu le. Wǒmen zài sùshèlóu、jiàoshì、cāochǎng、shítáng、túshūguǎn、tǐyùguǎn, měi yí ge céngjīng qùguo de dìfang, dōu zhàole xiàng, héle yǐng, zuòwéi liúniàn.

Zhè zhēn shì yí cì yúkuài de jùhuì!

New Words and Expressions

1	暑假	shǔjià	n.	summer vacation
2	约	yuē	v.	to make an appointment
3	母校	mǔxiào	n.	Alma Mater
4	除了	chúle	prep.	except, besides
5	从来	cónglái	adv.	always, at all times
6	能够	nénggòu	aux.	can
7	聚	jù	v.	to get together
8	讨论	tǎolùn	v.	to discuss
9	离开	líkāi	v.	to leave
10	日子	rìzi	n.	day, date
11	实话	shíhuà	n.	truth
12	变化	biànhuà	n.	change

13	共同	gòngtóng	adj.	common
14	话题	huàtí	n.	topic
15	陌生	mòshēng	adj.	strange
16	似乎	sìhū	adv.	It seems...
17	亲热	qīnrè	adj.	intimate, affectionate
18	问好	wèn hǎo		to say hello to
19	握手	wò shǒu		to shake one's hand
20	一边	yìbiān	adv.	at the same time, simultaneously
21	回忆	huíyì	v.	to recall
22	坏事	huàishì	n.	something bad
23	傻	shǎ	adj.	foolish
24	痛快	tòngkuai	adj.	to one's heart's content
25	聊	liáo	v.	to chat
26	体育馆	tǐyùguǎn	n.	gymnasium
27	曾经	céngjīng	adv.	once, ever
28	照相	zhào xiàng		to take pictures
29	合影	hé yǐng		to take a group photo
30	作为	zuòwéi	prep.	as
31	留念	liúniàn	v.	to keep as a memento
32	愉快	yúkuài	adj.	happy, joyful, cheerful

Language Points

1 除了……（以外） Besides, Except

● 但是除了发发电子邮件、发发微信、打打电话，从来也没有见过面。

（1）除了……（以外），……也/还……（Besides）

① 除了他（以外），安娜也喜欢吃中国菜。

② 除了中国菜（以外），我还喜欢吃泰国菜。

③ 除了星期天以外，星期二我也常常打篮球。

（2）除了……（以外），……都……（Except）

④ 除了他（以外），我们都喜欢吃中国菜。

⑤ 除了香菜（xiāngcài, coriander）（以外），别的菜我都喜欢吃。

⑥ 除了星期天（以外），其他时间我都要学习。

❷ 有 + 时量词 + 没（有）+ V + 了

● 大家已经有五年没见面了。

▲ 表示有一段时间没做某事了。例如：

This expression is used to indicate that someone hasn't done something for a period of time. For example:

① 我已经有一年没吃妈妈做的菜了。

② 我有一个星期没给她打电话了。

③ 她有三个月没有休息了。

❸ 一边……一边……

● 我们一边喝酒，一边回忆做过的坏事、傻事。

▲ 用来表示两个动作同时进行。例如：

This expression is used to indicate that two actions are doing simultaneously. For example:

① 他们一边走，一边聊天儿。

② 不要一边吃饭一边看手机。

③ 一边看电视一边吃饭，这个习惯好不好？

❹ 真是 + 一 + mw. + n.

● 这真是一次愉快的聚会！

▲ 表示感叹。例如：

This expression is used to indicate an exclamation. For example:

① 今天真是一个好天气！

② 真是一个不错的机会！

③ 真是一个奇怪的人！一直都不说话。

5 感叹表达小结   Summary of expressions for exclamation

真是 + 一 + mw. + n.	真是一个好孩子！
真 + adj.（+ 啊）	真冷啊！
太 + adj. + 了	太棒了！
好 + adj.（+ 啊）	好辣啊！
(S +) 多 + adj. + 啊	你看，长城多雄伟啊！

Exercises in Class

一 语言点练习   Grammatical exercises

1. 用"除了……也/都……"回答问题   Answer the questions with "除了……也/都……"

（1）你会说汉语，还会说别的外语吗？

（2）你喜欢唱歌，还喜欢做什么？

（3）你们班只有你会说法语吗？

（4）在中国，只有北京人喜欢吃烤鸭吗？

（5）学校附近的那家饭店不错，别的饭店怎么样？

（6）西红柿炒鸡蛋很好吃，还有什么菜好吃？

（7）我们只能在超市里买橘子吗？

（8）请问，只能在这里抽烟吗？

（9）你只在星期六锻炼身体吗？

（10）放假了，我听说只能上午去图书馆了，是吗？

2. 用"有 + 时量词 + 没(有) + V + 了"完成句子   Complete the sentences with "有 + 时量词 + 没(有) + V + 了"

（1）＿＿＿＿＿＿＿＿＿＿＿＿＿＿＿，今天晚上不在食堂吃了。

（2）＿＿＿＿＿＿＿＿＿＿＿＿＿＿＿，今晚一起聊聊天儿吧。

（3）＿＿＿＿＿＿＿＿＿＿＿＿＿＿＿吧？她一定很想你。

（4）＿＿＿＿＿＿＿＿＿＿＿＿＿＿＿，这个周末要去爬山。

二 任务型练习　Task-based exercises

1. 小组活动：学生两三人一组，策划同学聚会。要包括下面几方面的内容。

   Pair work：Two or three students are in a group. They are planning to organize a classmate reunion. And the following things should be mentioned.

   ① 期待在母校相聚（the expectation to meet old classmates in Alma Mater）
   ② 担心重聚的可能性（the worry about the possibility of the reunion）
   ③ 策划聚会的节目安排（the arrangement of the party programs）
   ④ 确定聚会的时间、地点及联系方式（the details such as time, venue, contact information and so on）

2. 两人活动：学生两人一组，谈谈自己的习惯。

   Pair work：Two students are in a group, talking about their habits.

   要求：使用下面的语言点。

   You're required to use the following language points.

   除了　　一边……一边……　　曾经　　真是……　　不但不……而且……　　从来

3. 采访活动：一个人做记者，采访其他同学。

   Interview：One student plays the role of a reporter, and makes an interview.

   （1）在中学或大学里，你觉得最美好的回忆是什么？

   What is your best memory of your high school or university life?

   （2）在互联网上，你们有没有校友录？请谈谈你对校友录的看法。

   Do you have an alumni on the internet? What is your opinion about the alumni?

三 扩展阅读　Extensive reading

载过她的自行车

我有个朋友，讲过一个故事。她工作多年，有一天下班回家，突然遇到一个中学男同学。两个老同学虽然很久没有见面了，但是觉得很亲切。当时，男孩骑着自行车。他突然说："我载你回家吧。"女孩说："好啊。"女孩坐在车后座上，手轻轻地扶着男孩的腰，看着他吃力地骑上一个坡，不好意思地说："我比以前重了。"男孩笑笑说："没事儿，我载得动。"

载	zài	v. to carry (passengers)
扶	fú	v. to place a hand on (sb. or sth.) for support
腰	yāo	n. waist
吃力	chīlì	adj. strenuous, painstaking
坡	pō	n. slope

就这样，男孩把女孩送到了家，两人互相说了声"晚安"。那是个初春的夜晚，虽然还挺冷的，但是女孩的心里却暖暖的，有点儿不一样。

　　今年夏天，我回到了分别十年的大学校园，发现操场、教学楼都重新修过了，有些东西不见了，有些东西出现了，但是，唯一不变的是校园里的很多女孩仍然坐在自行车的后座上。

　　夜深人静的时候，我们都会偶尔深深地怀念一段时光，当我们从年轻走向成熟，那些故事也在心里，像美酒一样。

（选自《读者》，作者：于小葱）

分别	fēnbié	v. to part, to leave each other
唯一	wéiyī	adj. only
怀念	huáiniàn	v. to cherish memory of

判断正误　True or false

（1）两个人见面的时候，天气挺暖和的。　▢
（2）两个人是在校园里遇到的。　▢
（3）男孩以前用自行车载过女孩。　▢

18 我看过京剧
<small>Wǒ kànguo jīngjù</small>

昨天晚上，我去看了一场京剧。演员的表演很精彩，可是一句我也没听明白，演出的内容是什么，我完全不知道。

一年以前，我曾经看过一场京剧，当时，我也什么都没听懂。但是，我可以原谅自己，因为那时候我刚开始学习汉语，知道的词很少，而且听力也不太好，和老师、辅导聊天儿的时候，也经常听不懂。

现在我学汉语一年多了，词汇量增加了很多，已经可以用汉语进行一般的会话，可以看懂电视节目，听懂新闻广播了。我一直很满意，以为自己的汉语已经取得了很大的进步，可是为什么看京剧时还是一句也听不懂呢？难道我的汉语水平还是那么差吗？

今天正在苦恼的时候，我的一个中国朋友来玩儿。她告诉我说，京剧不是用现代普通话唱的，大部分中国人也听不懂。

原来是这样！看起来，虽然对中国的政治、经济、教育和社会情况，我比较了解，但是我对京剧艺术等中国文化方面的知识，还是了解得太少了。

Zuótiān wǎnshang, wǒ qù kànle yì chǎng jīngjù. Yǎnyuán de biǎoyǎn hěn jīngcǎi, kěshì yí jù wǒ yě méi tīng míngbai, yǎnchū de nèiróng shì shénme, wǒ wánquán bù zhīdào.

Yì nián yǐqián, wǒ céngjīng kànguo yì chǎng jīngjù, dāngshí, wǒ yě shénme dōu méi tīngdǒng. Dànshì, wǒ kěyǐ yuánliàng zìjǐ, yīnwèi nà shíhou wǒ gāng kāishǐ xuéxí Hànyǔ, zhīdào de cí hěn shǎo, érqiě tīnglì yě bú tài hǎo, hé lǎoshī、fǔdǎo liáo tiānr de shíhou, yě jīngcháng tīng bu dǒng.

Xiànzài wǒ xué Hànyǔ yì nián duō le, cíhuìliàng zēngjiāle hěn duō, yǐjīng kěyǐ yòng Hànyǔ jìnxíng yìbān de huìhuà, kěyǐ kàndǒng diànshì jiémù, tīngdǒng xīnwén guǎngbō le. Wǒ yìzhí hěn mǎnyì, yǐwéi zìjǐ de Hànyǔ yǐjīng qǔdéle hěn dà de jìnbù, kěshì wèi shénme kàn jīngjù shí háishi yí jù yě tīng bu dǒng ne? Nándào wǒ de Hànyǔ shuǐpíng háishi nàme chà ma?

Jīntiān zhèngzài kǔnǎo de shíhou, wǒ de yí ge Zhōngguó péngyou lái wánr. Tā gàosu wǒ shuō, jīngjù bú shì yòng xiàndài pǔtōnghuà chàng de, dà bùfen Zhōngguórén yě tīng bu dǒng.

Yuánlái shì zhèyàng! Kàn qilai, suīrán duì Zhōngguó de zhèngzhì、jīngjì、jiàoyù hé shèhuì qíngkuàng, wǒ bǐjiào liǎojiě, dànshì wǒ duì jīngjù yìshù děng Zhōngguó wénhuà fāngmiàn de zhīshi, háishi liǎojiě de tài shǎo le.

词语表　　　　　　　　　　　　　　New Words and Expressions

1	京剧	jīngjù	n.	Peking Opera
2	演员	yǎnyuán	n.	actor
3	演出	yǎnchū	v.	to perform
4	内容	nèiróng	n.	content
5	完全	wánquán	adv.	completely
6	当时	dāngshí	n.	at that time
7	听力	tīnglì	n.	listening comprehension
8	辅导	fǔdǎo	v.	to coach, to tutor
9	词汇	cíhuì	n.	vocabulary
10	量	liàng	n.	quantity
11	增加	zēngjiā	v.	to increase, to raise
12	新闻	xīnwén	n.	news
13	广播	guǎngbō	n.	broadcast
14	取得	qǔdé	v.	to achieve, to gain

15	难道	nándào	adv.	*used to reinforce a rhetorical question*
16	差	chà	adj.	inferior
17	苦恼	kǔnǎo	adj.	vexed, worried
18	普通话	pǔtōnghuà	n.	mandarin
19	政治	zhèngzhì	n.	politics
20	教育	jiàoyù	n.	education
21	社会	shèhuì	n.	society
22	情况	qíngkuàng	n.	situation
23	艺术	yìshù	n.	art
24	等	děng	part.	and so on, etc.
25	知识	zhīshi	n.	knowledge

Language Points

1 强调否定 Emphasize the negation

● 演员的表演很精彩，可是<u>一句</u>我<u>也没</u>听明白。

（1）一 + mw. + n. + 也不 / 没 + V

① 我一个字也不认识，怎么办？
② 听说那个地方不太好，我一次也没去过。
③ 他们在说什么？我一句话也听不懂。

（2）一点儿也不 + adj.

④ 这个问题一点儿也不难。
⑤ 老同学见面一点儿也不陌生。
⑥ 这个菜一点儿也不辣，你吃吧。

（3）哪儿 / 谁 / 什么 …… + 也不 / 没 + V

⑦ 我哪儿也不去，就在学校里学习。
⑧ 今天我不太开心，觉得哪儿也没有意思。
⑨ 刚来中国的时候，我谁也不认识。
⑩ 谁也不帮我，怎么办？
⑪ 他病了，什么也不想吃。

❷ 难道

● 难道我的汉语水平还是那么差吗？

▲ 用于反问句中加强反问语气。例如：

This word is used to reinforce a rhetorical question. For example:

① A：你会说英语，是吧？
　　B：对不起，我不会说。
　　A：怎么？难道你不是美国人吗？

② A：这是什么字？
　　B：这不是"人"字吗？我们昨天刚学的，难道你今天就忘了吗？

Exercises in Class

一 语言点练习　Grammatical exercises

用"难道……吗"翻译下面的句子

Translate the sentences into Chinese with "难道……吗"

（1）Why did you forget my birthday? Don't you love me?

（2）What? You can't understand English? Aren't you from America?

（3）I feel so weird. Doesn't he know her?

（4）Why are you so sleepy? Didn't you rest well yesterday?

（5）Why did you eat so little? Don't you like Chinese food?

（6）What? You don't want to go there with me? Do you dislike me?

（7）You want to go to bed now? Are you very tired?

（8）Why can't I use this computer? Is it yours?

二 任务型练习　Task-based exercises

1. 两人活动：学生两人一组，一人扮演"我"，一人扮演"我"的中国朋友。朋友来"我"的房间，两人一起谈看京剧的事情。

   Pair work： Two students are in a group. One student plays the role in the text, the other plays the role of his / her Chinese friend. They're talking about his / her experience of watching Peking Opera last night.

2. 两人活动：学生两人一组，表演吵架（如：兄弟 / 姐妹 / 父母孩子 / 同屋 / 撞车的人）。

   Pair work： Two students are in a group, playing the roles of brothers, or sisters, or parent and child, or roommates, or people involved in a traffic accident. They are quarreling.

   要求：使用下面的语言形式。
   You're required to use the following language points.

   一 + mw. + n. + 也不 / 没 + V　　哪儿 / 谁 / 什么…… + 也不 / 没 + V　　难道　　并且

三 扩展阅读　Extensive reading

请　客

　　说话是一种艺术，有的人说出来的话让人高兴，有的人说出来的话能气死人。我有个朋友就不怎么会说话。

　　一天，他在饭店请客，一共请了四位客人，有三位早早地就到了，还有一位一直没来。等了一会儿，他有点儿着急了，就说："你看，该来的不来。"坐在他旁边的一位客人听了觉得不舒服，心想："该来的不来，那我是不该来的了？"他站起来说："对不起，我出去方便一下儿。"走到门口，他对服务员说："一会儿你告诉他们，不用等我了。"

　　过了一会儿，服务员走过来问："先生，您点的菜准备好了，现在上菜吗？"

　　"先别上，我们还在等人呢。"

　　服务员说："那位先生说别等他了，他走了。"

　　我朋友一听就更着急了，说："不该走的怎么走了！"

　　另一位客人听了又很不高兴："不该走的走了，我这个该走的还没走？好，我现在就走。"他一句话也没说就走出了饭店。

　　我朋友问："他们怎么都走了？"

　　最后一位客人说："您不是说'该来的不来、不该走的又走了'吗？他们觉得自己不该留在这儿，所以都走了。您啊，以后说话一定要注意点儿。"

"哦——"我朋友想了想,说,"可是,我说的不是他们啊!"
"啊?您说的是我啊!"最后一位客人也被气走了。

回答问题　Answer the questions

(1) 客人为什么都走了?

(2) 你觉得这个主人说话有问题吗?

(3) 在生活中,你遇到过不会说话的人吗?如果遇到过,跟同学们讲一讲吧。

19 如果有一天……

如果有一天，你发现母亲的厨房不再像以前那么干净了；如果有一天，你发现母亲做的菜太咸太难吃；如果有一天，你发现父亲看电视看着看着睡着了；如果有一天，你发现父母不再爱吃脆脆的蔬菜水果了；如果有一
天，你发现父母喜欢喝稀饭了；如果有一天，你发现他们反应慢了；如果有一天，你发现吃饭的时候他们老是咳嗽……

如果有这么一天，我要告诉你：你的父母真的已经老了，需要别人照顾了。

每个人都会老。父母比我们先老，我们应该照顾他们，关心他们，带他们去检查身体。他们可能会有很多事都做不好。如果房间有味儿，可能他们自己也闻不到，请千万不要嫌他们脏或嫌他们臭。他们不再爱洗澡的时候，请一定抽空儿帮他们洗洗身体，因为他们自己可能洗不干净。我们在享受食物的时候，请给他们准备一小碗容易吃的，因为有些东西他们不爱吃可能是因为牙齿咬不动了。

从我们出生开始，父母就在不停地忙碌，教我们生活的基本能力，把人生的经验告诉我们，还让我们读书学习……所以，如果有一天，他们真的动不了了，我们要记住，看父母就是看自己的未来。如果有一天，你像他们一样老时，你希望怎么过？

Rúguǒ yǒu yì tiān, nǐ fāxiàn mǔqīn de chúfáng bú zài xiàng yǐqián nàme gānjìng le; rúguǒ yǒu yì tiān, nǐ fāxiàn mǔqin zuò de cài tài xián tài nánchī; rúguǒ yǒu yì tiān, nǐ fāxiàn fùqin kàn diànshì kàn zhe kànzhe shuìzháo le; rúguǒ yǒu yì tiān, nǐ fāxiàn fùmǔ bú zài ài chī cuìcuì de shūcài shuǐguǒ le; rúguǒ yǒu yì tiān, nǐ fāxiàn fùmǔ xǐhuan hē xīfàn le; rúguǒ yǒu yì tiān, nǐ fāxiàn tāmen fǎnyìng màn le; rúguǒ yǒu yì tiān, nǐ fāxiàn chī fàn de shíhou tāmen lǎoshì késou……

Rúguǒ yǒu zhème yì tiān, wǒ yào gàosu nǐ: nǐ de fùmǔ zhēn de yǐjīng lǎo le, xūyào biéren zhàogù le.

Měi ge rén dōu huì lǎo. Fùmǔ bǐ wǒmen xiān lǎo, wǒmen yīnggāi zhàogù tāmen, guānxīn tāmen, dài tāmen qù jiǎnchá shēntǐ. Tāmen kěnéng huì yǒu hěn duō shì dōu zuò bu hǎo. Rúguǒ fángjiān yǒu wèir, kěnéng tāmen zìjǐ yě wén bu dào, qǐng qiānwàn búyào xián tāmen zāng huò xián tāmen chòu. Tāmen bú zài ài xǐ zǎo de shíhou, qǐng yídìng chōu kòngr bāng tāmen xǐxi shēntǐ, yīnwèi tāmen zìjǐ kěnéng xǐ bu gānjìng. Wǒmen zài xiǎngshòu shíwù de shíhou, qǐng gěi tāmen zhǔnbèi yì xiǎo wǎn róngyì chī de, yīnwèi yǒuxiē dōngxi tāmen bú ài chī kěnéng shì yīnwèi yáchǐ yǎo bu dòng le.

Cóng wǒmen chūshēng kāishǐ, fùmǔ jiù zài bù tíng de mánglù, jiāo wǒmen shēnghuó de jīběn nénglì, bǎ rénshēng de jīngyàn gàosu wǒmen, hái ràng wǒmen dú shū xuéxí…… Suǒyǐ, rúguǒ yǒu yì tiān, tāmen zhēn de dòng bu liǎo le, wǒmen yào jìzhù, kàn fùmǔ jiù shì kàn zìjǐ de wèilái. Rúguǒ yǒu yì tiān, nǐ xiàng tāmen yíyàng lǎo shí, nǐ xīwàng zěnme guò?

New Words and Expressions

1	难吃	nánchī	adj.	tasteless
2	脆	cuì	adj.	crisp
3	稀饭	xīfàn	n.	porridge
4	反应	fǎnyìng	n.	reaction
5	老是	lǎoshì	adv.	always
6	老	lǎo	adj.	old
7	别人	biéren	pron.	others
8	照顾	zhàogù	v.	to take care of

9	关心	guānxīn	v.	to be concerned about
10	检查	jiǎnchá	v.	to check
11	有味儿	yǒu wèir		to smell bad
	味儿	wèir	n.	smell, odour
12	千万	qiānwàn	adv.	by all means, absolutely
13	嫌	xián	v.	to dislike, to complain of, to mind
14	臭	chòu	adj.	foul, stinking
15	抽空儿	chōu kòngr		to manage to find time
16	享受	xiǎngshòu	v.	to enjoy
17	爱	ài	v.	to love, to like
18	牙齿	yáchǐ	n.	tooth
19	咬	yǎo	v.	to bite
20	动	dòng	v.	to move
21	出生	chūshēng	v.	to be born
22	忙碌	mánglù	adj.	busy
23	能力	nénglì	n.	ability
24	人生	rénshēng	n.	life
25	经验	jīngyàn	n.	experience
26	读书	dú shū		to read, to attend a school
27	了	liǎo	v.	*used in conjunction with 得/不 after a verb*
28	未来	wèilái	n.	future

Language Points

1 不再 Not do sth. any longer

● 如果有一天，你发现母亲的厨房不再像以前那么干净了……

① 我吃饱了，不再吃了，你自己吃吧。

② 我不再喜欢你了，你别来找我了。

③ 医生说他的身体非常不好，他决定不再喝酒了。

❷ V₁着 V₁着 V₂

● 如果有一天，你发现父亲看电视看着看着睡着了……

▲ 表示一个动作在进行时，另一个动作出现了。例如：

This pattern is used to indicate that an action occurs while another action is in progression. For example:

①他看电视的时候，看着看着睡着了，是电视太无聊，还是他太累了？
②她们两个人说着说着就哭了，怎么回事？
③我们一边走一边聊，聊着聊着就爬到了山上，一点儿没觉得累。

❸ V 不了 / V 得了

● 如果有一天，他们真的动不了了……

▲ 表示可能或不可能做某事。例如：

This pattern is used to indicate it's possible or impossible to do something. For example:

①这个菜太辣了，我吃不了，你吃吧。
→ 我吃得了辣的，没关系。
②我工作太忙，照顾不了孩子。
→ 你工作那么忙，照顾得了孩子吗？
③这个太难了，我翻译不了。
→ 这个太难了，你翻译得了吗？

❹ V 住　tightly

● 我们要记住，看父母就是看自己的未来。

①我记了很多次才把他的名字记住了。
②站住，别跑。
③抓住，不要松手。

❺ 祈使表达小结　Summary of imperative expressions

应该 + V	你应该照顾他们。
要 + V	一个人在国外，要小心啊。
得 + V	你得早点儿起床。
别 + V	别告诉别人，这是秘密（mìmì, secret）。

（请你）（千万/一定）不要 V	请一定抽空儿给他们洗洗身体。 请千万不要嫌他脏。
少 + V	少说这种话！
Clause + 吧	我们走吧。

❻ 时态小结 ["了、着、过、在、正在、（正）在……呢"] Summary of tense and aspect markers

	位置	意义	例句
了	句中	一个动作在另一个动作前发生 One action takes place before another one.	① 以前我常常吃了晚饭去散步，现在我常常吃了晚饭去图书馆。 ② 明天我吃了早饭去找你。
		用于过去发生的事，表完成 Something has been completed in the past.	① 我买了一本书。 ② 我看见了他。 ③ 昨天他丢了钱包，很不开心。
	句末	事态发生变化，对另外的事态有影响 A situation has changed and has an impact on another situation.	① 他去图书馆了，不在宿舍。 ② 以前他不喜欢学汉语，现在喜欢（学汉语）了。 ③ 她胖了，不太好看了。
		事态将发生变化 A situation will be changed.	① 如果你不去，我也不去了。 ② 明年9月，我就22岁了。
着		状态持续 Sustained state	① 他穿着一件红毛衣。 ② 墙上贴着一张画儿。 ③ 他喜欢看着电视吃饭。 ④ 他看着看着睡着了。 ⑤ 外面下着雨呢。
过		经历 Past experience	两年前，我看过京剧。
在		进行 An action is in progress.	我在听音乐。
正在		进行 An action is just in progress.	他来的时候，我正在看电视。
（正）在……呢		进行 An action is in progress.	我（正）在学习呢，不能帮你做饭。

Exercises in Class

一 语言点练习 Grammatical exercises

1. 用"V不了"回答问题 Answer the questions with "V不了"

（1）今天我们去吃四川菜，怎么样？你能吃辣的吗？

（2）明天晚上我们有一个晚会，你也来吧。

（3）你帮我洗洗这件毛衣，好吗？

（4）你现在为什么不上网了？（眼睛不舒服）

（5）我们买十瓶白酒，可以吗？

2. 用"V₁着V₁着V₂"完成对话 Complete the dialogues with "V₁着V₁着V₂"

（1）A：她是个很容易感动的人，是吗？

　　B：是啊，看小说的时候，_____。

（2）A：你昨天很累吗？为什么_____？

　　B：是啊，太累了。我有三个星期没休息了。

（3）A：听说你很喜欢在睡觉以前听英语，为什么？

　　B：因为听英语的时候_____，对睡觉很有帮助啊。

（4）A：奶奶的狗死了，她很难过，你千万别和她说狗的事儿。

　　B：为什么？

　　A：因为_____。

（5）A：她一定收到男朋友的信了。

　　B：你怎么知道？

　　A：你看，她看信的时候，_____。

3. 用"不再"造句 Make sentences with "不再"

（1）got sick　　　smoke

（2）fell in love with other person　　love me

（3）he apologized　　she was not angry

（4）quit job　　come to the company

（5）too busy recently　　come to study in the evening

4. 翻译下面的句子（注意 "了、过、在、着" 的用法）

Translate the sentences into Chinese. Please notice the usage of "了，过，在" and "着"

（1）I went to visit one of my friends yesterday.

（2）Let's go to visit him after finishing lunch, shall we?

（3）He just travelled back from France, and he bought a lot of things.

（4）Recently he travelled a lot, so he became thin.

（5）He went on business trip, please call him next week.

（6）I didn't go back to Alma Mater. How about the get-together party?

（7）He has been to a lot of places in Europe, but he has never been to America.

（8）They are discussing the plan for summer holiday.

（9）When I saw them, they are taking pictures.

（10）I like to do homework listening to music.

（11）It is snowing outside, let's go out for fun.

二 任务型练习　Task-based exercises

1. 两人活动：学生两人一组，假设是兄弟姐妹的关系，谈谈父母最近的变化。

   Pair work：Two students in a group play the roles of brothers or sisters. They are talking about their parents' recent changes.

2. 小组活动：学生三人一组，一人扮演医生，一人扮演老人，一人扮演老人的儿子或女儿。儿子或女儿向医生叙述自己的父亲（或母亲）近来的情况，如看电视睡着了，反应很慢，不吃水果，等等。老人配合说出自己的感受，医生提供建议。

Group work: Three students are in a group. One student plays the role of a doctor. One student plays the role of an old man/woman. One student plays the role of the old man/woman's son or daughter. The child tells the doctor about his/her parent's recent conditions, like falling asleep while watching TV, slow reaction, disliking eating fruits, etc.. The old man/woman tells his/her feelings too. The doctor gives suggestions.

要求：尽量使用课文里的词语和句子。

You're required to try to use the words and sentences in the text.

3. 两人活动：学生两人一组，假设是夫妻关系，两人一起商量请老人帮忙照顾孩子的事。

Pair work: Two students in a group play the roles of a couple. They want to ask their parents for help to take care of their child.

要求：使用下面的语言形式。

You're required to use the following language points.

会　　V不了　　V着　　不再　　千万

三 扩展阅读　Extensive reading

爸爸的心情

爸爸是家庭里遮风挡雨的人。

爸爸的爱好是看电视。

四十岁以前的爸爸是运动员，上班、下班，像一阵风，我们总是赶不上他。

六十岁以后的爸爸是一把椅子，他一回家，就坐着不动了。

只有当中二十年的爸爸正好，他会带我们去玩儿，还会讲故事给我们听。

爸爸说："你们一出生，我就失去了宁静。"

所有的爸爸都怕吵。大概爸爸做孩子的时候，都是顽皮少年，所以等到他当了爸爸，就老是希望孩子们早点儿上床。

如果爸爸不生气，我们全家就有一个好天气。

爸爸的口头语是："等一下儿再说。"

老了的爸爸就像一根草，可是在女儿心中，这根草曾经是一堵墙。

遮	zhē	v.	to keep out, to shelter from
挡	dǎng	v.	to shield from
赶不上	gǎn bu shàng		can't catch up with
失去	shīqù	v.	to lose
宁静	níngjìng	adj.	peaceful, calm
吵	chǎo	adj.	noisy
顽皮	wánpí	adj.	naughty
口头语	kǒutóuyǔ	n.	speech mannerism

爸爸的梦想是做一片云，或者就像海鸥，可以在天空自由地飞。

当我们长大，爸爸就变成了一个老人。

当白发和皱纹成为爸爸的亲密老友时，我也看到了将来的我。

（选自《读者》，作者：隐地）

海鸥	hǎi'ōu	n. seagull
皱纹	zhòuwén	n. wrinkle

回答问题 Answer the questions

（1）爸爸四十岁以前是运动员吗？

（2）为什么说六十岁以后的爸爸是一把椅子？

（3）你喜欢自己的爸爸吗？为什么？

20 好咖啡总是放在热杯子里的

有一年寒假，我和爱人去欧洲旅行，经过罗马的时候，一位朋友带我们去喝咖啡。

那是一个美丽的清晨。我们跟着他穿过一条小路，石块儿拼成的街道非常美丽，走久了，会让人忘记目的地，以为自己是出来踏石块儿的。忽然，一阵咖啡的香味儿飘过来，不用朋友说，就知道咖啡店到了。

咖啡店不是很大，但是客人不少，三三两两地坐在桌子旁边，一边喝着咖啡，一边聊着天儿。

我们也在一张桌子旁边坐下来，服务员给我们拿来小白瓷杯，白瓷厚厚的。我捧在手里，忍不住惊讶地说："咦，这杯子还是热的呢！"

服务员转过身来，笑着说："女士，好咖啡总是放在热杯子里的！"

是的，好咖啡应该放在热杯子里，凉杯子会把咖啡变凉，香味儿

也会淡一些。其实，好茶好酒不也都是这样吗？不知道那端咖啡的服务员要告诉我什么。我愿自己也是香香的咖啡，认真、仔细地放在一个洁白温暖的厚瓷杯里，带动一个美丽的清晨。

好咖啡总是放在热杯子里的

Yǒu yì nián hánjià, wǒ hé àiren qù Ōuzhōu lǚxíng, jīngguò Luómǎ de shíhou, yí wèi péngyou dài wǒmen qù hē kāfēi.

Nà shì yí ge měilì de qīngchén. Wǒmen gēnzhe tā chuānguò yì tiáo xiǎolù, shíkuàir pīnchéng de jiēdào fēicháng měilì, zǒu jiǔ le, huì ràng rén wàngjì mùdìdì, yǐwéi zìjǐ shì chūlai tà shíkuàir de. Hūrán, yí zhèn kāfēi de xiāngwèir piāo guolai, búyòng péngyou shuō, jiù zhīdào kāfēidiàn dào le.

Kāfēidiàn bú shì hěn dà, dànshì kèren bù shǎo, sānsān-liǎngliǎng de zuò zài zhuōzi pángbiān, yìbiān hēzhe kāfēi, yìbiān liáozhe tiānr.

Wǒmen yě zài yì zhāng zhuōzi pángbiān zuò xialai, fúwùyuán gěi wǒmen nálai xiǎo bái cíbēi, bái cí hòuhòu de. Wǒ pěng zài shǒu li, rěn bu zhù jīngyà de shuō: "Yí, zhè bēizi háishì rè de ne!"

Fúwùyuán zhuǎnguò shēn lai, xiàozhe shuō: "Nǚshì, hǎo kāfēi zǒngshì fàng zài rè bēizi li de!"

Shì de, hǎo kāfēi yīnggāi fàng zài rè bēizi li, liáng bēizi huì bǎ kāfēi biàn liáng, xiāngwèir yě huì dàn yìxiē. Qíshí, hǎo chá hǎo jiǔ bù yě dōu shì zhèyàng ma? Bù zhīdào nà duān kāfēi de fúwùyuán yào gàosu wǒ shénme. Wǒ yuàn zìjǐ yě shì xiāngxiāng de kāfēi, rènzhēn、zǐxì de fàng zài yí ge jiébái wēnnuǎn de hòu cíbēi li, dàidòng yí ge měilì de qīngchén.

New Words and Expressions

1	寒假	hánjià	n.	winter holiday
2	爱人	àiren	n.	husband or wife
3	经过	jīngguò	v.	to pass
4	美丽	měilì	adj.	beautiful
5	清晨	qīngchén	n.	early morning
6	跟	gēn	v.	to follow
7	穿过	chuānguò	v.	to go through
8	石块儿	shíkuàir	n.	stone
9	拼	pīn	v.	to piece together
10	街道	jiēdào	n.	street
11	目的地	mùdìdì	n.	destination
12	踏	tà	v.	to tread, to stamp
13	忽然	hūrán	adv.	suddenly
14	阵	zhèn	mw.	*measure word (for sth. that happens abruptly and lasts a short time)*

15	飘	piāo	v.	to blow, to drift about
16	三三两两	sānsān-liǎngliǎng		in or by twos and threes
17	瓷	cí	n.	china, porcelain
18	厚	hòu	adj.	thick
19	捧	pěng	v.	to clasp, to hold in both hands
20	惊讶	jīngyà	adj.	amazed, astounded
21	咦	yí	interj.	well, why (*expressing surprise*)
22	转身	zhuǎn shēn		to turn round
23	凉	liáng	adj.	cool
24	淡	dàn	adj.	light
25	端	duān	v.	to hold sth. level
26	愿	yuàn	v.	to wish
27	认真	rènzhēn	adj.	serious, earnest, conscientious
28	仔细	zǐxì	adj.	careful
29	洁白	jiébái	adj.	pure white
30	温暖	wēnnuǎn	adj.	warm
31	带动	dàidòng	v.	to drive, to spur on

专有名词　Proper Nouns

1	欧洲	Ōuzhōu	Europe
2	罗马	Luómǎ	Roma

Language Points

单元语言点小结　Summary of Language Points

语言点	例句	课号
1. 才	现在才十点，看一会儿电视再睡吧。	16
2. V 下去	别停，说下去。	16
3. 百以上的称数法（千、万）	一千零八十／四万零七百九十	16

好咖啡总是放在热杯子里的

语言点	例句	课号
4. V 掉	这样，他就能慢慢地把烟戒掉了。	16
5. 除了……（以外）	除了中国菜（以外），我还喜欢吃泰国菜。/除了香菜（以外），别的菜我都喜欢吃。	17
6. 有 + 时量词 + 没（有）+ V + 了	大家已经有五年没见面了。	17
7. 一边……一边……	他们一边走，一边聊天儿。	17
8. 真是 + 一 + mw. + n.	今天真是一个好天气！	17
9. 强调否定 （1）一 + mw. + n. + 也不/没 + V （2）一点儿也不 + adj. （3）哪儿/谁/什么…… + 也不/没 + V	我一个字也不认识，怎么办？ 他一点儿也不冷。 他病了，什么也不想吃。	18
10. 难道	怎么？难道你不是美国人吗？	18
11. 不再	我以前抽得太多了，现在不再抽了。	19
12. V₁ 着 V₁ 着 V₂	他看电视看着看着睡着了。	19
13. V 不了 / V 得了	这个菜太辣了，我吃不了，你吃吧。	19
14. V 住	我们要记住，看父母就是看自己的未来。	19
15. 祈使表达小结	你应该照顾他们。	19
16. 时态小结［了、着、过、在、正在、（正）在……呢]	明天我吃了早饭去找你。/墙上贴着一张画儿。/两年前，我看过京剧。/我在听音乐（呢）。/我（正）在学习呢，不能帮你做饭。	19

Exercises in Class

一 任务型练习 Task-based exercises

1. 小组活动：学生三人一组，分别扮演"我"、朋友和服务员，表演本课的故事。

Pair work: Three students are in a group. One student plays the role of the waiter in the Café in Rome, the other two students play the roles of good friends. They act out the story in the text.

2.两人活动：学生两人一组，谈谈喝咖啡。

Pair work: Two students are in a group talking about drinking coffee.

要求：使用下面的语言形式。

You're required to use the following language points.

V过　　V着　　一边……一边……　　除了……以外　　V得了　　adj.＋极了　　难道

二 扩展阅读　Extensive reading

坏脾气的男孩儿

从前，有一个男孩儿，他很容易生气，常常大发脾气，所以一个朋友也没有。有一天，他的爸爸给了他一袋钉子，告诉他，每次发脾气或者跟人吵架的时候，就在墙上钉一根钉子。第一天，男孩儿惊讶地发现，他钉了三十七根钉子！后面的几天，他努力控制自己的脾气，结果，每天钉的钉子越来越少了。他发现，控制自己的脾气比钉钉子容易多了。终于有一天，他一根钉子都没有钉，他高兴地把这件事告诉了爸爸。

爸爸说："从今天开始，如果你一天都没有发脾气，就可以在这天拔掉一根钉子。"日子一天一天过去，最后，钉子全都拔完了。爸爸带他来到墙边，对他说："儿子，你做得很好！可是，看看墙上的钉子洞，这些洞永远留在这里了。你和一个人吵架，说了些难听的话，就在他心里留下了一个伤口，像这个钉子洞一样。"

发脾气	fā píqi	to lose one's temper
吵架	chǎo jià	to quarrel
控制	kòngzhì	v. to control
拔	bá	v. to pull out
伤口	shāngkǒu	n. wound

回答问题　Answer the questions

（1）看完这个故事，你有什么想法？

（2）你有没有发完脾气以后非常后悔的时候？把你的故事写下来。

21 黄金周：痛痛快快玩儿一周

我的老家是河北省的一个小城。二十七岁以前，姐姐没有去过河北省以外的地方。那时候，姐姐的假期很少，只有春节才能连着休息六七天。可是，春节是全家团圆的日子，她哪儿也不能去。

1997年，我大学毕业，留在北京一家公司当推销员，能够全国各地到处跑，姐姐很羡慕："我上学的时候没有钱，工作以后又没有时间。要是能有一个长假期，我一定要跑遍中国。"

没想到，姐姐的这个愿望很快就实现了。1999年，政府开始实行"黄金周"休假制度：每年的春节、"五一"和"十一"，全国放假三天，加上周末，有整整一周的时间！对辛苦工作的人来说，有这么一个长长的假期，真是太难得了。

黄金周还没到，姐姐就开始做旅行的准备工作，一方面决定去什么地方，另一方面再联系好旅行社，只等休假开始，马上就出发。几年过去，姐姐已经去过了很多地方：去海边晒过太阳，去草原骑过马，看过黄河，游过长江……

"外面的世界真精彩！"每次旅行回来，姐姐都会开心地说这么一句。

现在她已经制订了一个大计划：一个省一个省地看，一个地方一个地方地走，直到走遍中国，老得走不动了才停。

我的姐姐，一个普通的青年人，因为有这样一个长假期，生活变得越来越丰富。我愿她身体健康，跑遍中国以后，再去外国看一看。

Wǒ de lǎojiā shì Héběi Shěng de yí ge xiǎo chéng. Èrshíqī suì yǐqián, jiějie méiyǒu qùguo Héběi Shěng yǐwài de dìfang. Nà shíhou, jiějie de jiàqī hěn shǎo, zhǐyǒu Chūn Jié cái néng liánzhe xiūxi liù-qī tiān. Kěshì, Chūn Jié shì quán jiā tuányuán de rìzi, tā nǎr yě bù néng qù.

Yī jiǔ jiǔ qī nián, wǒ dàxué bì yè, liú zài Běijīng yì jiā gōngsī dāng tuīxiāoyuán, nénggòu quán guó gè dì dàochù pǎo, jiějie hěn xiànmù: "Wǒ shàng xué de shíhou méiyǒu qián, gōngzuò yǐhòu yòu méiyǒu shíjiān. Yàoshi néng yǒu yí ge cháng jiàqī, wǒ yídìng yào pǎobiàn Zhōngguó."

Méi xiǎngdào, jiějie de zhège yuànwàng hěn kuài jiù shíxiàn le. Yī jiǔ jiǔ jiǔ nián, zhèngfǔ kāishǐ shíxíng "huángjīnzhōu" xiū jià zhìdù: měi nián de Chūn Jié、"Wǔ-Yī" hé "Shí-Yī", quán guó fàng jià sān tiān, jiāshang zhōumò, yǒu zhěngzhěng yì zhōu de shíjiān! Duì xīnkǔ gōngzuò de rén lái shuō, yǒu zhème yí ge chángcháng de jiàqī, zhēn shì tài nándé le.

Huángjīnzhōu hái méi dào, jiějie jiù kāishǐ zuò lǚxíng de zhǔnbèi gōngzuò, yì fāngmiàn juédìng qù shénme dìfang, lìng yì fāngmiàn zài liánxì hǎo lǚxíngshè, zhǐ děng xiū jià kāishǐ, mǎshàng jiù chūfā. Jǐ nián guòqu, jiějie yǐjīng qùguole hěn duō dìfang: qù hǎibiān shàiguo tàiyang, qù cǎoyuán qíguo mǎ, kànguo Huáng Hé, yóuguo Cháng Jiāng……

"Wàimiàn de shìjiè zhēn jīngcǎi!" Měi cì lǚxíng huílai, jiějie dōu huì kāixīn de shuō zhème yí jù.

Xiànzài tā yǐjīng zhìdìngle yí ge dà jìhuà: yí ge shěng yí ge shěng de kàn, yí ge dìfang yí ge dìfang de zǒu, zhídào zǒubiàn Zhōngguó, lǎo de zǒu bu dòng le cái tíng.

Wǒ de jiějie, yí ge pǔtōng de qīngniánrén, yīnwèi yǒu zhèyàng yí ge cháng jiàqī, shēnghuó biàn de yuè lái yuè fēngfù. Wǒ yuàn tā shēntǐ jiànkāng, pǎobiàn Zhōngguó yǐhòu, zài qù wàiguó kàn yi kàn.

New Words and Expressions

1 老家	lǎojiā	n.	hometown
2 城	chéng	n.	city

21 黄金周:痛痛快快玩儿一周

3	以外	yǐwài	n.	beyond, outside
4	只有……才……	zhǐyǒu……cái……		only if
5	连着	liánzhe	adv.	continuously, in succession
6	团圆	tuányuán	v.	to gather together once more after a separation, to reunion
7	推销员	tuīxiāoyuán	n.	salesman
8	羡慕	xiànmù	v.	to envy, to admire
9	遍	biàn	v.	all over
10	愿望	yuànwàng	n.	wish, desire
11	政府	zhèngfǔ	n.	government, administration
12	实行	shíxíng	v.	to carry out
13	黄金周	huángjīnzhōu	n.	the Golden week
14	休假	xiū jià		to take a vacation
15	制度	zhìdù	n.	system, regulation
16	五一	Wǔ-Yī	n.	the International Labour Day
17	十一	Shí-Yī	n.	the National Day of China
18	难得	nándé	adj.	hard to come by
19	旅行社	lǚxíngshè	n.	travel agency
20	海边	hǎibiān	n.	seaside, beach
21	晒	shài	v.	to shine on, to bask in the sun
22	太阳	tàiyáng	n.	sun
23	草原	cǎoyuán	n.	grassland
24	马	mǎ	n.	horse
25	制订	zhìdìng	v.	to lay down, to work out
26	省	shěng	n.	province
27	普通	pǔtōng	adj.	common, ordinary
28	青年	qīngnián	n.	youth, young people

专有名词 Proper Nouns

1 河北省	Héběi Shěng	Hebei Province
2 黄河	Huáng Hé	the Yellow River
3 长江	Cháng Jiāng	the Yangtze River

语言点 Language Points

1 只有……才…… Only if, provided that

● 只有春节才能连着休息六七天。

① 他不太喜欢喝酒,只有特别高兴的时候,才喝一点儿。
② 只有你爱别人,别人才会爱你。
③ 这件事只有这么办才能办好。

2 V 遍

● 要是能有一个长假期,我一定要跑遍中国。

① 我找遍了他常常去的地方,还是没有找到他。
② 那个图书馆的书很好,我差不多都看遍了。
③ 中国菜有八大菜系,不同地方的菜各有特点,我想吃遍中国。

3 一方面……,另一方面…… On the one hand..., on the other hand...

● 一方面决定去什么地方,另一方面再联系好旅行社。

▲ 用于从两个方面提出理由或作出评论。例如:

This pattern is usually used to provide reasons or make comments from two perspectives. For example:

① 我来中国,一方面是因为我喜欢汉语,另一方面是因为我想交中国朋友。
② 很多人来北京都要吃烤鸭,一方面是因为烤鸭很好吃,另一方面也是因为烤鸭很有名。
③ 看电视一方面可以帮助我们提高汉语水平,另一方面也会浪费时间。
④ 手机一方面给我们的生活带来了很多方便,另一方面也会带来一些麻烦。

❹ 数量词重叠　Reduplication of the quantifier

● 现在她已经制订了一个大计划：一个省一个省地看，一个地方一个地方地走。

一 + mw.（+ n.）+ 一 + mw.（+ n.）+ 地 + V

▲ 用来描写动作行为一个接一个地发生。例如：

This pattern is used to describe the actions which take place one by one. For example:

① 饭要一口一口地吃，事要一件一件地做。
② 他一定很苦恼，你看，他在一杯一杯不停地喝酒。
③ 他很喜欢看小说，一本一本地看，看完一本又看一本。

课堂练习　Exercises in Class

一　语言点练习　Grammatical exercises

1. 翻译下面的句子　Translate the sentences into Chinese

（1）Only if you are concerned about other people, will other people be concerned about you.

（2）Only proficent Chinese students can understand Chinese news broadcast.

（3）Only if you forgive him, can you be not vexed anymore.

（4）Only if there are some common topics we're both interested in, can we be good friends.

（5）Only if you think about this issue from another angle, will you be able to understand him.

2. 用"V遍"回答问题　Answer the questions with "V遍"

（1）你的朋友很喜欢莫扎特（Mòzhātè, Mozart）的音乐，是吗？
（2）去罗马的旅行怎么样？看了不少地方吧？
（3）在中国留学期间（qījiān, during），你有什么计划？

二 任务型练习 Task-based exercises

1. 两人活动：学生两人一组，一人扮演记者，一人扮演课文中的"姐姐"，记者采访"姐姐"对黄金周的看法。

    Pair work: Two students are in a group. One student plays the role of a reporter, the other plays the role of the sister in the text. The reporter is trying to find out the sister's opinion about the Golden week.

2. 辩论活动：不开心的时候喝酒是不是一个好办法？如果是，为什么？如果不是，你有什么办法？

    Debate: Is it a good way to drink when you are unhappy? If it is, why? If it is not, what's your way?

    要求：辩论双方都必须使用下面的语言点。

    You're required to use the following language points.

    一方面……，另一方面……　　只有……才……　　一 + mw. (+ n.) + 一 + mw. (+ n.) + 地 + V

3. 班级活动：谈谈自己国家的人一般怎么过假期。

    Class work: How do people spend holidays in your own country? Talk about it.

三 扩展阅读 Extensive reading

游长城

有人说没去过长城就不能说到过中国，所以我早就想去长城看看了。上个周末，我终于看到了世界七大奇迹之一的长城。长城真的非常伟大！在太阳下面，站在又高又长的长城上，看着远处那么漂亮的风景，我非常感动！登长城的时候，我还遇到了两位老人，他们在国外生活了四十多年，这是他们四十年来第一次回到祖国。过去，虽然他们也很想念祖国，但是因为工作太忙，生活很紧张，没有时间回来。现在他们都退休了，终于回到了久别的祖国。

在与老人聊天儿的时候，我们的旁边上来一群年轻的学生，他们说着笑着，一路跑了过去。看着这对老人满头的白发，听着年轻学生愉快的笑声，摸着古老的城墙，我有一种特别的感觉。历史在这

奇迹	qíjì	n.	miracle
感动	gǎndòng	adj.	moved
祖国	zǔguó	n.	motherland
退休	tuìxiū		to retire
群	qún	mw.	measure word, group

21 黄金周:痛痛快快玩儿一周

儿相遇了,我好像回到了过去,又好像进入了未来。古老的长城永远站在这儿,看着它的儿女,也看着世界各地的人们。

我希望以后有机会再去长城。

相遇 xiāng yù　to meet (each other)

回答问题　Answer the questions

1. 你第一次登长城的时候有什么感受?
2. 在你们国家,有没有一个像长城一样的地方?

一个电话
Yí ge diànhuà

我想和您谈谈张亮缺课的情况。

我儿子上初中三年级的时候，他父亲去世了。父亲去世后，儿子哭了很长时间，性格有了很大的变化，学习成绩一天比一天差。我想了各种办法帮助他，但是我越想帮他，他离我越远，不愿意和我谈话。学期结束时，他已经缺课九十五次，物理、化学和外语三科考试都不及格。这样看来，他很有可能连初中都毕不了业。我很着急，用了各种各样的办法，要求他好好儿学习，但是，批评和表扬都没有用，他还是老样子。

有一天，我正在上班，突然接到一个电话。一个男人说他是学校的辅导老师："我想和您谈谈张亮缺课的情况。"

我把自己的苦恼和对儿子的爱都告诉了这个陌生人。最后我说："我爱儿子，我不知道该怎么办。看着他那个样子，我很难过。我想了各种办法，想让他重新喜欢学校，但是……唉，这一切都没有作用，我已经没有办法了。"说着，我忍不住流下了眼泪。

我说完以后，电话那头儿没有回答。过了一会儿，那位老师说："谢谢您抽时间和我谈话。"说完就挂上了电话。

一个月后，儿子的成绩单又来了，我高兴地看到他的学习有了很大的进步。

一年过去了,儿子上了高中。在一次家长会上,老师表扬了他的进步。

回家的路上,儿子问我:"妈妈,还记得一年前那位给您打电话的辅导老师吗?"

我点了点头。

"那是我。"儿子说,"我本来是想和您开个玩笑的,但是听了您的话,我心里很难过。那时候,我才知道,爸爸去世了,您多不容易啊!我下决心,一定要成为您的骄傲。"

(选自《文萃》,编译:陈明)

Wǒ érzi shàng chūzhōng sānniánjí de shíhou, tā fùqin qùshì le. Fùqin qùshì hòu, érzi kūle hěn cháng shíjiān, xìnggé yǒule hěn dà de biànhuà, xuéxí chéngjì yì tiān bǐ yì tiān chà. Wǒ xiǎngle gè zhǒng bànfǎ bāngzhù tā, dànshì wǒ yuè xiǎng bāng tā, tā lí wǒ yuè yuǎn, bú yuànyì hé wǒ tán huà. Xuéqī jiéshù shí, tā yǐjīng quē kè jiǔshíwǔ cì, wùlǐ, huàxué hé wàiyǔ sān kē kǎo shì dōu bù jígé. Zhèyàng kànlái, tā hěn yǒu kěnéng lián chūzhōng dōu bì bu liǎo yè. Wǒ hěn zháo jí, yòngle gè zhǒng gè yàng de bànfǎ, yāoqiú tā hǎohāor xuéxí, dànshì, pīpíng hé biǎoyáng dōu méiyǒu yòng. Tā háishi lǎo yàngzi.

Yǒu yì tiān, wǒ zhèngzài shàng bān, tūrán jiēdào yí ge diànhuà. Yí ge nánrén shuō tā shì xuéxiào de fǔdǎo lǎoshī: "Wǒ xiǎng hé nín tántan Zhāng Liàng quē kè de qíngkuàng."

Wǒ bǎ zìjǐ de kǔnǎo hé duì érzi de ài dōu gàosule zhège mòshēngrén. Zuìhòu wǒ shuō: "Wǒ ài érzi, wǒ bù zhīdào gāi zěnme bàn. Kànzhe tā nàge yàngzi, wǒ hěn nánguò. Wǒ xiǎngle gè zhǒng bànfǎ, xiǎng ràng tā chóngxīn xǐhuan xuéxiào, dànshì……Ài, zhè yíqiè dōu méiyǒu zuòyòng, wǒ yǐjīng méiyǒu bànfǎ le." Shuōzhe, wǒ rěn bu zhù liúxiàle yǎnlèi.

Wǒ shuōwán yǐhòu, diànhuà nà tóur méiyǒu huídá. Guòle yíhuìr, nà wèi lǎoshī shuō: "Xièxie nín chōu shíjiān hé wǒ tán huà." Shuōwán jiù guàshangle diànhuà.

Yí ge yuè hòu, érzi de chéngjìdān yòu lái le, wǒ gāoxìng de kàndào tā de xuéxí yǒule hěn dà de jìnbù.

Yì nián guòqu le, érzi shàngle gāozhōng. Zài yí cì jiāzhǎnghuì shang, lǎoshī biǎoyángle tā de jìnbù.

Huí jiā de lùshang, érzi wèn wǒ: "Māma, hái jìde yì nián qián nà wèi gěi nín dǎ diànhuà de fǔdǎo lǎoshī ma?"

Wǒ diǎnle diǎn tóu.

"Nà shì wǒ." érzi shuō, "Wǒ běnlái shì xiǎng hé nín kāi ge wánxiào de. Dànshì tīngle nín de huà, wǒ xīnli hěn nánguò. Nà shíhou, wǒ cái zhīdào, bàba qùshì le, nín duō bù róngyì a! Wǒ xià juéxīn, yídìng yào chéngwéi nín de jiāo'ào."

词语表 New Words and Expressions

1 儿子	érzi	n.	son
2 去世	qùshì	v.	to die, to pass away
3 哭	kū	v.	to cry
4 性格	xìnggé	n.	disposition, temperament
5 成绩	chéngjì	n.	result, grade
6 愿意	yuànyì	aux.	to be willing
7 谈话	tán huà		to talk
8 结束	jiéshù	v.	to finish, to end
9 缺课	quē kè		to be absent from class
10 物理	wùlǐ	n.	physics
11 化学	huàxué	n.	chemistry
12 外语	wàiyǔ	n.	foreign language
13 科	kē	n.	subject, course
14 及格	jí gé		to pass (a test)
15 连……也/都……	lián…… yě/dōu……		even
16 要求	yāoqiú	v.	to require
17 批评	pīpíng	v.	to criticise
18 表扬	biǎoyáng	v.	to praise
19 唉	ài	interj.	sound of a deep breath
20 作用	zuòyòng	n.	result, effect
21 眼泪	yǎnlèi	n.	tear
22 回答	huídá	v.	to answer
23 成绩单	chéngjìdān	n.	school report
24 家长	jiāzhǎng	n.	parent or guardian of a child
25 会	huì	n.	meeting
26 记得	jìde	v.	to remember
27 点头	diǎn tóu		to nod

28	本来	běnlái	adv.	originally, at first
29	开玩笑	kāi wánxiào		to make fun of
	玩笑	wánxiào	n.	joke, jest
30	决心	juéxīn	n.	determination
31	成为	chéngwéi	v.	to become
32	骄傲	jiāo'ào	adj.	proud

Language Points

❶ 一天比一天 / 一年比一年　Day by day / year by year

● 学习成绩一天比一天差。

① 你怎么一天比一天瘦？有什么不开心的事吗？

② 人们的生活一年比一年好了。

❷ 越……越……　The more... the more...

● 我越想帮他，他离我越远。

① 雨越下越大，怎么办？

② 我越爬越累，只好停下来休息一会儿。

③ 十多岁的孩子有时会坚持自己的看法，不愿意听父母的话，父母越说，他们越不听。

❸ 连……也 / 都……　Even

● 他很有可能连初中都毕不了业。

① 这个汉字太难了，连老师也不认识。

　 这个汉字太简单了，连三岁的孩子都认识。

② 我去过的地方很少，连长城也没去过。

　 他去过很多地方，连南极（Nánjí, the South Pole）都去过。

③ 他很努力，连星期天都去图书馆看书。

　 他一点儿也不努力，连考试前也不好好儿复习。

④ V上

● 说完就挂上了电话。

▲ 表示做某种动作后某物附着在另外的东西上。例如：

This pattern is used to indicate that something is attached to another thing after the action. For example:

① 你怎么把电话挂上了？我还没说完呢！
② 戴上帽子，跟我走吧。
③ 写上你的名字。

Exercises in Class

一 语言点练习 Grammatical exercises

1. 用"越……越……"造句 Make sentences with "越……越……"

（1）吃　　　　　　胖
（2）学　　　　　　喜欢学
（3）长　　　　　　漂亮
（4）聊　　　　　　开心
（5）老师讲　　　　学生不明白
（6）妈妈批评　　　孩子不听话
（7）妈妈表扬　　　孩子的学习成绩好
（8）年纪大　　　　人生经验

2. 用"连……也/都……"造句 Make sentences with "连……也/都……"

（1）问题很容易　　　　三岁的孩子
（2）问题很难　　　　　老师
（3）烤鸭好吃　　　　　外国人
（4）那个中国菜不好吃　中国人
（5）能喝酒　　　　　　56度的白酒
（6）不能喝酒　　　　　啤酒
（7）会说很多外语　　　俄语

（8）不会说外语　　　　英语

（9）工作忙　　　　　　春节

（10）太懒　　　　　　　周一

（11）生活好　　　　　　农村

（12）生活不好　　　　　大城市

二 任务型练习　Task-based exercises

1. 两人活动：学生两人一组，一人扮演妈妈，一人扮演儿子，表演课文里的故事。

    Pair work：Two students are in a group. One student plays the role of the mother, the other plays the role of the son. Act out the story in the text.

2. 两人活动：学生两人一组，谈谈对中国菜的印象。

    Pair work：Two students are in a group, talking out their impressions on Chinese dishes.

    要求：使用下面的语言点。

    You're required to use the following language points.

    连……也/都……　　越……越……　　一天比一天

3. 小组活动：学生四人一组，做电视访谈节目。一人扮演电视台的主持人，其他三人分别扮演教育家、家长和老师，其中一个人要讲一个孩子的故事。

    Group work：Four students are in a group, making a television interview. One student plays the role of the TV host, and the other three students play the roles of the educator, parent and teacher respectively. One of them is going to tell a story about a child.

    话题：谈谈与孩子沟通的问题。

    Topic：How to communicate with children.

三 扩展阅读　Extensive reading

第一次打工

大学一年级的寒假，我没有去旅行，做了一个月的家教。那是我第一次打工。

我的学生家里很有钱，他也挺聪明，但是他看起来很不开心，学习成绩也不太好。后来我才发现，他的功课多得不得了：物理、化学、法语、电脑……

家教　jiājiào　n.　family teacher

打工　dǎ gōng　to work (usu. temporarily)

课余时间被安排得满满的。他只好整天整天地待在房间里学习,渐渐地,他失去了对学习的兴趣。

刚开始的时候,他一点儿也不认真听讲,不预习也不复习。有一次,他又没有做作业,我决定批评他。可是,我刚批评了他一句,他就故意大声地哭了起来。他妈妈走进来,十分不满地说:"下次最好不要再发生这样的事了。"

我非常生气,但是,我不愿意放弃。我下决心让这个孩子重新喜欢上学习,不管遇到多大的困难,我都要坚持下去。后来,我想了各种办法和他沟通,了解他的想法,慢慢地,他开始相信我了,我们的关系变得好起来了。等寒假结束的时候,我们俩成了好朋友。

这个寒假的打工生活让我明白了两个道理:一是钱不一定能让我们幸福;二是只要努力就一定能成功。

你们同意吗?

课余	kèyú	n.	after school
听讲	tīng jiǎng		to listen to a talk
故意	gùyì	adv.	intentionally
放弃	fàngqì	v.	to give up
不管	bùguǎn	conj.	no matter
沟通	gōutōng	v.	to communicate

回答问题 Answer the questions

1. 这个孩子为什么不开心?
2. "我"批评孩子太厉害了,所以他哭了,是吗?
3. 通过这件事,"我"明白了什么道理?

23 笑话 Xiàohua

我姓范

上大学的时候，班上的同学都是从不同的地方考来的，连姓都没有一样的。记得刚开学的时候，班主任叫同学们一起聚餐，既作为新学期第一次班会，也算是大家的第一次沟通。

吃饭前，班主任说："同学们刚来报到，互相还不熟悉，我们先做个自我介绍吧。"于是，从班主任开始，大家一个一个地介绍自己的姓名、从什么地方来，等等。紧挨着班主任的同学姓汤，他开玩笑说："就是肉丝汤的汤。"接着，旁边的同学介绍自己姓蔡，大家一边笑一边说："不是蔬菜的菜吧？如果是，我们这顿饭就不用点菜了。"正说着，一个同学不好意思地站了起来，小声说："我姓范……"大家终于忍不住了，哈哈大笑起来。

Wǒ Xìng Fàn

　　Shàng dàxué de shíhou, bānshang de tóngxué dōu shì cóng bù tóng de dìfang kǎolai de, lián xìng dōu méiyǒu yíyàng de. Jìde gāng kāi xué de shíhou, bānzhǔrèn jiào tóngxuémen yìqǐ jù cān, jì zuòwéi xīn xuéqī dì-yī cì bānhuì, yě suànshì dàjiā de dì-yī cì gōutōng.

　　Chī fàn qián, bānzhǔrèn shuō: "Tóngxuémen gāng lái bàodào, hùxiāng hái bù shúxi, wǒmen xiān zuò ge zìwǒ jièshào ba." Yúshì, cóng bānzhǔrèn kāishǐ, dàjiā yí ge yí ge de jièshào zìjǐ de xìngmíng, cóng shénme dìfang lái, děngděng. Jǐn āizhe bānzhǔrèn de tóngxué xìng Tāng, tā kāi wánxiào shuō:

"Jiù shì ròusītāng de tāng." Jiēzhe, pángbiān de tóngxué jièshào zìjǐ xìng Cài, dàjiā yìbiān xiào yìbiān shuō: "Bú shì shūcài de cài ba? Rúguǒ shì, wǒmen zhè dùn fàn jiù búyòng diǎn cài le." Zhèng shuōzhe, yí ge tóngxué bù hǎoyìsi de zhànle qilai, xiǎo shēng shuō: "Wǒ xìng Fàn……" Dàjiā zhōngyú rěn bu zhù le, hāhā dà xiào qilai.

非通知夫人不可

从前有一个教授，有一天他去参加宴会，跟一群朋友吃饭喝酒聊天儿，玩儿得很开心。

天突然下起大雨，朋友说："雨大得很，我们又没有玩儿够，你今晚别走了，在我们这里过夜吧。"

"好的，好的。"教授答应着，声音听起来很愉快，但转眼他就不见了。朋友们满屋子找他，但是不管怎么找都找不到。

一个小时以后，教授冒雨进来了，像个落汤鸡似的。他摸着脸说："快快快，给我一杯热牛奶，一条热毛巾，冻死我了。"

朋友们连忙给他拿来牛奶和毛巾，问他是怎么回事。他一边擦着脸上的雨水一边说："我回家通知夫人今天不回家了，不敢让她担心。快快快，再来一块热面包！"

朋友们大笑起来："非通知夫人不可！你再不回来的话，我们就要报警啦。"

Fēi tōngzhī fūren bùkě

Cóngqián yǒu yí ge jiàoshòu, yǒu yì tiān tā qù cānjiā yànhuì, gēn yì qún péngyou chī fàn hē jiǔ liáo tiānr, wánr de hěn kāixīn.

笑话 23

Tiān tūrán xià qǐ dàyǔ, péngyou shuō: "yǔ dà de hěn, wǒmen yòu méiyǒu wánrgòu, nǐ jīn wǎn bié zǒu le, zài wǒmen zhèli guò yè ba."

"Hǎo de, hǎo de." jiàoshòu dāyingzhe, shēngyīn tīng qilai hěn yúkuài, dàn zhuǎnyǎn tā jiù bú jiàn le. Péngyǒumen mǎn wūzi zhǎo tā, dànshì bùguǎn zěnme zhǎo dōu zhǎo bu dào.

Yí ge xiǎoshí yǐhòu, jiàoshòu mào yǔ jìnlai le, xiàng ge luòtāngjī shìde. Tā mōzhe liǎn shuō: "kuài kuài kuài, gěi wǒ yì bēi rè niúnǎi, yì tiáo rè máojīn, dòngsǐ wǒ le."

Péngyǒumen liánmáng gěi tā nálai niúnǎi hé máojīn, wèn tā shì zěnme huíshì. Tā yìbiān cāzhe liǎn shang de yǔshuǐ yìbiān shuō: "wǒ huí jiā tōngzhī fūren jīntiān bù huí jiā le, bùgǎn ràng tā dān xīn. Kuài kuài kuài, zài lái yí kuài rè miànbāo!"

Péngyǒumen dà xiào qilai: "fēi tōngzhī fūren bùkě! Nǐ zài bù huílai dehuà, wǒmen jiù yào bào jǐng la."

词语表   New Words and Expressions

1	开学	kāi xué		to start school
2	班主任	bānzhǔrèn	n.	head, teacher in charge of a class
3	叫	jiào	v.	to ask, to let
4	聚餐	jù cān		to have a dinner party
5	既	jì	conj.	not only
6	班会	bānhuì	n.	classwide meeting
7	沟通	gōutōng	v.	to communicate
8	报到	bào dào		to register, to check in
9	于是	yúshì	conj.	thereupon, hence
10	紧	jǐn	adj.	tight, close
11	挨	āi	v.	to be next to (*often used with* 着)
12	接着	jiēzhe	v.	to follow (*a speech or action*)
13	顿	dùn	mw.	*measure word* (*for meals, etc.*)
14	小声	xiǎo shēng		unloudly
15	哈哈	hāhā	ono.	ha ha, to laugh heartily
16	从前	cóngqián	n.	once upon a time

Elementary II/Textbook

17	宴会	yànhuì	n.	banquet, feast
18	答应	dāying	n.	to promise, to reply
19	声音	shēngyīn	n.	sound, voice
20	屋子	wūzi		house, room
21	不管……都……	bùguǎn……dōu……		however, whatever
22	冒	mào	v.	to risk
23	似的	shìde	part.	rather like
24	摸	mō	v.	to touch
25	脸	liǎn	n.	face
26	牛奶	niúnǎi	n.	milk
27	毛巾	máojīn	n.	towel
28	冻	dòng	v.	to freeze
29	连忙	liánmáng	adv.	immediately, instantly
30	擦	cā	v.	to rub, to wipe
31	夫人	fūren	n.	wife
32	敢	gǎn	aux.	to dare
33	面包	miànbāo	n.	bread
34	非……不可	fēi……bùkě		must
35	报警	bào jǐng		to call the police

专有名词 Proper Nouns

1	汤	Tāng	a surname of Chinese people
2	蔡	Cài	a surname of Chinese people
3	范	Fàn	a surname of Chinese people

Language Points

❶ 既……也……　Not only... but also...

● 既作为新学期第一次班会，也算是大家的第一次沟通。

① 她既不聪明，也不漂亮，可是为什么有那么多人喜欢她？
② 我们既不知道该干什么，也不知道该去哪里，你告诉我们吧。
③ 他既会英语，也会日语。

❷ V 起来（2）

● 大家终于忍不住了，哈哈大笑起来。

▲ "V 起来"表示动作行为开始并持续。如：
"V 起来" is used to indicate that an action begins and continues. For example:

① 孩子找不到妈妈，哭起来了。
② 他们一见面就聊起天儿来。
③ 快下班时，突然下起雨来了。

❸ 不管……都……　No matter...

● 朋友们满屋子找他，但是不管怎么找都找不到。

① 不管愿意不愿意，你都得去。
② 他每天坚持跑步，不管刮风还是下雨，都要跑。
③ 不管你说什么，我们都不想听。
④ 不管多难，他都要坚持下去。

❹ 非……不可　Must, have to

● 非通知夫人不可！

① 孩子特别喜欢那个玩具 (wánjù, toy)，非要不可，妈妈只好给他买了一个。
② 我非去不可，你别劝 (quàn, to persuade) 我。
③ 要学好汉语，非努力不可。
④ 想要身体好，你非好好锻炼不可。

❺ 再 V 的话，……   If... still..., then...

● 你再不回来的话，我们就要报警啦。

① 你再这样玩儿下去的话，一定考不上大学。
② 你再不起床的话，上课就要迟到了。
③ 我们再不走的话，就来不及了。

Exercises in Class

一 语言点练习   Grammatical exercises

1. 用"非……不可"完成句子   Complete the sentences with "非……不可"

（1）孩子_____，怎么办呢？他的牙已经坏了。

（2）不行，今天我一定要见到他，_____。

（3）今天的菜_____，到明天就没有人买了。

（4）你的肺已经有问题了，_____。

（5）这件事对我很重要，_____，你告诉我吧！

2. 用"再 V 的话，……"完成句子   Complete the sentences with "再 V 的话，……"

（1）别看了，_____。

（2）你别哭了，_____。

（3）别吃了，_____。

（4）快睡觉吧，_____。

（5）快告诉我吧，_____。

（6）你得抓紧时间学习了，_____。

3. 用"再也不/没 + V"回答问题   Answer the questions with "再也不/没 + V"

（1）我记得你们以前是好朋友，现在你怎么都不知道他在哪里呢？

（2）以前你们常常一起去旅行，现在还一起去吗？

（3）你不抽烟了吗？

（4）现在的罗马跟以前差不多吧？

（5）你和儿子的关系怎么样了？

（6）大学毕业了，工作以后感觉怎么样？

二 任务型练习　Task-based exercises

1. 小组活动：学生四人一组，表演第一个笑话。

   Group work：Four students are in a group, acting out the first joke.

2. 小组活动：学生三人一组，分别扮演教授和两个朋友，表演第二个笑话。

   Group work：Three students in a group play the roles of the professor and his two friends respectively, acting out the second joke.

3. 两人活动：学生两人一组，谈谈减肥。

   Pair work：Two students are in a group, talking about weight-losing.

   要求：使用下面的语言点。

   You're required to use the following language points.

   再 V 的话　　连……也……　　再也不/没……　　V 不了

   少 V　　非……不可　　adj. + 得很　　不管……都……　　既……也……

三 扩展阅读　Extensive reading

我把什么东西丢了

琼斯太太：我把什么东西忘了，可是我想不起来是什么。服务员，请帮我找找，好吗？

服务员：您是把护照忘了吧？琼斯太太。

琼斯太太：护照？嗯，在这儿呢。船票也在这儿……我把什么掉了呢？

服务员：您的行李都在吗？

琼斯太太：让我看看，一、二、三、四、五，五件，全都在这儿。

服务员：我看，您没有忘掉什么东西。

琼斯太太：不，我真的丢了点儿什么，不过实在想不起来了。

服务员：您别太着急，反正重要的东西都在。好了，请上船吧，很快就要开船了。哎，琼斯先生到哪儿去了？

琼斯太太	Qióngsī tàitai	pn. n.	Jones madam
护照	hùzhào	n.	passport
船	chuán	n.	ship
实在	shízài	adv.	really
反正	fǎnzhèng	adv.	anyway

琼斯太太：琼斯先生？噢，我想起来了，我就是把他丢了。

读完这个笑话后，请你也讲一个笑话吧
After reading the joke, please tell your own one

人生
Rénshēng

从前，有一位很有名的哲学家，迷倒了不少女孩子。

有一天，一个姑娘来敲他的门说："让我做你的妻子吧！错过我，你就找不到比我更爱你的女人了！"

哲学家虽然很喜欢她，但仍然回答说："让我考虑考虑。"

然后，哲学家用他研究哲学问题的精神，把结婚和不结婚的好处与坏处分别列了出来。他发现，这个问题有些复杂，好处和坏处差不多一样多，真不知道该怎么决定。

最后，他终于得出一个结论：人如果在选择面前无法做决定的话，应该选择没有经历过的那一个。

哲学家去找那个姑娘，对她的父亲说："您的女儿呢？我考虑清楚了，我决定娶她！"

但是，他被姑娘的父亲挡在了门外。他得到的回答是："你来晚了十年，我女儿现在已经是三个孩子的妈妈了！"

哲学家几乎不能相信自己的耳朵，他非常难过。

两年后，他得了重病。临死前，他把自己所有的书都扔进火里，只留下一句话："如果把人生分成两半，前半段的人生哲学是'不犹豫'，后半段的人生哲学是'不后悔'。"

（选自《文萃》）

Cóngqián, yǒu yí wèi hěn yǒumíng de zhéxuéjiā, mídǎole bù shǎo nǚháizi.

Yǒu yì tiān, yí ge gūniang lái qiāo tā de mén shuō: "Ràng wǒ zuò nǐ de qīzi ba! Cuòguò wǒ, nǐ jiù zhǎo bu dào bǐ wǒ gèng ài nǐ de nǚrén le!"

Zhéxuéjiā suīrán hěn xǐhuan tā, dàn réngrán huídá shuō: "Ràng wǒ kǎolù kǎolù."

Ránhòu, zhéxuéjiā yòng tā yánjiū zhéxué wèntí de jīngshen, bǎ jié hūn hé bù jié hūn de hǎochu yǔ huàichu fēnbié lièle chulai. Tā fāxiàn, zhège wèntí yǒuxiē fùzá, hǎochu hé huàichu chàbuduō yíyàng duō, zhēn bù zhīdào gāi zěnme juédìng.

Zuìhòu, tā zhōngyú déchū yí ge jiélùn: rén rúguǒ zài xuǎnzé miànqián wúfǎ zuò juédìng dehuà, yīnggāi xuǎnzé méiyǒu jīnglìguo de nà yí ge.

Zhéxuéjiā qù zhǎo nàge gūniang, duì tā de fùqin shuō: "Nín de nǚ'ér ne? Wǒ kǎolǜ qīngchu le, wǒ juédìng qǔ tā!"

Dànshì, tā bèi gūniang de fùqin dǎng zài le mén wài. Tā dédào de huídá shì: "Nǐ láiwǎnle shí nián, wǒ nǚ'ér xiànzài yǐjīng shì sān ge háizi de māma le!"

Zhéxuéjiā jīhū bù néng xiāngxìn zìjǐ de ěrduo, tā fēicháng nánguò.

Liǎng nián hòu, tā déle zhòng bìng. Lín sǐ qián, tā bǎ zìjǐ suǒyǒu de shū dōu rēngjìn huǒ li, zhǐ liúxia yí jù huà: "Rúguǒ bǎ rénshēng fēnchéng liǎng bàn, qián bàn duàn de rénshēng zhéxué shì 'bù yóuyù', hòu bàn duàn de rénshēng zhéxué shì 'bú hòuhuǐ'."

New Words and Expressions

1	哲学家	zhéxuéjiā	n.	philosopher
2	迷	mí	v.	to enchant
3	姑娘	gūniang	n.	girl, lady
4	敲	qiāo	v.	to knock at
5	妻子	qīzi	n.	wife
6	错过	cuòguò	v.	to miss
7	仍然	réngrán	adv.	still
8	研究	yánjiū	v.	to study, to research

9 哲学	zhéxué	n.	philosophy
10 精神	jīngshen	n.	spirit
11 坏处	huàichù	n.	harm, disadvantage
12 分别	fēnbié	adv.	respectively, separately
13 列	liè	v.	to list
14 复杂	fùzá	adj.	complicated
15 结论	jiélùn	n.	conclusion
16 选择	xuǎnzé	v.	to choose
17 面前	miànqián	n.	in (the) face of, before
18 经历	jīnglì	v.	to experience
19 娶	qǔ	v.	to marry (a woman)
20 被	bèi	prep.	used in a passive sentence indicating that the subject is the receiver of the action
21 挡	dǎng	v.	to ward off
22 几乎	jīhū	adv.	almost
23 相信	xiāngxìn	v.	to believe
24 临	lín	v.	just before, on the point of (doing sth.)
25 所有	suǒyǒu	adj.	all
26 分	fēn	v.	to divide, to separate
27 段	duàn	mw.	segment, section, part
28 犹豫	yóuyù	adj.	hesitated

Language Points

1 V 倒

- 有一位很有名的哲学家，迷倒了不少女孩子。
  ① 李军往房间里跳的时候，一下子摔倒了。
  ② 风太大了，把那棵树刮倒了。
  ③ 这座楼太老了，不能住了，我们把它推倒了。

❷ V 出来

● 把结婚和不结婚的好处与坏处分别列了出来。

▲ 表示从隐蔽到显现。例如：

It indicates the appearing of an action process. For example:

① 他从包里拿出来一本书。

② 你能想出一个好办法来吗？

③ 考虑了十年，他终于得出来了一个结论。

❸ "被"字句　Passive sentences

● 他被姑娘的父亲挡在了门外。

▲ 表示被动，"被"引出动作的施事。句型："O +被（+Agent）+VP"。例如：

"被" is used to introduce the agent of the action. Pattern：O +被（+Agent）+ VP. For example:

① 那个苹果被弟弟吃了。/ 这个苹果没被弟弟吃掉。

② 他的自行车被（人）偷走了。/ 他的自行车没被（人）偷走。

③ 他被打了。/ 他没被打。

⚠ 注意　以下几类动词不能用在"被"字句里。

Notice　The following verbs usually can't be used in passive sentences.

心理活动动词 Mental Verb	希望、同意、愿意、关心、喜欢、生气、害怕、认为……
身体状态动词 Posture Verb	躺、坐、站……
认知感觉动词 Cognitive Verb	明白、懂得、感到、感觉、觉得……

❹ 临　Just before

● 临死前，他把自己所有的书都扔进火里。

① 临走前，别忘了关门。

② 临睡觉以前，别喝咖啡。

③ 临上飞机时，他给我打了个电话。

④ 临回国的时候，他买了很多礼物。

Exercises in Class

一 语言点练习　Grammatical exercises

用"被"字句和结果补语描述图中的故事

Tell the stories according to the pictures with passive sentences and result complements

❶

❷

❸

❹

二 任务型练习　Task-based exercises

1. 小组活动：学生四人一组，分别扮演姑娘、父亲、哲学家和记者。

   Group work：Four students in a group play the roles of the girl, father, philosopher and reporter respectively.

   情景：哲学家马上要死了，一位记者来采访他，他给记者讲自己的故事。

   Situation：The philosopher is going to die. The reporter interviews him and tries to know his story.

2. 班级活动：讨论结婚的好处和坏处分别是什么。

   Class work：What are the advantages and disadvantages of marriage? Make a discussion.

3. 两人活动：学生四人一组，讨论下面的问题：你有没有面临过选择？有没有很难做决定的经历？后来你是怎么决定的？

Pair work: Four students are in a group, discussing the following questions: Have you ever been faced with a lot of choices? Do you have such kind of experience that sometimes it is really difficult to make a choice? At last, what is your decision?

三 扩展阅读 Extensive reading

万 幸

有人告诉李涛，大学里最漂亮的女生于娜爱上了他。于娜是三年级学生，长得非常漂亮，很多男生都在追求她。李涛听到这个消息后，站在镜子前面很长时间。从镜子里看，他眼睛小小的，耳朵大大的，鼻子塌塌的，还有满脸的"青春美丽痘"。

"这么难看的脸，她能看上我吗？"李涛叹了一口气，越来越嫌自己长得丑。

"也许，她喜欢我的能力？不可能。"他认为还是他自己最了解自己。

李涛一会儿怀疑这个，一会儿怀疑那个。最后，他想：是不是她只需要有间大房子？现在的姑娘，对她们一定得特别小心。等结完婚，她抢走一半房子就跟我离婚，再跟另一个漂亮的小伙子一起住。不对，这事儿一定不对。

他没敢去冒这个险。

十二年后的一天，他在街上遇到了于娜。于娜还像以前一样好看，她正在读博士，学会了开车，每年夏天都开车带全家人出去旅行。

于娜对他说："你知道吗？以前我爱过你，我现在仍然爱你……"

"老天爷啊，我没跟她结婚，真是万幸！"李涛想，"我当时的感觉没有错。这算什么呢？和丈夫在一起生活了这么多年，竟然还爱着另外一个男人。太可怕了！"

（选自《文萃》，编译：王汶）

李涛	Lǐ Tāo	pn.	*a name*
于娜	Yú Nà	pn.	*a name*
追求	zhuīqiú	v.	to pursue, to try to win the love of (sb.)
消息	xiāoxi	n.	news, message
塌	tā	v.	to collapse
痘	dòu	n.	(medicine) pock
叹气	tàn qì		to sigh
怀疑	huáiyí	v.	to doubt
抢	qiǎng	v.	to grab
冒险	mào xiǎn		to take a risk
万幸	wànxìng	adj.	by sheer luck
竟然	jìngrán	adv.	unexpectedly

回答问题 Answer the question

你觉得李涛怎么样？

25 点心小姐

上大学的时候，我在一家商店里打工，负责卖点心和咖啡。在这家商店附近，有一个公共汽车站，所以商店的生意很好。每天我都早早地收拾好桌子，摆好椅子，耐心地等着客人来。

每天下午四点钟左右，总有一大群中小学生来这儿买东西。

过了一段时间以后，我渐渐地和他们熟了起来，他们也喜欢和我聊天儿。年纪大一些的女孩子，总是悄悄地给我讲她们的男朋友；较小一点儿的，会告诉我校园里的一些事情。他们一边吃一边聊，一直等到公共汽车开来了，才高高兴兴地离开。

我和他们相处得很好，就像是很亲密的朋友。有人丢了车票，我就会替他买一张。当然，第二天他就会把钱还给我。汽车来晚了，他们还会用店里的电话告诉父母一切都好，让他们放心。

一个星期六的下午，店里来了一位看起来很严肃的先生。我问他："有什么事吗？"他淡淡一笑，说："我是来向你表示感谢的。我知道我的孩子和点心小姐在一起时，他们是安全的。你很了不起，谢谢你！"

于是我有了一个外号，就是"点心小姐"。

又有一天，我在店里接到一个电话，是一位夫人打来的，声音听起来有些着急："我在找我的女儿，她还没有回家。她是不是在你的店里？"

"对，她是在我这儿，要我替您捎个话儿吗？"

"好，好，那就太感谢你了。"

几年以后，我离开了这家商店。后来，我有了自己的孩子。我发现他们也常常得到别人的帮助。有一天深夜，一位公共汽车司机一直陪着我的女儿，直到我开车去接她。

于是，我知道，她也遇到了一位真正的"点心小姐"。

（选自《读者》，编译：邓笑）

Shàng dàxué de shíhou, wǒ zài yì jiā shāngdiàn li dǎ gōng, fùzé mài diǎnxin hé kāfēi. Zài zhè jiā shāngdiàn fùjìn, yǒu yí ge gōnggòng qìchēzhàn, suǒyǐ shāngdiàn de shēngyi hěn hǎo. Měi tiān wǒ dōu zǎozǎo de shōushi hǎo zhuōzi, bǎihǎo yǐzi, nàixīn de děngzhe kèren lái.

Měi tiān xiàwǔ sì diǎnzhōng zuǒyòu, zǒng yǒu yí dà qún zhōng-xiǎo xuésheng lái zhèr mǎi dōngxi.

Guòle yí duàn shíjiān yǐhòu, wǒ jiànjiàn de hé tāmen shúle qilai, tāmen yě xǐhuan hé wǒ liáo tiānr. Niánjì dà yìxiē de nǚháizi, zǒngshì qiāoqiāo de gěi wǒ jiǎng tāmen de nánpéngyou; jiào xiǎo yìdiǎnr de, huì gàosu wǒ xiàoyuán li de yìxiē shìqing. Tāmen yìbiān chī yìbiān liáo, yìzhí děngdào gōnggòng qìchē kāilai le, cái gāogāoxìngxìng de líkāi.

Wǒ hé tāmen xiāngchǔ de hěn hǎo, jiù xiàng shì hěn qīnmì de péngyou. Yǒu rén diūle chēpiào, wǒ jiù huì tì tā mǎi yì zhāng. Dāngrán, dì-èr tiān tā jiù huì bǎ qián huángěi wǒ. Qìchē láiwǎn le, tāmen hái huì yòng diàn li de diànhuà gàosu fùmǔ yíqiè dōu hǎo, ràng tāmen fàng xīn.

Yí ge xīngqīliù de xiàwǔ, diàn li láile yí wèi kàn qilai hěn yánsù de xiānsheng. Wǒ wèn tā: "Yǒu shénme shì ma?" Tā dàndàn yí xiào, shuō: "Wǒ shì lái xiàng nǐ biǎoshì gǎnxiè de. Wǒ zhīdào wǒ de háizi hé diǎnxin xiǎojie zài yìqǐ shí, tāmen shì ānquán de. Nǐ hěn liǎobuqǐ, xièxie nǐ!"

Yúshì wǒ yǒule yí ge wàihào, jiù shì "diǎnxin xiǎojiě".

Yòu yǒu yì tiān, wǒ zài diàn li jiēdào yí ge diànhuà, shì yí wèi fūrén dǎlai de, shēngyīn tīng qilai yǒuxiē zháo jí: "Wǒ zài zhǎo wǒ de nǚ'ér, tā hái méiyǒu huí jiā. Tā shì bu shì zài nǐ de diàn li?"

"Duì, tā shì zài wǒ zhèr, yào wǒ tì nín shāo ge huàr ma?"

"Hǎo, hǎo, nà jiù tài gǎnxiè nǐ le."

Jǐ nián yǐhòu, wǒ líkāile zhè jiā shāngdiàn. Hòulái, wǒ yǒule zìjǐ de háizi. Wǒ fāxiàn tāmen yě chángcháng dédào biéren de bāngzhù. Yǒu yì tiān shēnyè, yí wèi gōnggòng qìchē sījī yìzhí péizhe wǒ de nǚ'ér, zhídào wǒ kāi chē qù jiē tā.

Yúshì, wǒ zhīdào, tā yě yùdàole yí wèi zhēnzhèng de "diǎnxin xiǎojiě".

词语表 — New Words and Expressions

#	词	Pinyin	词性	Meaning
1	打工	dǎ gōng		to do manual work (*usu. temporarily*)
2	负责	fùzé	v.	to be in charge of
3	卖	mài	v.	to sell
4	点心	diǎnxin	n.	light refreshments, dessert
5	生意	shēngyi	n.	business, trade
6	椅子	yǐzi	n.	chair
7	耐心	nàixīn	adj.	patient
8	群	qún	mw.	*measure word*, group
9	渐渐	jiànjiàn	adv.	gradually
10	悄悄	qiāoqiāo	adv.	quietly, silently
11	相处	xiāngchǔ	v.	to get along
12	亲密	qīnmì	adj.	intimate, close
13	替	tì	prep.	for, on behalf of
14	还	huán	v.	to return
15	严肃	yánsù	adj.	strict, earnest
16	向	xiàng	prep.	towards
17	表示	biǎoshì	v.	to express, to show
18	安全	ānquán	adj.	safe
19	了不起	liǎobuqǐ	adj.	remarkable, terrific
20	外号	wàihào	n.	nickname
21	接到	jiēdào		to receive

22 女儿	nǚ'ér	n.	daughter
23 捎	shāo	v.	to bring to
24 话儿	huàr	n.	message
25 深夜	shēnyè	n.	late night
26 司机	sījī	n.	driver
27 陪	péi	v.	to accompany
28 真正	zhēnzhèng	adj.	real, true, genuine

Language Points

1 是

● 对，她是在我这儿。

▲ 表示确认强调。例如：

It can be used for confirmation. For example:

① 中国的人口是挺多的，你说得没错。

② 孩子的功课是太多了，应该给他们一点儿玩儿的时间。

2 单元语言点小结　Summary of Language Points

语言点	例句	课号
1. 只有……才……	只有你爱别人，别人才会爱你。	21
2. V遍	那个图书馆的书很好，我差不多都看遍了。	21
3. 一方面……，另一方面……	我来中国，一方面是因为我喜欢汉语，另一方面是因为我想交中国朋友。	21
4. 数量词重叠	饭要一口一口地吃，事要一件一件地做。	21
5. 一天比一天 / 一年比一年	人们的生活一年比一年好了。	22
6. 越……越……	雨越下越大，怎么办？	22
7. 连……也/都……	这个汉字太难了，连老师也不认识。	22
8. V上	你怎么把电话挂上了？我还没说完呢！	22
9. 既……也……	他既会英语，也会日语。	23

语言点	例句	课号
10. V 起来（2）	大家终于忍不住了，哈哈大笑起来。	23
11. 不管……都……	不管愿意不愿意，你都得去。	23
12. 非……不可	要学好汉语，非努力不可。	23
13. 再 V 的话，……	你再不起床的话，上课就要迟到了。	23
14. V 倒	有一位很有名的哲学家，迷倒了不少女孩子。	24
15. V 出来	他从包里拿出来一本书。	24
16. "被"字句	那个苹果被弟弟吃了。	24
17. 临	临走前，别忘了关门。	24
18. 是	对，她是在我这儿。	25

课堂练习 Exercises in Class

一 任务型练习　Task-based exercises

小组活动：学生四人一组，分别扮演点心小姐、丢车票的孩子、给妈妈打电话的孩子、严厉的男人，将咖啡店里的故事表演出来。

Group work：Four students in a group play the roles of the waitress selling desserts, the child who lost the bus ticket, the child who would like to call his/her mother, and the serious man respectively. Act out the story in the café.

二 扩展阅读　Extensive reading

让你久等了

□ 一个男孩和他的女朋友每次约会总是在一棵大树下见面。那个男孩因为工作的原因，每次都会迟到。每次迟到，他的第一句话都是："对不起，让你久等了。"

□ 那个男孩开始以为是真的，后来有一次他准时到了，但是他故意在旁边等了一个小时才过去，没想到，那女孩还是笑着说出了同样的话。他这才

准时　zhǔnshí　adj.　on time

□ 知道，不管他迟到多久，她都会对他说同样的话。

□ 但是那个女孩总是笑着对他说："还好，我也没有到很久。"

□ 二十几年过去了，男孩回来了。一下飞机，他就去了那棵大树下。但是第一眼看到的全是商店，还没完全走近，他就失望了，大树在哪里呢？

□ 后来，他要去很远的地方工作，临走前他与她约好，如果很多年后他才能回来，回来后如果找不到对方，就记得到这棵大树下等。

□ 他忽然看到不远处有人在卖烟，于是他想，买包烟抽吧。买烟的时候，他惊讶地发现，那个卖烟的妇人就是他以前的女朋友。

□ 没想到她还是对他笑着说："还好，我也没有到很久。"

□ 她一定是怕他回来找不到他，又不知道他什么时候回来，所以才决定在这个地方卖烟等他的。他不知道该说些什么才好，只好轻轻对她说："对不起，让你久等了。"

失望　shīwàng　adj.　disappointed

排序，把上面的段落组成一篇短文
Arrange the above paragraphs and organize a passage

词语索引 Index of Words

	A		
1	挨	āi	23
2	唉	ài	22
3	爱	ài	19
4	爱人	àiren	20
5	安静	ānjìng	15
6	安全	ānquán	25
7	按	àn	12
	B		
8	巴掌	bāzhang	9
9	把	bǎ	11
10	白糖	báitáng	11
11	百	bǎi	10
12	摆	bǎi	10
13	班会	bānhuì	23
14	班主任	bānzhǔrèn	23
15	搬	bān	2
16	搬家	bān jiā	2
17	办	bàn	6
18	办公室	bàngōngshì	6
19	包	bāo	3
20	剥	bāo	16
21	饱	bǎo	5
22	保洁	bǎojié	12
23	报到	bào dào	23
24	报警	bào jǐng	23
25	背	bēi	3
26	被	bèi	24
27	本来	běnlái	22
28	本子	běnzi	3
29	比	bǐ	2
30	比	bǐ	8
31	比如说	bǐrú shuō	4
32	笔	bǐ	3
33	必须	bìxū	16
34	边	biān	15
35	变	biàn	9
36	变成	biànchéng	9
37	变化	biànhuà	17
38	遍	biàn	21
39	表示	biǎoshì	25
40	表扬	biǎoyáng	22
41	别人	biéren	19
42	冰箱	bīngxiāng	7
43	不但	búdàn	13
44	不得了	bùdéliǎo	8
45	不管……都……	bùguǎn……dōu……	23
46	不久	bùjiǔ	3
47	不要	búyào	12
48	不用	búyòng	7
49	部	bù	6
	C		
50	擦	cā	23
51	猜	cāi	7
52	菜单	càidān	13
53	菜系	càixì	4
54	参观	cānguān	6
55	餐厅	cāntīng	5

56	灿烂	cànlàn	10		90	从来	cónglái	17
57	苍蝇	cāngying	9		91	从前	cóngqián	23
58	操场	cāochǎng	3		92	脆	cuì	19
59	草	cǎo	10		93	错过	cuòguò	24
60	草原	cǎoyuán	21				**D**	
61	层	céng	9		94	答应	dāying	23
62	曾经	céngjīng	17		95	打工	dǎ gōng	25
63	差别	chābié	16		96	带动	dàidòng	20
64	查	chá	1		97	戴	dài	7
65	差	chà	18		98	单元	dānyuán	12
66	产生	chǎnshēng	14		99	淡	dàn	20
67	尝	cháng	11		100	当	dāng	14
68	朝	cháo	10		101	当时	dāngshí	18
69	衬衫	chènshān	3		102	挡	dǎng	24
70	成功	chénggōng	14		103	倒	dǎo	9
71	成绩	chéngjì	22		104	到处	dàochù	4
72	成绩单	chéngjìdān	22		105	道理	dàoli	16
73	成为	chéngwéi	22		106	得	dé	14
74	城	chéng	21		107	得	děi	7
75	程度	chéngdù	13		108	灯	dēng	15
76	抽空儿	chōu kòngr	19		109	登	dēng	10
77	臭	chòu	19		110	等	děng	18
78	出来	chūlai	7		111	等于	děngyú	14
79	出生	chūshēng	19		112	低	dī	10
80	出租车	chūzūchē	8		113	地道	dìdao	13
81	除了	chúle	17		114	地点	dìdiǎn	6
82	厨房	chúfáng	2		115	地方	dìfang	4
83	穿	chuān	3		116	地区	dìqū	10
84	穿过	chuānguò	20		117	地址	dìzhǐ	12
85	窗户	chuānghu	9		118	第	dì	5
86	词汇	cíhuì	18		119	点	diǎn	5
87	瓷	cí	20		120	点	diǎn	11
88	辞	cí	14		121	点头	diǎn tóu	22
89	次	cì	1		122	点心	diǎnxin	25

123	点着	diǎnzháo	11		155	方式	fāngshì	16
124	淀粉	diànfěn	11		156	房子	fángzi	2
125	掉	diào	9		157	房租	fángzū	2
126	钉子	dīngzi	9		158	放	fàng	7
127	动	dòng	19		159	飞	fēi	9
128	动物	dòngwù	7		160	飞机	fēijī	1
129	冻	dòng	23		161	非……不可	fēi……bùkě	23
130	都	dōu	1		162	分	fēn	24
131	读	dú	6		163	分别	fēnbié	24
132	读书	dú shū	19		164	……分之……	……fēnzhī……	13
133	肚子	dùzi	5		165	份	fèn	15
134	端	duān	20		166	丰富	fēngfù	11
135	短	duǎn	4		167	封	fēng	13
136	段	duàn	24		168	夫人	fūren	23
137	对	duì	2		169	服务	fúwù	5
138	对手	duìshǒu	8		170	服务员	fúwùyuán	5
139	顿	dùn	23		171	幅	fú	10
	E				172	辅导	fǔdǎo	18
140	儿子	érzi	22		173	父母	fùmǔ	1
141	而且	érqiě	13		174	父亲	fùqin	1
142	耳朵	ěrduo	7		175	负责	fùzé	25
	F				176	附近	fùjìn	10
143	发	fā	10		177	复杂	fùzá	24
144	发达	fādá	4		178	副	fù	7
145	发达国家	fādá guójiā	4		**G**			
146	发生	fāshēng	6		179	改变	gǎibiàn	16
147	发现	fāxiàn	2		180	敢	gǎn	23
148	发展	fāzhǎn	4		181	感到	gǎndào	9
149	发展中国家	fāzhǎn zhōng guójiā	4		182	感谢	gǎnxiè	3
150	反应	fǎnyìng	19		183	高	gāo	2
151	饭店	fàndiàn	15		184	高中	gāozhōng	14
152	饭馆	fànguǎn	5		185	告诉	gàosu	5
153	方便	fāngbiàn	2		186	隔壁	gébì	9
154	方便面	fāngbiànmiàn	5		187	个子	gèzi	3

188	各	gè	13		221	好不	hǎobù	8
189	跟	gēn	5		222	好处	hǎochù	2
190	跟	gēn	20		223	合适	héshì	2
191	公道	gōngdao	5		224	合影	hé yǐng	17
192	公司	gōngsī	2		225	河	hé	4
193	公寓	gōngyù	2		226	河流	héliú	4
194	公园	gōngyuán	12		227	红色	hóngsè	3
195	共同	gòngtóng	17		228	后悔	hòuhuǐ	10
196	沟通	gōutōng	23		229	后来	hòulái	10
197	姑娘	gūniang	24		230	厚	hòu	20
198	古老	gǔlǎo	10		231	忽然	hūrán	20
199	鼓励	gǔlì	6		232	互相	hùxiāng	13
200	挂	guà	9		233	化学	huàxué	22
201	拐	guǎi	9		234	画	huà	14
202	怪	guài	8		235	画笔	huàbǐ	14
203	关心	guānxīn	19		236	画儿	huàr	10
204	光临	guānglín	15		237	画家	huàjiā	14
205	广播	guǎngbō	18		238	话儿	huàr	25
206	广告	guǎnggào	6		239	话题	huàtí	17
207	广告栏	guǎnggàolán	6		240	坏处	huàichu	24
208	贵姓	guìxìng	12		241	坏事	huàishì	17
209	锅	guō	11		242	还	huán	25
210	国家	guójiā	4		243	环境	huánjìng	5
211	过来	guòlai	15		244	黄金周	huángjīnzhōu	21
212	过去	guòqu	6		245	回答	huídá	22
213	过	guo	13		246	回忆	huíyì	17
	H				247	会	huì	22
214	哈哈	hāhā	23		248	会话	huìhuà	13
215	还是	háishi	5		249	活	huó	16
216	海边	hǎibiān	21		250	活动	huódòng	6
217	寒假	hánjià	20		251	火	huǒ	11
218	喊	hǎn	8		252	火锅	huǒguō	5
219	行	háng	10		253	或者	huòzhě	3
220	航班	hángbān	1					

		J	
254	几乎	jīhū	24
255	机场	jīchǎng	1
256	机会	jīhui	1
257	鸡蛋	jīdàn	11
258	积极	jījí	6
259	基本	jīběn	13
260	及格	jí gé	22
261	急忙	jímáng	8
262	记得	jìde	22
263	既	jì	23
264	加	jiā	11
265	加	jiā	14
266	加油	jiā yóu	8
267	家	jiā	5
268	家常菜	jiāchángcài	11
269	家长	jiāzhǎng	22
270	价钱	jiàqian	5
271	坚持	jiānchí	14
272	检查	jiǎnchá	19
273	简化字	jiǎnhuàzì	13
274	健康	jiànkāng	13
275	渐渐	jiànjiàn	25
276	将	jiāng	6
277	将来	jiānglái	13
278	讲	jiǎng	15
279	奖	jiǎng	14
280	交	jiāo	13
281	交流	jiāoliú	6
282	郊区	jiāoqū	6
283	骄傲	jiāo'ào	22
284	教	jiāo	11
285	角度	jiǎodù	16
286	搅拌	jiǎobàn	11
287	叫	jiào	23
288	教育	jiàoyù	18
289	接	jiē	1
290	接到	jiēdào	25
291	接着	jiēzhe	23
292	街	jiē	4
293	街道	jiēdào	20
294	洁白	jiébái	20
295	结果	jiéguǒ	7
296	结论	jiélùn	24
297	结束	jiéshù	22
298	戒	jiè	16
299	戒烟	jiè yān	16
300	今年	jīnnián	13
301	紧	jǐn	23
302	进	jìn	1
303	进步	jìnbù	2
304	进门	jìn mén	1
305	进去	jìnqu	8
306	进行	jìnxíng	13
307	近	jìn	2
308	近视	jìnshì	9
309	京剧	jīngjù	18
310	经常	jīngcháng	5
311	经过	jīngguò	20
312	经济	jīngjì	15
313	经历	jīnglì	24
314	经验	jīngyàn	19
315	惊讶	jīngyà	20
316	精彩	jīngcǎi	8
317	精神	jīngshen	24
318	久	jiǔ	13
319	酒水	jiǔshuǐ	5
320	居民	jūmín	12

321	橘子	júzi	7		353	浪费	làngfèi	8
322	举办	jǔbàn	6		354	劳驾	láo jià	12
323	巨龙	jù lóng	10		355	老	lǎo	19
324	句	jù	16		356	老家	lǎojiā	21
325	聚	jù	17		357	老是	lǎoshì	19
326	聚餐	jù cān	23		358	离	lí	2
327	决心	juéxīn	22		359	离开	líkāi	17
328	均匀	jūnyún	11		360	里边	lǐbian	15
K					361	里面	lǐmiàn	3
329	开	kāi	4		362	理想	lǐxiǎng	14
330	开锅	kāi guō	11		363	厉害	lìhai	8
331	开玩笑	kāi wánxiào	22		364	立	lì	15
332	开心	kāixīn	10		365	立刻	lìkè	9
333	开学	kāi xué	23		366	利用	lìyòng	15
334	开张	kāizhāng	5		367	连忙	liánmáng	23
335	看法	kànfǎ	14		368	连……也/都……	lián…… yě/dōu……	22
336	看见	kànjiàn	1		369	连着	liánzhe	21
337	看来	kànlái	7		370	联系	liánxì	3
338	看中	kànzhòng	12		371	脸	liǎn	23
339	科	kē	22		372	练习	liànxí	2
340	可爱	kě'ài	7		373	凉	liáng	20
341	可口	kěkǒu	11		374	量	liàng	18
342	克	kè	11		375	聊	liáo	17
343	口	kǒu	11		376	了	liǎo	19
344	哭	kū	22		377	了不起	liǎobuqǐ	25
345	苦恼	kǔnǎo	18		378	了解	liǎojiě	13
346	块	kuài	15		379	列	liè	24
347	块儿	kuàir	11		380	临	lín	24
348	筷子	kuàizi	11		381	零	líng	14
L					382	留念	liúniàn	17
349	辣	là	5		383	留下	liúxia	16
350	来不及	láibují	9		384	流利	liúlì	2
351	栏	lán	6		385	乱	luàn	12
352	篮球	lánqiú	6		386	落	luò	9

387	旅行社	lǚxíngshè	21		419	难吃	nánchī	19
		M			420	难道	nándào	18
388	马	mǎ	21		421	难得	nándé	21
389	马上	mǎshàng	6		422	难过	nánguò	13
390	卖	mài	25		423	难受	nánshòu	16
391	满	mǎn	7		424	内容	nèiróng	18
392	满意	mǎnyì	12		425	能够	nénggòu	17
393	忙碌	mánglù	19		426	能力	nénglì	19
394	毛	máo	7		427	嗯	ǹg	11
395	毛巾	máojīn	23		428	年级	niánjí	14
396	冒	mào	23		429	牛	niú	15
397	美丽	měilì	20		430	牛奶	niúnǎi	23
398	美术	měishù	14		431	牛排	niúpái	15
399	迷	mí	24		432	牛仔裤	niúzǎikù	3
400	米	mǐ	3		433	农村	nóngcūn	10
401	免费	miǎn fèi	5		434	农民	nóngmín	10
402	免贵	miǎn guì	12		435	弄	nòng	12
403	面包	miànbāo	23		436	女儿	nǚ'ér	25
404	面积	miànjī	4		437	女士	nǚshì	5
405	面前	miànqián	24				**O**	
406	民族	mínzú	4		438	偶尔	ǒu'ěr	5
407	名胜古迹	míngshèng gǔjì	4				**P**	
408	明年	míngnián	13		439	爬	pá	8
409	摸	mō	23		440	牌子	páizi	15
410	陌生	mòshēng	17		441	胖	pàng	7
411	墨镜	mòjìng	7		442	陪	péi	25
412	母亲	mǔqin	1		443	捧	pěng	20
413	母校	mǔxiào	17		444	碰	pèng	12
414	目的地	mùdìdì	20		445	批评	pīpíng	22
		N			446	篇	piān	13
415	拿	ná	6		447	飘	piāo	20
416	耐心	nàixīn	25		448	拼	pīn	20
417	南	nán	3		449	平	píng	8
418	南边	nánbian	12		450	苹果	píngguǒ	7

451	普通	pǔtōng	21			**R**	
452	普通话	pǔtōnghuà	18	483	人家	rénjia	15
		Q		484	人口	rénkǒu	4
453	妻子	qīzi	24	485	人们	rénmen	4
454	其实	qíshí	14	486	人生	rénshēng	19
455	其他	qítā	14	487	忍	rěn	15
456	奇怪	qíguài	1	488	忍不住	rěn bu zhù	15
457	启发	qǐfā	16	489	认为	rènwéi	12
458	启事	qǐshì	3	490	认真	rènzhēn	20
459	起飞	qǐfēi	1	491	任何	rènhé	16
460	起来	qǐlai	8	492	扔	rēng	8
461	气	qì	8	493	仍然	réngrán	24
462	汽车	qìchē	4	494	日记	rìjì	1
463	千	qiān	4	495	日子	rìzi	17
464	千万	qiānwàn	19	496	肉	ròu	15
465	墙	qiáng	9			**S**	
466	悄悄	qiāoqiāo	25	497	塞	sāi	7
467	敲	qiāo	24	498	三三两两	sānsān-liǎngliǎng	20
468	切	qiē	11	499	傻	shǎ	17
469	亲密	qīnmì	25	500	晒	shài	21
470	亲热	qīnrè	17	501	山峰	shānfēng	10
471	青年	qīngnián	21	502	上	shàng	15
472	轻	qīng	9	503	上班	shàng bān	4
473	清晨	qīngchén	20	504	上面	shàngmiàn	10
474	清楚	qīngchu	9	505	上去	shàngqu	8
475	情况	qíngkuàng	18	506	上学	shàng xué	4
476	晴	qíng	1	507	捎	shāo	25
477	取得	qǔdé	18	508	稍等	shāo děng	15
478	娶	qǔ	24	509	少数	shǎoshù	4
479	去年	qùnián	13	510	少数民族	shǎoshù mínzú	4
480	去世	qùshì	22	511	社会	shèhuì	18
481	缺课	quē kè	22	512	射门	shè mén	8
482	群	qún	25	513	身上	shēnshang	7
				514	深刻	shēnkè	16

515	深夜	shēnyè	25
516	生意	shēngyi	25
517	声音	shēngyīn	23
518	省	shěng	21
519	胜利	shènglì	8
520	失败	shībài	16
521	十一	Shí-Yī	21
522	石块儿	shíkuàir	20
523	实话	shíhuà	17
524	实惠	shíhuì	15
525	实现	shíxiàn	14
526	实行	shíxíng	21
527	拾	shí	3
528	食物	shíwù	7
529	食指	shízhǐ	10
530	世界	shìjiè	13
531	似的	shìde	23
532	似乎	sìhū	17
533	事情	shìqing	14
534	收到	shōudào	13
535	手续	shǒuxù	6
536	受罪	shòu zuì	16
537	输	shū	8
538	熟	shú/shóu	11
539	暑假	shǔjià	17
540	数学	shùxué	8
541	摔倒	shuāidǎo	9
542	水房	shuǐfáng	9
543	水果	shuǐguǒ	7
544	水平	shuǐpíng	2
545	睡着	shuìzháo	9
546	顺序	shùnxù	12
547	司机	sījī	25
548	丝	sī	15
549	四肢	sìzhī	7
550	送	sòng	1
551	酸	suān	7
552	算	suàn	5
553	算	suàn	14
554	算了	suànle	16
555	虽然	suīrán	12
556	所	suǒ	10
557	所有	suǒyǒu	24

T

558	踏	tà	20
559	太阳	tàiyáng	21
560	态度	tàidu	5
561	谈话	tán huà	22
562	汤	tāng	15
563	讨论	tǎolùn	17
564	套	tào	2
565	特点	tèdiǎn	11
566	T恤衫	T xùshān	10
567	踢	tī	8
568	提高	tígāo	13
569	体育	tǐyù	6
570	体育馆	tǐyùguǎn	17
571	替	tì	25
572	天上	tiānshang	10
573	条件	tiáojiàn	12
574	跳	tiào	9
575	贴	tiē	6
576	听见	tīngjian	8
577	听力	tīnglì	18
578	停止	tíngzhǐ	14
579	通知	tōngzhī	6
580	痛快	tòngkuai	17
581	头儿	tóur	16
582	头发	tóufa	3
583	突然	tūrán	9

584	团圆	tuányuán	21		617	物理	wùlǐ	22
585	推	tuī	8			**X**		
586	推销员	tuīxiāoyuán	21		618	西红柿	xīhóngshì	11
587	腿	tuǐ	9		619	稀饭	xīfàn	19
588	脱	tuō	9		620	洗澡	xǐ zǎo	8
	W				621	细	xì	16
589	外号	wàihào	25		622	下班	xià bān	4
590	外面	wàimiàn	2		623	下来	xiàlai	8
591	外衣	wàiyī	15		624	下棋	xià qí	12
592	外语	wàiyǔ	22		625	下去	xiàqu	9
593	完全	wánquán	18		626	先生	xiānsheng	3
594	玩笑	wánxiào	22		627	咸	xián	11
595	晚点	wǎn diǎn	1		628	嫌	xián	19
596	万	wàn	16		629	羡慕	xiànmù	21
597	往	wǎng	9		630	相处	xiāngchǔ	25
598	危险	wēixiǎn	9		631	相信	xiāngxìn	24
599	围	wéi	6		632	相片	xiàngpiàn	10
600	维生素	wéishēngsù	7		633	香	xiāng	11
601	尾巴	wěiba	16		634	香蕉	xiāngjiāo	16
602	为了	wèile	6		635	箱子	xiāngzi	12
603	未来	wèilái	19		636	享受	xiǎngshòu	19
604	位	wèi	5		637	响	xiǎng	8
605	味儿	wèir	19		638	想法	xiǎngfǎ	16
606	温暖	wēnnuǎn	20		639	向	xiàng	25
607	文化	wénhuà	13		640	像	xiàng	4
608	闻	wén	11		641	小区	xiǎoqū	12
609	蚊子	wénzi	9		642	小声	xiǎo shēng	23
610	问好	wèn hǎo	17		643	小时候	xiǎoshíhou	14
611	卧	wò	10		644	小心	xiǎoxīn	12
612	握手	wò shǒu	17		645	笑	xiào	10
613	屋子	wūzi	23		646	心	xīn	15
614	五一	Wǔ-Yī	21		647	辛苦	xīnkǔ	12
615	午饭	wǔfàn	15		648	新闻	xīnwén	18
616	物	wù	3		649	信	xìn	13

#	词	拼音	课	#	词	拼音	课
650	醒	xǐng	8	684	一切	yíqiè	13
651	性格	xìnggé	22	685	一下子	yíxiàzi	9
652	姓名	xìngmíng	12	686	一些	yìxiē	5
653	雄伟	xióngwěi	10	687	一样	yíyàng	4
654	熊猫	xióngmāo	7	688	咦	yí	20
655	休假	xiū jià	21	689	以前	yǐqián	2
656	选择	xuǎnzé	24	690	以外	yǐwài	21
657	学生证	xuéshēngzhèng	6	691	以为	yǐwéi	14
658	学院	xuéyuàn	6	692	椅子	yǐzi	25
659	寻	xún	3	693	亿	yì	4
660	迅速	xùnsù	11	694	艺术	yìshù	18
	Y			695	因为	yīnwèi	9
661	牙齿	yáchǐ	19	696	阴	yīn	1
662	延长	yáncháng	13	697	印象	yìnxiàng	16
663	延伸	yánshēn	10	698	营养	yíngyǎng	11
664	严肃	yánsù	25	699	赢	yíng	8
665	研究	yánjiū	24	700	犹豫	yóuyù	24
666	盐	yán	11	701	油	yóu	11
667	眼睛	yǎnjing	3	702	游览	yóulǎn	14
668	眼泪	yǎnlèi	22	703	游戏	yóuxì	10
669	眼圈	yǎnquān	7	704	有味儿	yǒu wèir	19
670	演出	yǎnchū	18	705	右	yòu	10
671	演员	yǎnyuán	18	706	右手	yòushǒu	10
672	宴会	yànhuì	23	707	幼儿园	yòu'éryuán	10
673	羊	yáng	15	708	于是	yúshì	23
674	羊排	yángpái	15	709	愉快	yúkuài	17
675	阳光	yángguāng	10	710	与……无关	yǔ……wúguān	14
676	养老院	yǎnglǎoyuàn	10	711	遇到	yùdào	1
677	样子	yàngzi	3	712	原来	yuánlái	2
678	要求	yāoqiú	22	713	原谅	yuánliàng	13
679	咬	yǎo	19	714	原料	yuánliào	11
680	要是	yàoshi	8	715	圆	yuán	7
681	一边	yìbiān	17	716	远	yuǎn	2
682	一定	yídìng	13	717	愿	yuàn	20
683	一块儿	yíkuàir	8	718	愿望	yuànwàng	21

#	词	拼音	课
719	愿意	yuànyì	22
720	约	yuē	17
721	越来越	yuè lái yuè	13
722	云	yún	10
723	运动	yùndòng	6

Z

#	词	拼音	课
724	再说	zàishuō	7
725	暂时	zànshí	14
726	早	zǎo	5
727	增加	zēngjiā	18
728	扎啤	zhāpí	15
729	炸	zhá	15
730	站	zhàn	8
731	站	zhàn	10
732	长	zhǎng	3
733	着	zháo	9
734	照	zhào	10
735	照顾	zhàogù	19
736	照相	zhào xiàng	17
737	哲学	zhéxué	24
738	哲学家	zhéxuéjiā	24
739	者	zhě	3
740	着	zhe	3
741	真正	zhēnzhèng	25
742	阵	zhèn	20
743	正点	zhèngdiǎn	1
744	正好	zhènghǎo	14
745	政府	zhèngfǔ	21
746	政治	zhèngzhì	18
747	支	zhī	3
748	只	zhī	9
749	知识	zhīshi	18
750	只要	zhǐyào	14
751	只有……才……	zhǐyǒu……cái……	21
752	纸	zhǐ	12
753	制订	zhìdìng	21
754	制度	zhìdù	21
755	中餐	zhōngcān	13
756	中介	zhōngjiè	2
757	中指	zhōngzhǐ	10
758	种类	zhǒnglèi	4
759	重	zhòng	12
760	周到	zhōudào	15
761	周围	zhōuwéi	2
762	猪	zhū	15
763	猪排	zhūpái	15
764	竹子	zhúzi	7
765	主要	zhǔyào	2
766	煮	zhǔ	5
767	注意	zhùyì	2
768	祝贺	zhùhè	14
769	专门	zhuānmén	14
770	转	zhuǎn	1
771	转身	zhuǎn shēn	20
772	转眼	zhuǎnyǎn	13
773	壮观	zhuàngguān	4
774	仔细	zǐxì	20
775	总是	zǒngshì	16
776	走散	zǒusàn	3
777	组织	zǔzhī	6
778	最后	zuìhòu	11
779	最近	zuìjìn	5
780	左右	zuǒyòu	3
781	作为	zuòwéi	17
782	作用	zuòyòng	22
783	座	zuò	10
784	座位	zuòwèi	15
785	做法	zuòfǎ	11

专有名词 Proper Nouns

1	安娜	Ānnà	3
2	蔡	Cài	23
3	长城	Chángchéng	10
4	长江	Cháng Jiāng	21
5	德国人	Déguórén	3
6	范	Fàn	23
7	河北省	Héběi Shěng	21
8	华美小区	Huáměi Xiǎoqū	12
9	黄河	Huáng Hé	21
10	李	Lǐ	12
11	罗马	Luómǎ	20
12	欧洲	Ōuzhōu	20
13	泰国	Tàiguó	1
14	汤	Tāng	23
15	西南地区	Xīnán Dìqū	7
16	西山	Xī Shān	12
17	优胜杯	Yōushèng Bēi	6

语言点索引　Index of Language Points

A	
adj.＋得很／adj.＋得＋不得了	8
A和B一样……	4
A没有B（＋这么／那么）＋adj.	4

B	
"把"字句（1）	11
"把"字句（2）	12
百以上的称数法（千、万）	16
"被"字句	24
"比"字句	2
不但……而且……	13
不管……都……	23
不再	19

C	
才	16
常用结果补语小结	14
除了……（以外）	17
存在句（1）	3
存在句（2）	6
存在句（3）	12

D	
得……了	7
都……了	1

F	
非……不可	23

G	
概数表达法	3
感叹表达小结	17
过	13

H	
好不容易／好容易才……	8

J	
既……也……	23
就是	11

K	
可能补语	9

L	
离	2
连……也／都……	22
临	24

N	
难道	18

Q	
祈使表达小结	19
强调否定	18
趋向补语（1）	6

趋向补语（2）	8	**W**	
S		往＋方位词/地点＋V	9
S＋有＋数量词（＋adj.）	3	为了	6
时态小结	19	**X**	
是	25	想不起来/想得起来	10
是……的	1	像……一样	4
数量词重叠	21	小数、分数和百分数	13
虽然……但是……	12	形容词重叠	7
V		**Y**	
V＋adj.	5	一边……一边……	17
V遍	21	一方面……，另一方面……	21
V不了/V得了	19	一……就……	1
V成＋NP	10	一天比一天/一年比一年	22
V出来	24	一V，……	8
V＋到＋place	2	以前	2
V倒	24	有＋时量词＋没（有）＋V＋了	17
V掉	16	有的……有的……	4
V来V去	9	又……又……	11
V起来（1）	11	越来越＋adj./V	13
V起来（2）	23	越……越……	22
V去	14	**Z**	
V上	22	再说……	7
V下去	16	再V的话，……	23
V_1再V_2	7	着	3
V_1着V_1着V_2	19	真是＋一＋mw.＋n.	17
V住	19	只要……就……	14
V走	9	只有……才……	21

博雅汉语·初级起步篇 II

Boya Chinese
Elementary

Third Edition | 第三版

A Handbook of Words and Expressions 词语手册

李晓琪 主编
徐晶凝 任雪梅 编著

北京大学出版社
PEKING UNIVERSITY PRESS

目录 contents

1	飞机晚点了	1
2	我想搬到外面去	2
3	她穿着一件黄衬衫	4
4	美国没有这么多自行车	7
5	这家餐厅的菜不错	9
6	广告栏上贴着一个通知	11
7	冰箱塞得满满的	14
8	比赛精彩得很	16
9	我进不去宿舍了	18
10	山上的风景美极了	21
11	西红柿炒鸡蛋	25
12	搬家	27
13	一封信	30
14	成功需要多长时间	32
15	请稍等	35
16	从哪一头儿吃香蕉	37
17	李军的日记	39

18	我看过京剧	41
19	如果有一天……	43
20	好咖啡总是放在热杯子里的	45
21	黄金周：痛痛快快玩儿一周	48
22	一个电话	50
23	笑话	53
24	人生	55
25	点心小姐	57

1 飞机晚点了

1	jìn mén 进门		to enter, to come in	ドアから入る
			문으로 들어오다(들어가 다)	входить
	jìn 进	v.	to enter	入る
			들어가다	входить
2	kànjiàn 看见		to see, to catch sight of	見る
			보다	видеть
3	jiē 接	v.	to meet, to welcome	迎える
			영접하다	встречать
4	fēijī 飞机	n.	airplane, plane	飛行機
			비행기	самолёт
5	sòng 送	v.	to see sb. off or out	送る
			배웅하다	проводить
6	fùmǔ 父母	n.	parents	両親
			부모	родители
7	hángbān 航班	n.	scheduled flight	便
			(비행기나 배의)운행표	авиарейс
8	qíguài 奇怪	adj.	strange, odd	おかしい
			이상하다	странный
9	dōu 都	adv.	already	もう
			이미, 벌써	уже
10	chá 查	v.	to check, to look up	調べる、検査する
			조사하다	проверять, уточнять
11	cì 次	mw.	*measure word (for train or airplane)*	(量詞)列車、飛行機 の番号等
			순서, 번	номер поезда (или рейса)
12	wǎn diǎn 晚点		to be late, to be behind schedule	遅れる、遅延する
			연착하다	опаздывать
13	rìjì 日记	n.	diary	日記
			일기	дневник

14	qíng 晴	adj.	sunny, fine	晴れ
			개다	солнечный
15	zhuǎn 转	v.	to change, to turn	(方向等を)変える
			변경하다	превращаться, изменяться
16	yīn 阴	adj.	overcast	曇り
			흐리다	пасмурный
17	fùqin 父亲	n.	father	父親
			아버지	отец
18	mǔqin 母亲	n.	mother	母親
			어머니	мать
19	jīhuì 机会	n.	opportunity, chance	機会
			기회	возможность
20	jīchǎng 机场	n.	airport	空港
			비행장, 공항	аэродром, аэропорт
21	zhèngdiǎn 正点	v.	to be on time, to be on schedule	定刻
			정시	вовремя, точно
22	qǐfēi 起飞	v.	to take off	離陸
			이륙하다	вылетать
23	yùdào 遇到		to come across, to run into	出会う
			만나다	заставать
专有名词		**Proper Noun**		
	Tàiguó 泰国		Thailand	タイ
			태국	Таиланд

2 我想搬到外面去

1	fángzi 房子	n.	house	家
			집	дом
2	bān 搬	v.	to move	引っ越す
			옮기다, 이사하다	переселяться

3	wàimiàn 外面	n.	outside 밖	外 на воздухе	
4	fāngbiàn 方便	adj.	convenient 편리하다	便利な удобный	
5	lí 离	v.	to be away from ~로부터	～から (находиться) от (чего)	
6	jìn 近	adj.	close, near 가깝다	近い близкий	
7	fángzū 房租	n.	rent 집세	家賃 квартплата	
8	bǐ 比	prep.	than 비교하다	比べる、～より (при сравнении) чем	
9	chúfáng 厨房	n.	kitchen 주방	厨房 кухня	
10	zhǔyào 主要	adj.	main, major 주요	主要な главный	
11	zhōuwéi 周围	n.	surrounding 주위	周り кругом	
12	duì 对	prep.	towards, for ~에 대하여	～に対して для (кого-чего)	
13	liànxí 练习	v.	to practise 연습하다	練習する заниматься, тренироваться	
14	hǎochù 好处	n.	benefit 이로운 점	利点 выгода, польза	
15	zhùyì 注意	v.	to keep an eye on 주의하다	注意する обращать внимание	
16	héshì 合适	adj.	suitable 적합하다	適切な подходящий	
17	zhōngjiè 中介	n.	agent 중개소	仲介所 посредник	

18	gōngsī 公司	n.	company 회사	会社 компания
19	fāxiàn 发现	v.	to find out, to discover 발견하다	発見する замечать
20	jìnbù 进步	v.	to progress 진보하다	進歩する делать успехи
21	yǐqián 以前	n.	before 이전	以前 раньше
22	shuǐpíng 水平	n.	level 수준	水準 уровень
23	gāo 高	adj.	tall, high 높다	高い высокий
24	liúlì 流利	adj.	fluent 유창하다	流暢 свободный (о речи и т.д.)
25	yuánlái 原来	adv.	so, it turns out to be 알고 보니	分かってみると оказывается, что...
26	tào 套	mw.	*measure word (for series or sets of things)* (양사)채	(助数詞)軒 комплект
27	gōngyù 公寓	n.	apartment house 아파트	アパート жилой дом, квартира
28	yuǎn 远	adj.	far 멀다	遠い далёкий
29	bān jiā 搬家		to move house 이사하다	引っ越しする переселяться

她穿着一件黄衬衫

1	xiānsheng 先生	n.	mister, sir 남자를 높이 부를 때 쓰임	男子を呼ぶときの敬称のこと господин

2	zǒusàn 走散		to get lost, to stray 잃어버리다, 흩어지다	はぐれる заблудиться	
3	bùjiǔ 不久	adj.	soon, before long 곧	程なく недолго, недавно	
4	zhǎng 长	v.	to grow 생기다	生じる выглядеть	
5	yàngzi 样子	n.	appearance 모양	見かけ вид	
6	tóufa 头发	n.	hair 머리카락	髪の毛 волоса	
7	yǎnjing 眼睛	n.	eye 눈	目 глаз	
8	gèzi 个子	n.	height 키	身長 рост	
9	mǐ 米	mw.	metre 미터	メートル метр	
10	chuān 穿	v.	to wear, to be dressed in 입다	着る носить, одеваться	
11	zhe 着	part.	indicating the continuation of a state ~하고 있다	~ている Суффикс глагола, указывающий на длительный характер действия или на состояние	
12	chènshān 衬衫	n.	shirt 셔츠	シャツ рубашка	
13	niúzǎikù 牛仔裤	n.	jeans 청바지	ジーンズ джинсы	
14	bēi 背	v.	to carry on the back 메다	背負う носить на спине	
15	bāo 包	n.	bag 가방	かばん рюкзак	

16	zuǒyòu 左右	n.	or so, approximate 좌우	左右	приблизительно
17	xún 寻	v.	to look for 찾다	探す	искать
18	wù 物	n.	thing 물건	物	вещи
19	qǐshì 启事	n.	notice 공고	告示	уведомление, объявление
20	nán 南	n.	south 남쪽	南	юг
21	cāochǎng 操场	n.	playground 운동장	運動場	площадка
22	hóngsè 红色	n.	red 빨간색	赤色	красный
23	lǐmiàn 里面	n.	inside 안에	内側	внутри
24	zhī 支	mw.	*mesure word (for long, thin and inflexible objects)* (양사)자루	(助数詞)本	*счётное слово для карандашей, ручек и т.д.*
25	bǐ 笔	n.	writing utensils 필, 펜	筆、ペン	карандаш, ручка
26	běnzi 本子	n.	exercise book 연습장	ノート	тетрадь
27	shí 拾	v.	to pick up 줍다	拾う	подбирать, поднимать
28	zhě 者	part.	-er, -or 자	者	*суффикс агента (тот, кто делает...; -ист, -тель)*
29	huòzhě 或者	conj.	or 혹은	あるいは	или

30	liánxì 联系	v.	to contact	連絡する
			연락하다	связываться
31	gǎnxiè 感谢	v.	to thank, to appreciate	感謝する
			감사하다	благодарить

专有名词	**Proper Nouns**		
1	Ānnà 安娜	Anna	(人名)アンナ
		(인명)안나	Анна
2	Déguórén 德国人	German	ドイツ人
		독일인	немец

4 美国没有这么多自行车

1	duǎn 短	adj.	short	短い
			짧다	короткий
2	yíyàng 一样	adj.	same, as ... as	同じ
			같다	одинаковый
3	dìfang 地方	n.	part	所
			곳	место
4	bǐrú shuō 比如说		for example	例えば
			예를 들면	например
5	miànjī 面积	n.	area	面積
			면적	площадь
6	rénkǒu 人口	n.	population	人口
			인구	население
7	fādá guójiā 发达国家		developed country	先進国
			선진국	развитая страна
	fādá 发达	adj.	developed	発達した
			발달	развитый
	guójiā 国家	n.	country	国家
			국가	государство, страна

#	Pinyin / 汉字	词性	English	한국어	Русский
8	fāzhǎn zhōng guójiā 发展中国家		developing country	발전 도상국	развивающаяся страна
	fāzhǎn 发展	v.	to develop	발전하다	развиваться
9	rénmen 人们	n.	people	사람들	люди
10	shàng bān 上班		to go to work	출근	ходить на работу
11	shàng xué 上学		to go to school	등교	ходить в школу
12	kāi 开	v.	to drive	운전하다	водить (машину), сидеть за рулём
13	yì 亿	num.	hundred million	억	сто миллионов
14	jiē 街	n.	road, street	거리	улица
15	dàochù 到处	adv.	everywhere	도처	везде, всюду, повсюду
16	xià bān 下班		to get off work	퇴근	уходить с работы
17	qìchē 汽车	n.	bus, car	자동차	автомобиль
18	xiàng 像	v.	to resemble, to be like	마치~와 같다	быть похожим
19	héliú 河流	n.	river	하류	река
	hé 河	n.	river	강	река
20	zhuàngguān 壮观	adj.	magnificent sight	장관(이다)	великолепный

21	zhǒnglèi 种类 n.	kind 종류	種類 род
22	càixì 菜系 n.	cuisine 음식의 계통	料理の系統 кухня
23	míngshèng gǔjì 名胜古迹	scenic spot and historical place 명승고적	名所旧跡 достопримечательность
24	qiān 千 num.	thousand 천	千 тысяча
25	mínzú 民族 n.	nation, ethnic group 민족	民族 национальность
	shǎoshù mínzú 少数民族	ethnic minority 소수민족	少数民族 национальное меньшинство
	shǎoshù 少数 n.	minority 소수	少数 меньшинство

5 这家餐厅的菜不错

1	wèi 位 mw.	(Pol.) measure word for people (양사)분, 명	(助数詞) 人数を数える счётное слово для уважаемых лиц
2	nǚshì 女士 n.	lady, madam 여사	女士 госпожа; дама
3	bǎo 饱 adj.	full 배부르다	満腹 сытый
4	diǎn 点 v.	to order 주문하다	注文する заказывать (блюда)
5	jiā 家 mw.	measure word (for enterprises, such as restaurant, bookstore, etc.) (양사)가정・가게・기업 따위를 세는 단위	(助数詞)飲食店、本屋等の企業を数える счётное слово для ресторанов, книжных магазинов и т.д.

Elementary 9

6	cāntīng 餐厅	n.	dining room, dining hall	食堂	
			식당	ресторан	
7	jīngcháng 经常	adv.	often	しばしば	
			자주	часто	
8	fànguǎn 饭馆	n.	restaurant	料理店	
			식당	ресторан	
9	ǒu'ěr 偶尔	adv.	occasionally	たまに	
			가끔	иногда	
10	háishi 还是	adv.	indicating that sth. quite unexpected has happened	やはり	
			여전히	всё-таки	
11	dì 第	pref.	used before integers to indicate order	第	
			제 (차례)	префикс, указывающий на порядковое значение следующего числительного	
12	zhǔ 煮	v.	to boil, to cook	煮る、炊く、茹でる	
			끓이다	варить	
13	fāngbiànmiàn 方便面	n.	instant noodles	インスタントラーメン	
			인스턴트 라면	лапша быстрого приготовления	
14	dùzi 肚子	n.	belly, abdomen	腹部、お腹	
			배	живот	
15	zǎo 早	adv.	early	もう、すでに	
			벌써	рано	
16	gàosu 告诉	v.	to tell	教える、話す	
			알리다, 말하다	говорить, сообщать	
17	huǒguō 火锅	n.	hotpot	火鍋	
			신선로	китайкий самовар	
18	zuìjìn 最近	n.	recently	最近	
			요즈음	недавно, в последнее время	
19	kāizhāng 开张	v.	to open	開業する	
			개업하다	открывать (магазины, рестораны и т.д.)	

20	jiǔshuǐ 酒水	n.	beverages, drinks (술이나 사이다 따위의)음료	(酒、サイダー等の)飲料 напитки
21	miǎn fèi 免费		free of charge 공짜	無料 бесплатно
22	gēn 跟	prep.	with ~과	～と с (кем)
23	huánjìng 环境	n.	environment 환경	環境 среда, обстановка
24	fúwùyuán 服务员	n.	waiter 종업원	店員 официант
	fúwù 服务	v.	to serve 서비스	サービス служить, обслуживть
25	tàidu 态度	n.	attitude 태도	態度 отношсние
26	jiàqian 价钱	n.	price 가격	価格 стоимость, цена
27	suàn 算	v.	to be considered, to be regarded ~라고 여겨지다	～と見なす считать
28	gōngdao 公道	adj.	fair, just 합리적이다	公正な справедливый
29	là 辣	adj.	hot 맵다	辛い острый (о вкусе)
30	yìxiē 一些	q.	some, a few, a little 약간	少し некоторые

6 广告栏上贴着一个通知

1	wéi 围	v.	to enclose, to surround 에워싸다	取り囲む окружать

2	fāshēng 发生	v.	to happen 발생하다	発生する	случаться, происходить
3	guòqu 过去		to go over, to pass by 가다	行く	проходить
4	guǎnggàolán 广告栏	n.	advertisement column 광고란	広告欄	столбец объявлений
	guǎnggào 广告	n.	advertisement 광고	広告	реклама
	lán 栏	n.	column (신문·잡지 등의)난, 칼럼	欄	столбец
5	tiē 贴	v.	to paste 붙이다	貼る	наклеивать
6	tōngzhī 通知	n.	notice, circular 통지	通知	объявление
7	huódòng 活动	n.	activity 활동	活動	деятельность
8	dú 读	v.	to read 읽다	読む	читать
9	jiāoliú 交流	v.	to communicate 교류하다	交流する	общаться
10	xuéyuàn 学院	n.	college 단과대학	単科大学	колледж
11	jiāng 将	adv.	be going to 곧	まもなく～する	частица, выражающая будущее время глагола
12	zǔzhī 组织	v.	to organize 조직하다	組織する	организовать
13	jiāoqū 郊区	n.	suburb 교외 지역	郊外	пригород
14	cānguān 参观	v.	to visit (*a place*) 관람하다	参観する	посещать

15	xuéshēngzhèng 学生证	n.	students' ID 학생증	学生証 студенческий билет
16	bàngōngshì 办公室	n.	office 사무실	事務室 кабинет
17	bàn 办	v.	to handle 처리하다	处理する оформлять
18	shǒuxù 手续	n.	procedure 수속	手続き оформление, процедура
19	mǎshàng 马上	adv.	at once, immediately 금방	すぐ сразу
20	ná 拿	v.	to take 가지다	取る брать
21	wèile 为了	prep.	in order to ~을 위해	～のために для
22	gǔlì 鼓励	v.	to encourage 격려하다	励ます поощрять
23	jījí 积极	adj.	active 적극적이다	積極的な активный
24	tǐyù 体育	n.	physical training 체육	体育 физкультура
25	yùndòng 运动	n.	sports 운동	運動 спорт
26	jǔbàn 举办	v.	to conduct, to hold 거행하다	開催する организовать
27	lánqiú 篮球	n.	basketball 농구	バスケットボール баскетбол
28	dìdiǎn 地点	n.	place, site 장소	場所 место
29	bù 部	n.	ministry 부서	部門 отдел

专有名词	Proper Noun		
Yōushèng Bēi 优胜杯	Cup of Yousheng	トロフィー	
	트로피	Кубок первенства	

7 冰箱塞得满满的

1	píngguǒ 苹果	n.	apple	リンゴ
			사과	яблоко
2	búyòng 不用	adv.	no need	いらない
			쓸데없음	не нужно
3	shuǐguǒ 水果	n.	fruit	果物
			과일	фрукты
4	júzi 橘子	n.	orange	ミカン
			귤	мандарин
5	suān 酸	adj.	sour, tart	酸っぱい
			시다	кислый
6	wéishēngsù 维生素	n.	vitamin	ビタミン
			비타민	витамин
7	jiéguǒ 结果	conj.	as a result	結果
			결과	в результате
8	zàishuō 再说	conj.	and then, furthermore	その上
			게다가	кроме того
9	fàng 放	v.	to put	〜に入れる
			넣다, 두다	класть, ставить
10	bīngxiāng 冰箱	n.	refrigerator	冷蔵庫
			냉장고	холодильник
11	sāi 塞	v.	to fill, to stuff in	詰める
			집어넣다	наполнять, набивать
12	mǎn 满	adj.	full	満ちた, いっぱい
			그득하다	полный

13	kànlái 看来	v.	it looks like... 보아하니	見にところ～のようだ видимо
14	děi 得	aux.	have to, must ~해야 한다	～しなければならない надо
15	cāi 猜	v.	to guess 추측하다	推量する угадывать
16	dòngwù 动物	n.	animal 동물	動物 животное
17	yuán 圆	adj.	round 둥글다	丸い круглый
18	pàng 胖	adj.	fat 살찌다	太い толстый
19	shēnshang 身上	n.	on one's boby 몸	体に на теле
20	máo 毛	n.	fur 털	毛 шерсть, мех
21	ěrduo 耳朵	n.	ear 귀	耳 ухо
22	sìzhī 四肢	n.	four limbs, arms and legs 사지	四肢 конечности
23	yǎnquān 眼圈	n.	rim of the eye 눈언저리	目の周り глазница
24	dài 戴	v.	to wear 쓰다	かける носить
25	fù 副	mw.	*measure word (for glasses)* (양사)안경 등을 세는 단위	(助数詞) 眼鏡等を数える *счётное слово для очков, перчаток и т.д.*
26	mòjìng 墨镜	n.	sunglasses 선글라스, 색안경	サングラス солнцезащитные очки
27	kě'ài 可爱	adj.	lovely, cute 귀엽다	かわいい милый

28	shíwù 食物	n.	food	食べ物
			음식	еда, питание
29	zhúzi 竹子	n.	bamboo	竹
			대나무	бамбук
30	chūlai 出来		to come out	出て来る
			나오다	выходить
31	xióngmāo 熊猫	n.	panda	パンダ
			판다	панда

专有名词 Proper Noun				
	Xīnán Dìqū 西南地区		the Southwest region (of China)	西南地域
			서남지역	Юго-Западный Китай

8 比赛精彩得很

1	jīngcǎi 精彩	adj.	wonderful	見事な
			멋들어지다, 훌륭하다	замечательный
2	yíng 赢	v.	to win	勝つ
			이기다	выигрывать
3	shū 输	v.	to lose, to be beaten	負ける
			지다	проигрывать
4	bǐ 比	v.	(*of a score*) to	(得点が)〜対〜だ
			(경기 점수의)대(비)	со счётом
5	tī 踢	v.	to kick, to play	蹴る
			차다	ударять ногой
6	píng 平	adj.	flat, even	対等である
			동격이다	вничью
7	guài 怪	v.	to blame, to complain	責める
			책망하다	обвинять

8	làngfèi 浪费	v.	to waste 낭비하다	浪費、無駄遣い пропускать	
9	shè mén 射门		to shoot (*at the goal*) 슛	シュートする бить по воротам	
10	yàoshi 要是	conj.	if 만일~이라면	もしも～なら если	
11	jìnqu 进去		to enter, to go in 들어가다	入る входить	
12	shènglì 胜利	v.	to win 승리	勝利 победа	
13	xǐ zǎo 洗澡		to take a bath, to take a shower 목욕	入浴する купаться	
14	yíkuàir 一块儿	adv.	together 같이	一緒に вместе	
15	duìshǒu 对手	n.	opponent 상대	相手 соперник	
16	shùxué 数学	n.	mathematics 수학	数学 математика	
17	lìhai 厉害	adj.	tough 대단하다	すごい мощный, сильный	
18	jiā yóu 加油		to cheer, (*to encourage sb.*) to make an extra effort 응원하다	応援する болеть (за кого)	
19	hǎn 喊	v.	to shout 외치다	叫ぶ кричать	
20	xiǎng 响	v.	to ring, to make a sound 울리다	鳴る издавать звук (о телефоне, будильнике и др.)	
21	tīngjian 听见		to hear 들리다, 듣다	聞こえる слышать	
22	xǐng 醒	v.	to awaken, to be awake 잠에서 깨다	目覚める просыпаться	

23	jímáng 急忙	adv.	in a hurry 급하다		大急ぎの торопиться
24	pá 爬	v.	to get up 기어오르다		這い上がる подниматься
25	qǐlai 起来		used after verbs to indicate upward movement 일어나다		起き上がる вставать
26	tuī 推	v.	to push 밀다		押す толкать
27	qì 气	n.	air 공기		气体 газ, воздух
28	rēng 扔	v.	to throw 팽개치다		捨てる бросать
29	hǎobù 好不	adv.	used before some two-character adjectives to show high degree 매우		とても очень
30	shàngqu 上去		to go upward 올라가다		上がっていく вверх
31	zhàn 站	n.	stop, station 정류소		停留所 станция
32	xiàlai 下来		to come down 내려가다		降りる спускаться
33	chūzūchē 出租车	n.	taxi 택시		タクシー такси
34	bùdéliǎo 不得了	adj.	extremely, great 큰일나다		大変 крайне

9 我进不去宿舍了

1	tuǐ 腿	n.	leg 다리		足 нога

2	guǎi 拐	v.	to limp	びっこを引く	
			다리를 절룩거리다	хромать	
3	yīnwèi 因为	conj.	because, because of	～のために	
			~때문에	потому что, из-за (того, что)	
4	láibují 来不及	v.	there's not enough time	間に合わない	
			여유가 없다	не успевать	
5	chuānghu 窗户	n.	window	窓	
			창문	окно	
6	céng 层	mw.	storey, floor	階	
			층	этаж	
7	gébì 隔壁	n.	next door	隣室	
			옆방	соседняя комната	
8	shuǐfáng 水房	n.	washing room	水を供給する所	
			더운 물을 공급하는 곳	кипятилка	
9	wēixiǎn 危险	adj.	dangerous	危険な	
			위험하다	опасный	
10	wǎng 往	prep.	towards	～の方へ	
			~로 향하다	к (чему)	
11	tiào 跳	v.	to jump	跳ぶ	
			뛰다	прыгать	
12	yíxiàzi 一下子	adv.	all at once, all of a sudden	すぐに	
			순식간에	все сразу, вдруг	
13	shuāidǎo 摔倒		to tumble, to fall	躓く、転ぶ	
			자빠지다, 엎어지다	упадать	
	dǎo 倒	v.	to fall over	倒れる	
			넘어지다	падать, вапиться	
14	biànchéng 变成		to turn into	～に変った	
			~로 변하다	становиться	
	biàn 变	v.	to become	変わる	
			변하다	превращать, изменять	

#	Pinyin / Hanzi	POS	English	Korean	Japanese	Russian
15	jìnshì 近视	adj.	myopic, short-sighted	근시	近視	близорукий
16	qīngchu 清楚	adj.	clear	분명하다	明確な	ясный
17	tuō 脱	v.	to take off	벗다	脱ぐ	снимать, раздевать
18	guà 挂	v.	to hang	걸다	掛ける	вешать
19	qiáng 墙	n.	wall	벽	壁、塀	стена
20	diào 掉	v.	to fall, to drop	떨구다	落ちる	падать, уронять
21	dīngzi 钉子	n.	nail	못	くぎ	гвоздь
22	zhī 只	mw.	measure word (for some animals, boots or utensils)	마리	(助数詞) 動物、船、器具等を数える	счётное слово для некоторых животных, сапогов или утвари
23	cāngying 苍蝇	n.	fly	파리	ハエ	муха
24	lìkè 立刻	adv.	at once	곧	直ちに	сейчас, тотчас
25	fēi 飞	v.	to fly	날다	飛ぶ	летать
26	wénzi 蚊子	n.	mosquito	모기	蚊	комар
27	shuìzháo 睡着		to fall asleep	잠들다	眠りにつく	засыпать

27	zháo 着	v.	used after a verb to indicate the result of reaching the goal or the action 동사 뒤에 놓여 목적이 달성되었거나 결과가 있음을 표시 함	他動詞の後に用い、目的を達成したことを表す *частица, образующая результативную форму глагола*
28	luò 落	v.	to go down, to fall 머무르다	留まる падать
29	qīng 轻	adj.	light 가볍다	軽い лёгкий
30	bāzhang 巴掌	n.	palm, hand 손바닥	手の平 ладонь
31	xiàqu 下去		to go down 동사 뒤에 쓰여서 높은 곳에서 낮은 곳으로 움직임을 나타냄	(高い所から低い所へ)下りる спускаться
32	tūrán 突然	adj.	suddenly 갑자기	突然 внезапно
33	gǎndào 感到	v.	to feel 느끼다	感じる чувствовать

10　山上的风景美极了

1	nóngcūn 农村	n.	village 농촌	農村 деревня
2	suǒ 所	mw.	measure word (for houses, schools, etc.) (양사)채, 동(집이나 학교·병원따위의 건축물에 쓰임)	(助数詞) 家、学校、建物等を数える *счётное слово для зданий, учреждений и т.д.*
3	yǎnglǎoyuàn 养老院	n.	old folks' home, home for the aged 양노원	老人ホーム дом для престарелых

#	Pinyin / 汉字	词性	English / 한국어	日本語 / Русский
4	yòu'éryuán 幼儿园	n.	kindergarten, nursery school 유치원	幼稚園 детский сад
5	yóuxì 游戏	n.	game 오락	遊び игра
6	nóngmín 农民	n.	farmer 농민	農民 крестьянин
7	hòulái 后来	n.	later, afterwards 그 다음에	その後 потом
8	fùjìn 附近	adj.	nearby 근처	近所 вблизи
9	zuò 座	mw.	*measure word (for mountains, buildings, etc.)* (양사)산·건축물·교량·포대 따위의 비교적 크고 듬직한 것이나 고정된 물체를 세는 데 쓰임	(助数詞)比較的に大型のもの、または固定したものを数える *счётное слово для гор, башен и т.д.*
10	gǔlǎo 古老	adj.	ancient, age-old 오래되다	古い歴史をもつ старинный
11	xióngwěi 雄伟	adj.	grand, imposing and great 웅장하다	雄大な величественный
12	dìqū 地区	n.	district 지역	地域 район
13	bǎi 百	num.	hundred 백	百 сотня
14	yún 云	n.	cloud 구름	雲 облако
15	cǎo 草	n.	grass 풀	草 трава
16	tiānshang 天上	n.	in the sky 하늘	空 в небе

17	fú 幅	mw.	*measure word (for pictures, scrolls, etc.)*	(助数詞) 絵画、巻物等を数える
			폭	*счётное слово для картин, фото и т.д.*
18	huàr 画儿	n.	picture, painting	絵
			그림	рисунок
19	hòuhuǐ 后悔	v.	to regret	後悔する
			후회	раскаиваться
20	zhào 照	v.	to photograph, to take (*a picture*)	撮影する
			촬영하다	фотографировать
21	xiàngpiàn 相片	n.	photograph	写真
			사진	фотография
22	fā 发	v.	to send	送る
			보내다	отправпять
23	yángguāng 阳光	n.	sunlight	日光
			햇빛	луч солнца
24	cànlàn 灿烂	adj.	brilliant, glorious	輝かしい
			찬란하다	лучезарный
25	jù lóng 巨龙		huge dragon	巨竜
			큰 용	огромный дракон
26	wò 卧	v.	to lie, to crouch	横たわる
			웅크리다	лежать
27	shānfēng 山峰	n.	mountain peak	山の峰
			산봉우리	пик
28	dī 低	adj.	low	低い
			낮다	невысокий
29	cháo 朝	prep.	towards	～の方に
			~로 향하다	к (чему)
30	yánshēn 延伸	v.	to extend, to stretch	伸ばす
			내밀다	растягиваться

31	zhàn 站	v.	to stand 서다	立つ стоять
32	xiào 笑	v.	to smile, to laugh 웃다	笑う смеяться
33	kāixīn 开心	adj.	happy, glad 유쾌하다	愉快である весёлый
34	yòushǒu 右手	n.	right hand 오른손	右手 правая рука
	yòu 右	n.	right 오른쪽	右 правый
35	shízhǐ 食指	n.	index finger 식지	人差し指 указательный палец
36	zhōngzhǐ 中指	n.	middle finger 중지	中指 средний палец
37	bǎi 摆	v.	to lay, to set 놓다	並べる ставить
38	T xùshān T恤衫		T-shirt 티셔츠	Tシャツ футболка
39	shàngmiàn 上面	n.	above, upside 위	上 верх
40	háng 行	mw.	line, row 줄	行、列 строка
41	dēng 登	v.	to ascend, to mount 오르다	登る подниматься

专有名词	**Proper Noun**		
Chángchéng 长城	the Great Wall 만리장성	万里の長城 Великая китайская стена	

西红柿炒鸡蛋

1	jiāo 教	v.	to teach	教える
			가르치다	учить
2	jiāchángcài 家常菜	n.	home-made dish (food)	家庭料理
			가정음식	блюдо для повседневного стола
3	xīhóngshì 西红柿	n.	tomato	トマト
			토마토	помидор, томат
4	jīdàn 鸡蛋	n.	egg	卵
			달걀	яйцо
5	bǎ 把	prep.	used to introduce an object to put it before the main verb in the sentence	～を(～する)
			동사의 동작·작용이 미치는 대상, 즉 목적어와 결합해서 동사 앞에 전치되어 처치를 나타냄	глагол-предлог; посредством которого прямое дополнение ставится перед глагольным сказуемым
6	kuàizi 筷子	n.	chopstick	箸
			젓가락	палочка
7	jiǎobàn 搅拌	v.	to mix, to stir	混ぜる
			섞다	мешать
8	jūnyún 均匀	adj.	well-distributed	均一
			고르다, 균등하다	равномерный
9	qiē 切	v.	to cut	切る
			자르다	резать
10	kuàir 块儿	n.	piece	かたまり
			조각	кусок
11	huǒ 火	n.	fire	火
			불	огонь
12	diǎnzháo 点着		to light a fire	点火する
			불을 붙이다	зажигать

	diǎn 点	v.	to light (불을) 붙이다	(火を)つける зажигать	
13	guō 锅	n.	pot, wok 냄비	鍋 котёлок	
14	yóu 油	n.	oil 기름	油 масло	
15	shú/shóu 熟	adj.	cooked 익다	煮える готовый (о пище)	
16	jiā 加	v.	to add 더하다	加える добавлять	
17	báitáng 白糖	n.	white sugar 백설탕	白砂糖 сахар	
18	zuìhòu 最后	n.	final, at last 마지막	最後 наконец	
19	yán 盐	n.	salt 소금	塩 соль	
20	cháng 尝	v.	to taste 맛보다	味わう пробовать	
21	kǒu 口	n./mw.	mouth; *measure word* 입	口 счётное слово цпя действий ртом	
22	ǹg 嗯	interj.	*indicating a reply* 대답·승낙을 나타냄	うん ага, ну	
23	tèdiǎn 特点	n.	characteristic 특점	特徴 особенность	
24	wén 闻	v.	to smell 냄새를 맡다	嗅ぐ нюхать	
25	xiāng 香	adj.	appetizing, delicious 맛있다	美味しい вкусный	
26	yuánliào 原料	n.	raw material 원료	原料 сырьё	

27	kè 克	mw.	gram 그람	グラム грам
28	diànfěn 淀粉	n.	starch 전분	デンプン крахмал
29	zuòfǎ 做法	n.	way of handling or making something 만드는 법	作り方 способ приготовления
30	kāi guō 开锅		(of a pot) to boil 끓다	煮え立つ кипеть
31	xùnsù 迅速	adj.	rapid, speedy 신속히	迅速な быстрый
32	xián 咸	adj.	salted, salty 짜다	塩辛い солёный
33	kěkǒu 可口	adj.	tasty 맛있다	口に合う вкусный
34	yíngyǎng 营养	n.	nutrition 영양	栄養 питание
35	fēngfù 丰富	adj.	rich, abundant 풍부하다	豊富な обилие

12 搬家

1	láo jià 劳驾		excuse me 실례합니다	すみませんが Будьте добры
2	zhǐ 纸	n.	paper 종이	紙 бумага
3	xiāngzi 箱子	n.	box 상자	箱 сундук, ящик
4	àn 按	prep.	according to ~대로	～に応じて в соответствии с

#			English	Japanese
5	búyào 不要	adv.	do not	～してはいけない
			~하지 마라	нельзя, не
6	shùnxù 顺序	n.	order, sequence	順序
			순서	очередь
7	nòng 弄	v.	to do, to make	する
			하다	делать
8	luàn 乱	adj.	in disorder	乱れ
			어지럽다	беспорядочный
9	xiǎoxīn 小心	v.	to be careful	気を付ける
			조심하다	быть осторожным
10	zhòng 重	adj.	heavy	重い
			무겁다	тяжёлый
11	pèng 碰	v.	to touch	ぶつかる
			부딪치다	сталкиваться
12	xīnkǔ 辛苦	adj.	hard, laborious	苦労する、つらい
			수고	тяжкий, трудный
13	bǎojié 保洁	v.	to clean	清潔
			청결	поддерживать чистоту
14	xìngmíng 姓名	n.	full name	名前
			성명	имя и фамилия
15	dìzhǐ 地址	n.	address	住所
			주소	адрес
16	guìxìng 贵姓	n.	(*Pol.*) your surname	お名前
			성함	ваша фамилия
17	miǎn guì 免贵		(*Pol.*) used when asked name	(謙遜して)名乗るほどの者ではない
			(겸손)자기 성씨를 대방에게 알릴 때 쓰임	не нужно формальностей, просто... (*в ответ на вежливый вопрос* 贵姓)
18	xiǎoqū 小区	n.	residential community	集合住宅地区
			아파트 단지	микрорайон

19	dānyuán 单元	n.	unit (*of house, textbook, etc.*)	单元
			단원	элемент; подъезд, квартира
20	kànzhòng 看中		to take a fancy to	気に入る
			마음에 들다	выбирать себе по вкусу, нравиться
21	jūmín 居民	n.	resident, dweller	住民
			주민	житель
22	nánbian 南边	n.	southside	南側
			남쪽	юг
23	gōngyuán 公园	n.	park	公園
			공원	парк
24	xià qí 下棋		to play chess	将棋をする
			장기를 두다	играть в шахматы
25	mǎnyì 满意	v.	to be satisfied with	満足した
			만족하다	довольный
26	rènwéi 认为	v.	to consider	～と思う
			여기다, 생각하다	считать
27	tiáojiàn 条件	n.	condition	条件
			조건	условие
28	suīrán 虽然	conj.	though, although	～だけれども
			설령~일지라도	несмотря, хотя

专有名词　Proper Nouns

1	Lǐ 李	Lee	（姓氏）り
		성씨 리(이)	Ли
2	Huáměi Xiǎoqū 华美小区	Huamei Residential Community	華美団地
		화미구역	жилой комплекс "Хуамэй"
3	Xī Shān 西山	West Mountain	西山
		서산	Западная гора

13 一封信

1	fēng 封	mw.	*measure word (for letters)* (양사) 통	(助数詞)封入されたものを数える *счётное слово для писем*
2	xìn 信	n.	letter 편지	手紙 письмо
3	shōudào 收到		to receive 받다	受け取る получать
4	jiǔ 久	adj.	long 오래다, 길다	長い（時間） долгий
5	yuánliàng 原谅	v.	to forgive, to pardon 용서하다	許す извинять, прощать
6	yíqiè 一切	pron.	everything, all 전부	すべて всё
7	zhuǎnyǎn 转眼	v.	in the blink of an eye 눈 깜짝할 사이	瞬く間に мгновение
8	qùnián 去年	n.	last year 작년	去年 прошлый год
9	nánguò 难过	adj.	be sad, be bad or sorry 괴로워하다	悲しい грустный
10	yídìng 一定	adj.	certain, fair 어느 정도의	ある程度の определённый
11	chéngdù 程度	n.	degree 정도	程度 уровень, мера, степень
12	tígāo 提高	v.	to raise, to improve 높이다	高める повышать
13	jiāo 交	v.	to make (friends) with 사귀다	交際する дружить
14	búdàn 不但	conj.	not only ~뿐만 아니라	～のみならず не только

15	érqiě 而且	conj.	but also 또한	その上 но и
16	shìjiè 世界	n.	world 세계	世界 мир
17	gè 各	pron.	various, each 각	各 различный, каждый
18	hùxiāng 互相	adv.	each other 서로	互いに друг с другом
19	piān 篇	mv.	*measure word for article* 편	編 *счётное слово для текста*
20	yuè lái yuè 越来越		more and more 더욱더	ますます всё больше
21	……fēnzhī…… ……分之……		percent 숫자에 붙어 쓰이어, 그 수로 '나눈 몫'의 뜻	（分母）分の（分子） конструкция для образования наименований дробей, 分- знаменатель, 之 - числитель
22	guo 过	part.	*used after a verb to indicate a past action or state* ~적이 있다	~たことがある глагольный суффикс, указывающий на завершённость действия во времени
23	jiǎnhuàzì 简化字	n.	simplified Chinese characters 간체자	簡体字 упрощённый китайский иероглиф
24	jìnxíng 进行	v.	to carry out, to carry on 진행하다	実行する вести
25	huìhuà 会话	v.	to make a dialogue or conversation 회화	会話 диалог, разговор
26	jiānglái 将来	n.	future 장래	将来 будущее
27	jīběn 基本	adj.	basic, fundamental 기본	基本的な основной

#			English	Chinese/Japanese	Russian
28	càidān 菜单	n.	menu / 메뉴	メニュー	меню
29	zhōngcān 中餐	n.	Chinese food / 중국음식	中国料理	китайское блюдо
30	dìdao 地道	adj.	genuine, authentic / 진짜의, 본고장의	本場の	подлинный, настоящий
31	jīnnián 今年	n.	this year / 금년	今年	в этом году
32	yáncháng 延长	v.	to prolong / 연장하다	延長する	продлевать
33	míngnián 明年	n.	next year / 명년 (내년)	来年	следующий год
34	liǎojiě 了解	v.	to comprehend, to understand / 요해하다	了解する	знать
35	wénhuà 文化	n.	culture / 문화	文化	культура
36	jiànkāng 健康	adj.	healthy / 건강	健康な	здоровье

14 成功需要多长时间

#			English	Chinese	Russian
1	huàjiā 画家	n.	painter / 화가	画家	художник
2	měishù 美术	n.	art / 미술	美术	изобразительное искусство
3	dé 得	v.	to get, to obtain, to gain / 얻다	得る	получать
4	chénggōng 成功	v.	to succeed / 성공하다	成功する	удача

5	yǐwéi 以为	v.	to think, to believe, to consider 생각하다, 여기다	〜と思う полагать, считать
6	shìqing 事情	n.	affair, matter 일	事 дело, событие
7	qíshí 其实	adv.	in fact, actually 사실	実際は впрочем
8	zhǐyào 只要	conj.	if only, so long as 〜하기만 하면	〜しさえすれば если только
9	jiānchí 坚持	v.	to insist 버티다	堅持する настаивать
10	lǐxiǎng 理想	n.	ideal, hope for the future 이상	理想 мечта
11	shíxiàn 实现	v.	to accomplish 실현하다	実現する реализовать
12	huà 画	v.	to draw (a picture) (그림을)그리다	(絵や図などを)かく рисовать
13	gāozhōng 高中	n.	senior school 고등학교	高等学校 высшая школа
14	niánjí 年级	n.	grade 학년	学年 класс
15	zànshí 暂时	adj.	temporarily, for the time being 잠시	暫時 пока
16	tíngzhǐ 停止	v.	to stop 멈추다	止まる переставать
17	huàbǐ 画笔	n.	painting brush 화필	絵筆 кисть
18	dāng 当	v.	to work as 〜이 되다	〜になる работать (кем)
19	cí 辞	v.	to resign, to quit one's job 사직하다	辞職する увольняться с работы

20	yóulǎn 游览	v.	to go sightseeing 유람하다	遊覧する экскурсия
21	zhènghǎo 正好	adv.	just right, just enough 마침	ちょうど как раз
22	zhuānmén 专门	adv.	especially 특별히, 일부러	特に、わざわざ специальный
23	jiǎng 奖	n.	prize 상, 장려	賞 приз
24	xiǎoshíhou 小时候	n.	in one's childhood 어렸을 때	幼いころ детство
25	chǎnshēng 产生	v.	to come into being 생기다, 발생하다	生み出す возникать
26	suàn 算	v.	to count 계산하다	計算する считать
27	jiā 加	v.	to plus 더하다	足す умножать
28	děngyú 等于	v.	to be equal to 같다	等しい равный
29	líng 零	num.	zero 영	ゼロ ноль, нуль
30	qítā 其他	pron.	other 기타	そのた другой
31	yǔ……wúguān 与……无关		to have nothing to do with ~과 상관없다	～と関係ない не касаться
32	kànfǎ 看法	n.	point of view 견해	見解 точка зрения
33	zhùhè 祝贺	v.	to congratulate 축하하다	祝う поздравлять

15 请稍等

#					
1	lìyòng 利用	v.	to make use of	利用する	
			이용하다	использовать	
2	jiǎng 讲	v.	to tell	話す	
			이야기하다	говорить, рассказывать	
3	fàndiàn 饭店	n.	restaurant	飲食店	
			식당	гостиница, ресторан	
4	lì 立	v.	to erect	立つ	
			서다	ставить	
5	kuài 块	mw.	*measure word*, piece	(助数詞)看板を数える	
			(양사)간판을 세는 단위	кусок	
6	páizi 牌子	n.	sign	看板、商標	
			간판	табличка	
7	zhōudào 周到	adj.	considerate	行き届く	
			빈틈없다	тщательный	
8	jīngjì 经济	adj.	economical	経済的である	
			경제적이다	экономный	
9	shíhuì 实惠	adj.	substantial	実利	
			실속있다	недорогой (и неплохого качества)	
10	wǔfàn 午饭	n.	lunch	昼食	
			점심식사	обед	
11	lǐbian 里边	n.	inside	中	
			안	внутри	
12	dēng 灯	n.	light, lamp	ランプ	
			램프	лампа	
13	ānjìng 安静	adj.	quiet	静かな	
			조용하다	тихий	

14	wàiyī 外衣	n.	coat	コート	
			코트	верхняя одежда	
15	biān 边	n.	side	ふち、辺	
			곁, 모서리	сторона	
16	zuòwèi 座位	n.	seat	座席	
			자리	место	
17	guòlai 过来	v.	to come over	来る	
			건너오다	приходить	
18	guānglín 光临	v.	(*Pol.*) to honour sb. with presence	ご来訪くださる	
			왕림하다	(о гостях) приходить (в магазины, рестораны и т.д.)	
19	zhāpí 扎啤	n.	draught beer	生ビール	
			생맥주	бочковое пиво	
20	shāo děng 稍等		to wait a minute	少し待つ	
			잠시 기다리다	подождите минуту	
21	xīn 心	n.	heart	心	
			마음	душа, сердце	
22	rénjia 人家	pron.	others	あの人	
			그 사람	другие люди	
23	shàng 上	v.	to serve	（料理を）並べる	
			올리다	подавать (блюда)	
24	tāng 汤	n.	soup	スープ	
			탕 (국)	суп	
25	ròu 肉	n.	meat	肉	
			고기	мясо	
26	sī 丝	n.	thread-like thing, shred	糸状の物	
			실같이 가느다란 것	мелко нарезанное (мясо)	
27	fèn 份	mw.	portion; the unit of division	(助数詞)組やそろいになったものを数える	
			몫	порция	

			to deep fry	揚げる
28	zhá 炸	v.	튀기다	жарить
29	niúpái 牛排	n.	steak	ステーキ
			소갈비	бифштекс
	niú 牛	n.	cattle	牛
			소	корова, бык
30	yángpái 羊排	n.	mutton chop	羊のステーキ
			양갈비	отбивное из баранины
	yáng 羊	n.	sheep, goat	羊
			양	овец, козёл
31	zhūpái 猪排	n.	pork chop	豚カツ
			돼지갈비	отбивное из свинины
	zhū 猪	n.	pig	豚
			돼지	свинья
32	rěn bu zhù 忍不住		cannot help	我慢できない
			참지 못하다	не мочь терпеть
	rěn 忍	v.	to bear	我慢する
			참다	терпеть

16 从哪一头儿吃香蕉

1	jù 句	mw.	*measure word (used for language)*	(助数詞) ことばを数える
			마디(말의 수를 세는 단위)	*счётное слово для фраз, предложений и т.д.*
2	liúxia 留下		to leave behind	(印象に) 残る
			남기다	производить (на кого впечатление)
3	shēnkè 深刻	adj.	deep	深い
			깊다	глубокий
4	yìnxiàng 印象	n.	impression	印象
			인상	впечатление

5	xiāngjiāo 香蕉	n.	banana 바나나	バナナ банан	
6	zǒngshì 总是	adv.	always 항상	いつも всегда	
7	wěiba 尾巴	n.	tail, end 꼬리	尾、しっぽ хвост	
8	bāo 剥	v.	to peel, to shell 벗기다	剥く обдирать	
9	xì 细	adj.	thin, slender 가늘다	細い тонкий	
10	tóur 头儿	n.	top, tip (사물이나 일의)기점,시작	先端、端 конец	
11	chābié 差别	n.	difference, disparity 다르다	格差 разница	
12	qǐfā 启发	v.	to enlighten 계발하다	啓発 воодушевлять	
13	gǎibiàn 改变	v.	to change 바꾸다	変える изменять	
14	fāngshì 方式	n.	way, fashion 방식	方式 способ, средство	
15	jiè yān 戒烟		to quit smoking 금연하다	タバコをやめる бросать курить	
	jiè 戒	v.	to quit 삼가다,멀리하다, 끊다	戒める бросать	
16	nánshòu 难受	adj.	be unwell 불편하다, 괴롭다	つらい、苦しい неудобный, не по себе	
17	huó 活	v.	to live 살다	生きる жить	
18	wàn 万	num.	ten thousand 만	万 десять тысяч	

19	shòu zuì 受罪		to endure hardship, torture, etc.	苦しむ	
			고생하다	страдать	
20	suànle 算了	v.	to forget it, to let it be	やめる、もういい	
			그만두다	пусть что будет	
21	shībài 失败	v.	to fail, to be defeated, to lose (*a war, a game, etc.*)	失敗する	
			실패하다	терпеть неудачу	
22	xiǎngfǎ 想法	n.	idea	考え方	
			생각	идея, мысль	
23	dàoli 道理	n.	reason	道理	
			도리	толк	
24	rènhé 任何	pron.	any	なんでも	
			어떠한	любой	
25	jiǎodù 角度	n.	angle	角度	
			각도	точка зрения, аспект	
26	bìxū 必须	adv.	must	必ず	
			반드시	необходимо	

17 李军的日记

1	shǔjià 暑假	n.	summer vacation	夏休み	
			여름방학	летние каникулы	
2	yuē 约	v.	to make an appointment	約束する	
			약속하다	договариваться	
3	mǔxiào 母校	n.	Alma Mater	母校	
			모교	альма-матер	
4	chúle 除了	prep.	except, besides	～を除き	
			～이외에	кроме (кого-чего)	
5	cónglái 从来	adv.	always, at all times	これまで	
			지금까지	всегда	

6	nénggòu 能够	aux.	can ~할 수 있다		できる мочь
7	jù 聚	v.	to get together 모이다		集まる встречаться
8	tǎolùn 讨论	v.	to discuss 토론하다		討論する обсуждать
9	líkāi 离开	v.	to leave 떠나다		離れる отходить
10	rìzi 日子	n.	day, date 날, 날짜		日、期日 день
11	shíhuà 实话	n.	truth 실화		本当の事 честное слово
12	biànhuà 变化	n.	change 변화		変化 изменение
13	gòngtóng 共同	adj.	common 공통		共通の общий
14	huàtí 话题	n.	topic 화제		話題 тема
15	mòshēng 陌生	adj.	strange 생소하다		見知らぬ незнакомый
16	sìhū 似乎	adv.	It seems... ~같다		〜のようである будто
17	qīnrè 亲热	adj.	intimate, affectionate 친하다		親しみあふれる ласковый
18	wèn hǎo 问好		to say hello to 안부를 묻다		安否を尋ねる здороваться
19	wò shǒu 握手		to shake one's hand 악수하다		握手する рукопожатие
20	yìbiān 一边	adv.	at the same time, simultaneously 한편으로		一方で и...и...; одновременно

21	huíyì 回忆	v.	to recall 회상하다, 추억하다	思い出す вспоминать	
22	huàishì 坏事	n.	something bad 나쁜 일	悪事 что-л. плохое	
23	shǎ 傻	adj.	foolish 어리석다	愚かな дурный	
24	tòngkuai 痛快	adj.	to one's heart's content 통쾌하다	痛快な приятно на душе	
25	liáo 聊	v.	to chat 이야기하다	雑談する болтать	
26	tǐyùguǎn 体育馆	n.	gymnasium 체육관	体育館 спортзал	
27	céngjīng 曾经	adv.	once, ever 이전에	かつて когда-то	
28	zhào xiàng 照相		to take pictures 사진찍다	撮影する фотографировать	
29	hé yǐng 合影		to take a group photo 단체사진	集合写真 вместе фотографироваться	
30	zuòwéi 作为	prep.	as ~로 여기다	～とする как	
31	liúniàn 留念	v.	to keep as a memento 기념으로 남겨 두다	記念に残す на память	
32	yúkuài 愉快	adj.	happy, joyful, cheerful 유쾌하다	愉快な весёлый	

18 我看过京剧

1	jīngjù 京剧	n.	Peking Opera 경극	京劇 пекинская опера	

2	yǎnyuán 演员	n.	actor 연기자	俳優 актёр, артист	
3	yǎnchū 演出	n.	to perform 연출	演出 выступление, спектакль	
4	nèiróng 内容	n.	content 내용	内容 содержание	
5	wánquán 完全	adv.	completely 완전히	完全に полностью, целиком	
6	dāngshí 当时	n.	at that time 당시	当時 тогда	
7	tīnglì 听力	n.	listening comprehension 듣기능력	聴力 аудирование	
8	fǔdǎo 辅导	v.	to coach, to tutor 지도하다	指導する консультация	
9	cíhuì 词汇	n.	vocabulary 어휘	語彙 лексика	
10	liàng 量	n.	quantity 수량	数量 количество	
11	zēngjiā 增加	v.	to increase, to raise 증가하다	増加する увеличивать	
12	xīnwén 新闻	n.	news 뉴스	ニュース новости	
13	guǎngbō 广播	n.	broadcast 방송	放送 передача	
14	qǔdé 取得	v.	to achieve, to gain 취득하다	取得する добывать	
15	nándào 难道	adv.	*used to reinforce a rhetorical question* 설마~하겠는가?	まさか~ではあるまい неужели, разве	
16	chà 差	adj.	inferior 못하다	劣る хуже	

17	kǔnǎo 苦恼	adj.	vexed, worried	悩み
			고민	досада
18	pǔtōnghuà 普通话	n.	mandarin	現代中国の共通語
			현대 중국어의 표준어	путунхуа (*официальный язык в КНР*)
19	zhèngzhì 政治	n.	politics	政治
			정치	политика
20	jiàoyù 教育	n.	education	教育
			교육	воспитание, образование
21	shèhuì 社会	n.	society	社会
			사회	общество
22	qíngkuàng 情况	n.	situation	状況
			상황	обстоятельство, положение
23	yìshù 艺术	n.	art	芸術
			예술	искусство
24	děng 等	part.	and so on, etc.	等
			등	и так далее
25	zhīshi 知识	n.	knowledge	知識
			지식	знание

19 如果有一天……

1	nánchī 难吃	adj.	tasteless	まずい
			맛없다	невкусный
2	cuì 脆	adj.	crisp	脆い
			아삭아삭하다	хрупкий
3	xīfàn 稀饭	n.	porridge	お粥
			죽	каша
4	fǎnyìng 反应	n.	reaction	反応
			반응	реакция

5	lǎoshì 老是	adv.	always 늘, 항상		いつも всегда
6	lǎo 老	adj.	old 늙다		年をとる пожилой
7	biéren 别人	pron.	others 다른 사람		ほかの人 чужие
8	zhàogù 照顾	v.	to take care of 돌보다		世話をする ухаживать
9	guānxīn 关心	v.	to be concerned about 관심하다		関心を持つ заботиться
10	jiǎnchá 检查	v.	to check 검사하다		検査する проверять
11	yǒu wèir 有味儿		to smell bad 냄새가 나다		匂いがする неприятно пахнуть
	wèir 味儿	n.	smell, odour 냄새		匂い запах
12	qiānwàn 千万	adv.	by all means, absolutely 제발		くれぐれも во что бы то ни стало, ни в ком случае не
13	xián 嫌	v.	to dislike, to complain of, to mind 꺼리다		嫌う не нравиться
14	chòu 臭	adj.	foul, stinking 구리다		臭い вонючий
15	chōu kòngr 抽空儿		to manage to find time 시간을 내다		時間を割く находить свободное время
16	xiǎngshòu 享受	v.	to enjoy 즐기다		享受する наслаждаться
17	ài 爱	v.	to love, to like ~하기를 좋아하다		好む любить
18	yáchǐ 牙齿	n.	tooth 치아		歯 зуб

词语手册

19	yǎo 咬	v.	to bite	噛む
			(깨) 물다	жевать
20	dòng 动	v.	to move	～できる
			~수 있다	трогать
21	chūshēng 出生	v.	to be born	生まれる
			출생하다	рождаться
22	mánglù 忙碌	adj.	busy	忙しい
			바쁘다	занятый
23	nénglì 能力	n.	ability	能力
			능력	способность
24	rénshēng 人生	n.	life	人生
			인생	жизнь
25	jīngyàn 经验	n.	experience	经验
			경험	опыт
26	dú shū 读书		to read, to attend a school	勉强する
			공부하다	ходить в школу; читать
27	liǎo 了	v.	*used in conjunction with 得/不 after a verb*	(動詞の後に得、不を伴い)～できる
			동사 뒤에 놓여 "得" "不" 와 연용하여서 가능이나 불가능을 표시함	*в конструкции ...得/不了*: означает соответственно возможность или невозможность данного действия
28	wèilái 未来	n.	future	未来
			미래	будущее

20 好咖啡总是放在热杯子里的

1	hánjià 寒假	n.	winter holiday	冬休み
			겨울방학	зимние каникулы
2	àiren 爱人	n.	husband or wife	夫、妻
			배우자	супруг

Elementary II ● 45

	拼音/汉字	词性	English	한국어	日本語 / Русский
3	jīngguò 经过	v.	to pass	경과하다, 거치다	通過する、経過する / проходить
4	měilì 美丽	adj.	beautiful	아름답다	美しい / красивый
5	qīngchén 清晨	n.	early mornig	새벽	早朝 / ранее утро
6	gēn 跟	v.	to follow	따라가다	後に従う / следовать
7	chuānguò 穿过	v.	to go through	빠져 나가다, 관통하다	突っ切る / пересекать
8	shíkuàir 石块儿	n.	stone	돌덩어리	石塊 / камень
9	pīn 拼	v.	to piece together	합치다	綴り合せる / составлять вместе
10	jiēdào 街道	n.	street	큰 길거리	街路 / улица
11	mùdìdì 目的地	n.	destination	목적지	目的地 / место назначения
12	tà 踏	v.	to tread, to stamp	디디다	踏む / топтать
13	hūrán 忽然	adv.	suddenly	갑자기	突然 / вдруг
14	zhèn 阵	mw.	measure word (for sth. that happens abruptly and lasts a short time)	짧은 시간, 잠시동안	(量詞) 一区切りの時間、現象、動作 / порыв
15	piāo 飘	v.	to blow, to drift about	나부끼다	漂う / плывать
16	sānsān-liǎngliǎng 三三两两		in or by twos and threes	둘씩 셋씩, 삼삼오오	ちらほら / парами

17	cí 瓷	n.	china, porcelain	磁器
			자기	фарфор
18	hòu 厚	adj.	thick	厚い
			두껍다	толстый
19	pěng 捧	v.	to clasp, to hold in both hands	両手で持つ
			받들다	нести на руках
20	jīngyà 惊讶	adj.	amazed, astounded	驚く
			놀라다	удивлённый
21	yí 咦	interj.	well, why (*expressing surprise*)	おや、あら (驚きの声)
			(감탄사) 우아	междометие удивления
22	zhuǎn shēn 转身		to turn round	体の向きを変える
			몸을 돌리다	поворачиваться
23	liáng 凉	adj.	cool	冷たい、涼しい
			차갑다, 서늘하다	прохладный
24	dàn 淡	adj.	light	薄い
			희박하다, 싱겁다	пресный
25	duān 端	v.	to hold sth. level	両手で平らに持つ
			두 손으로 받쳐 들다	держать
26	yuàn 愿	v.	to wish	望む
			바라다	желать
27	rènzhēn 认真	adj.	serious, earnest, conscientious	真剣な
			진지하다	аккуратный
28	zǐxì 仔细	adj.	careful	細かく
			세밀하다, 꼼꼼하다	тщательный
29	jiébái 洁白	adj.	pure white	真っ白な
			결백하다	чистый, белый
30	wēnnuǎn 温暖	adj.	warm	暖かい
			따뜻하다	тёплый
31	dàidòng 带动	v.	to drive, to spur on	動かす、率いる
			움직이게 하다, 이끌어 나가다	приводить во движение, стимулировать

专有名词　Proper Nouns

1	Ōuzhōu 欧洲	Europe 유럽	ヨーロッパ Европа
2	Luómǎ 罗马	Roma 로마	ローマ Рим

21　黄金周：痛痛快快玩儿一周

1	lǎojiā 老家	n.	hometown 고향	実家 родной город
2	chéng 城	n.	city 도시	都市 город
3	yǐwài 以外	n.	beyond, outside ~이외에	以外 кроме (кого-чего), за (чем)
4	zhǐyǒu…… cái…… 只有……才……		only if ~해야지만 비로소~하다, 오직~만이~	ただ~だけが~だ、~しかない только
5	liánzhe 连着	adv.	continuously, in succession 이어서, 연달아	連続して непрерывно
6	tuányuán 团圆	v.	to gather together once more after a separation, to reunion 한데 모이다, 함께 단란하게 지내다	団欒、一緒になる、再会する встречаться после разлуки
7	tuīxiāoyuán 推销员	n.	salesman 세일즈맨	セールスマン коммивояжёр
8	xiànmù 羡慕	v.	to envy, to admire 부러워하다	うらやむ завидовать
9	biàn 遍	v.	all over 널리 퍼져있다	あまねく обходить

10	yuànwàng 愿望	n.	wish, desire 소원	願い желание	
11	zhèngfǔ 政府	n.	government, administration 정부	政府 правительство	
12	shíxíng 实行	v.	to carry out 실행하다	実行する проводить	
13	huángjīnzhōu 黄金周	n.	the Golden week 골든위크	ゴールデンウィーク Золотая неделя	
14	xiū jià 休假		to take a vacation 휴가	休暇 отпуск	
15	zhìdù 制度	n.	system, regulation 제도	制度 режим	
16	Wǔ-Yī 五一	n.	the International Labour Day 노동절	メーデー Первое мая	
17	Shí-Yī 十一	n.	the National Day of China 국경절	国慶節 Национальный день Китая	
18	nándé 难得	adj.	hard to come by 구하기 힘들다	めったにない редкий (о шансе, возможности и т.д.)	
19	lǚxíngshè 旅行社	n.	travel agency 여행사	旅行会社 турагенство	
20	hǎibiān 海边	n.	seaside, beach 해변	海辺 побережье	
21	shài 晒	v.	to shine on, to bask in the sun 햇볕을 쬐다	晒す загорать	
22	tàiyáng 太阳	n.	sun 해, 태양	太陽 солнце	
23	cǎoyuán 草原	n.	grassland 초원	草原 степь	
24	mǎ 马	n.	horse 말	馬 конь; лошадь	

25	zhìdìng 制订	v.	to lay down, to work out	制定する	
			제정하다	разрабатывать, составлять	
26	shěng 省	n.	province	省	
			성	провинция	
27	pǔtōng 普通	adj.	common, ordinary	普通の	
			보통	обычный	
28	qīngnián 青年	n.	youth, young people	青年	
			청년	молодёжь	

专有名词　Proper Nouns

1	Héběi Shěng 河北省	Hebei Province	河北省	
		하북성	провинция Хэбэй	
2	Huáng Hé 黄河	the Yellow River	黄河	
		황하	река Хуанхэ	
3	Cháng Jiāng 长江	the Yangtze River	长江	
		양쯔(자)강	река Янцзы	

22　一个电话

1	érzi 儿子	n.	son	息子	
			아들	сын	
2	qùshì 去世	v.	to die, to pass away	亡くなる	
			돌아가시다	умирать	
3	kū 哭	v.	to cry	泣く	
			울다	плакать	
4	xìnggé 性格	n.	disposition, temperament	性格	
			성격	характер	
5	chéngjì 成绩	n.	result, grade	成绩	
			성적	достижение, успеваемость	
6	yuànyì 愿意	aux.	to be willing	～したいと思う、～と望む	
			원하다, ~하기를 바라다	хотеть	

7	tán huà 谈话		to talk 담화	談話する разговаривать	
8	jiéshù 结束	v.	to finish, to end 끝나다	終わる заканчивать	
9	quē kè 缺课		to be absent from class 결석하다	授業を欠席する отсутствовать на занятиях	
10	wùlǐ 物理	n.	physics 물리	物理 физика	
11	huàxué 化学	n.	chemistry 화학	化学 химия	
12	wàiyǔ 外语	n.	foreign language 외국어	外国語 иностранный язык	
13	kē 科	n.	subject, course 과목	科目 дисциплина	
14	jí gé 及格		to pass (a test) 합격하다	合格する удовлетворительно (в экзаменах)	
15	lián……yě/ dōu…… 连……也/ 都……		even 심지어	〜でさえ даже	
16	yāoqiú 要求	v.	to require 요구하다	要求する требовать	
17	pīpíng 批评	v.	to criticise 비평하다	批判する критиковать	
18	biǎoyáng 表扬	v.	to praise 표창하다	表彰する хвалить	
19	ài 唉	interj.	sound of deep breath (탄식을 나타내는 소리) 아이구	ため息をつく声 увы	
20	zuòyòng 作用	n.	result, effect 작용	作用 эффект	

21	yǎnlèi 眼泪	n.	tear 눈물	涙 слеза	
22	huídá 回答	v.	to answer 회답하다	答える отвечать	
23	chéngjìdān 成绩单	n.	school report 성적표	成績表 сведения об успеваемости	
24	jiāzhǎng 家长	n.	parent or guardian of a child 가장	家長 родители	
25	huì 会	n.	meeting 모임, 회의	会、集まり собрание	
26	jìde 记得	v.	to remember 기억하다	覚えている помнить	
27	diǎn tóu 点头		to nod 끄덕이다	うなずく кивать	
28	běnlái 本来	adv.	originally, at first 본래	もともと ведь	
29	kāi wánxiào 开玩笑		to make fun of 농담하다	冗談を言う шутить	
	wánxiào 玩笑	n.	joke, jest 농담	冗談 шутка	
30	juéxīn 决心	n.	determination 결심	決心 решительность	
31	chéngwéi 成为	v.	to become ~으로 되다	～になる становиться	
32	jiāo'ào 骄傲	adj.	proud 자랑	誇り гордый	

23 笑话

#					
1	kāi xué 开学		to start school 개학하다	始業する (занятия) начинаться	
2	bānzhǔrèn 班主任	n.	head, teacher in charge of a class 학급 담임	クラス担任 начальник класса	
3	jiào 叫	v.	to ask, to let 부르다	呼ぶ приказывать, заставлять	
4	jù cān 聚餐		to have a dinner party 회식하다	会食する обедать вместе	
5	jì 既	conj.	not only ~할 뿐만 아니라	～でもあれば～でもある не только ... (но и)	
6	bānhuì 班会	n.	classwide meeting 학급 회의	学級会 классное собрание	
7	gōutōng 沟通	v.	to communicate 교류하다	交流する общаться	
8	bào dào 报到		to register, to check in 도착 등록하다	到着を報告する явиться в срок	
9	yúshì 于是	conj.	thereupon, hence 그래서	そこで итак	
10	jǐn 紧	adj.	tight, close 바싹 다가가 있다	ぴったりくっついている тугой	
11	āi 挨	v.	to be next to (*often used with 着*) 가까이 가다	寄り添う находиться вплотную	
12	jiēzhe 接着	v.	to follow (*a speech or action*) 연이어	続く(話や動作) затем	
13	dùn 顿	mw.	*measure word (for meals, etc.)* (양사)음식이나(끼니) 꾸지람에 쓰임	(助数詞)食事、叱責等 *счётное слово для завтрака, обеда и ужина*	

Elementary || 53

14	xiǎo shēng 小声		unloudly		小声で
			작은 소리		тихо
15	hāhā 哈哈	ono.	ha ha, to laugh heartily		ハハ(笑い声)
			하하		xa-xa
16	cóngqián 从前	n.	once upon a time		以前
			이전		раньше
17	yànhuì 宴会	n.	banquet, feast		宴会
			연회		банкет
18	dāying 答应	v.	to promise, to reply		承諾する
			대답하다, 승낙하다		обещать, соглашаться
19	shēngyīn 声音	n.	sound, voice		声(人・動物)、音(物)
			소리		звук
20	wūzi 屋子		house, room		部屋、家
			방, 집		дом, комната
21	bùguǎn…… dōu…… 不管…… 都……		however, whatever		～であろうと、～にもかかわらず
			~에 관계 없이 다~하다, ~을 막론하고 다~하다		как (кто, что...) ни...
22	mào 冒	v.	to risk		あえて向かっていく、冒す
			무릅쓰다, 나아가다		рисковать
23	shìde 似的	part..	rather like		(まるで)～のような
			(마치)~과 같다		подобно, как будто
24	mō 摸	v.	to touch		触る
			만지다		трогать
25	liǎn 脸	n.	face		顔
			얼굴		лицо
26	niúnǎi 牛奶	n.	milk		牛乳
			우유		молоко
27	máojīn 毛巾	n.	towel		タオル
			수건, 타월		полотенце
28	dòng 冻	v.	to freeze		凍る
			얼다		замораживать

29	liánmáng 连忙	adv.	immediately, instantly	急いで、慌てて
			얼른, 재빨리	тут же, поспешно
30	cā 擦	v.	to rub, to wipe	拭く
			닦다	тереть
31	fūren 夫人	n.	wife	夫人
			부인	жена
32	gǎn 敢	aux.	to dare	敢えて
			감히	суметь
33	miànbāo 面包	n.	bread	パン
			빵	хлеб
34	fēi……bùkě 非……不可		must	絶對~しないといけない
			~하지 않으면 안 된다	без (кого-чего) не обходиться
35	bào jǐng 报警		to call the police	（警察などへ）危急を知らせる
			경찰에 긴급 사태를 알리다	вызывать полицию

专有名词　Proper Nouns

1	Tāng 汤		a surname of Chinese people	スープ
			국	фамилия Тан
2	Cài 蔡		a surname of Chinese people	(姓氏)サイ
			(성씨)채	фамилия Цай
3	Fàn 范		a surname of Chinese people	(姓氏)ハン
			(성씨)범	фамилия Фанъ

24　人生

1	zhéxuéjiā 哲学家	n.	philosopher	哲学者
			철학가	философ
2	mí 迷	v.	to enchant	ハマっている
			심취하다	увлекаться
3	gūniang 姑娘	n.	girl, lady	未婚の女性、少女、娘
			시집가지 아니한 여자, 딸	девушка

#	Pinyin / 汉字	词性	English	翻译
4	qiāo 敲	v.	to knock at / 두드리다	叩く / стучать
5	qīzi 妻子	n.	wife / 아내	妻 / жена
6	cuòguò 错过	v.	to miss / 기회를 놓치다	(時機を)失う / пропускать
7	réngrán 仍然	adv.	still / 여전히	依然と / всё ещё
8	yánjiū 研究	v.	to study, to research / 연구하다	研究する / изучать
9	zhéxué 哲学	n.	philosophy / 철학	哲学 / философия
10	jīngshen 精神	n.	spirit / 정신	精神 / дух
11	huàichù 坏处	n.	harm, disadvantage / 나쁜 점	欠点 / вред, минус
12	fēnbié 分别	adv.	respectively, separately / 각각	別々に / в одельности
13	liè 列	v.	to list / 늘어놓다	並べる / называть, составлять, перечислять
14	fùzá 复杂	adj.	complicated / 복잡하다	複雑な / сложный
15	jiélùn 结论	n.	conclusion / 결론	結論 / вывод
16	xuǎnzé 选择	v.	to choose / 선택하다	選択する / выбирать
17	miànqián 面前	n.	in (the) face of, before / 앞	前 / в присутствии (кого)
18	jīnglì 经历	v.	to experience / 겪다, 경험하다	経験する / испытывать

19	qǔ 娶	v.	to marry (a woman)	娶る
			아내를 맞다	брать в жёны
20	bèi 被	prep.	*used in a passive sentence indicating that the subject is the receiver of the action*	～に～られる
			~에게~당하다	частица для образования страдательного залога глагола
21	dǎng 挡	v.	to ward off	阻む
			막다	защищать
22	jīhū 几乎	adv.	almost	ほとんど
			거의	почти
23	xiāngxìn 相信	v.	to believe	信じる
			믿다	верить
24	lín 临	v.	just before, on the point of (doing sth.)	面する
			임하다	перед (чем), около (чего)
25	suǒyǒu 所有	adj.	all	あらゆる
			모든	все
26	fēn 分	v.	to divide, to separate	分ける
			나누다	делить
27	duàn 段	mw.	segment, section, part	一区切り
			구간	раздел, часть
28	yóuyù 犹豫	adj.	hesitated	ためらう
			망설이다	сомневаться, колебаться

25 点心小姐

1	dǎ gōng 打工		to do manual work (*usu. temporarily*)	アルバイト（する）
			아르바이트(하다)	подрабатывать

2	fùzé 负责	v.	to be in charge of	責任を負う	
			책임지다	отвечать (за что)	
3	mài 卖	v.	to sell	売る	
			팔다	продавать	
4	diǎnxin 点心	n.	light refreshments, dessert	菓子	
			과자	десерт	
5	shēngyi 生意	n.	business, trade	商売	
			장사	бизнес, торговля	
6	yǐzi 椅子	n.	chair	椅子	
			의자	стул	
7	nàixīn 耐心	adj.	patient	根気	
			인내심	терпеливый	
8	qún 群	mw.	*measure word,* group	群れ	
			떼	*счётное слово для людей, животных и т.д.*	
9	jiànjiàn 渐渐	adv.	gradually	だんだん	
			점점	постепенно	
10	qiāoqiāo 悄悄	adv.	quietly, silently	こっそり	
			조용히	тихо, молча	
11	xiāngchǔ 相处	v.	to get along	付き合う	
			함께 지내다	сосуществовать, жить вместе	
12	qīnmì 亲密	adj.	intimate, close	親しい	
			친밀하다	близкий, интимный	
13	tì 替	prep.	for, on behalf of	代わる	
			대신	для (кого), вместо (кого)	
14	huán 还	v.	to return	返す	
			돌려주다	возвращать	
15	yánsù 严肃	adj.	strict, earnest	厳粛な	
			엄숙	серьёзный	

16	xiàng 向	prep.	toward 방향, 향하다	方向、向き (обращаться) к (кому-чему) (*направле-нный*) на (кого-что)
17	biǎoshì 表示	v.	to express, to show 표시하다	表示する выражать
18	ānquán 安全	adj.	safe 안전	安全な безопасный
19	liǎobuqǐ 了不起	adj.	remarkable, terrific 놀랍다, 뛰어나다	素晴らしい замечательный
20	wàihào 外号	n.	nickname 별명	あだ名 кличка
21	jiēdào 接到		to receive 받다	受け取る получать
22	nǚ'ér 女儿	n.	daughter 딸	娘 дочь
23	shāo 捎	v.	to bring to 가는 길에 전하다	ついでに持って行く присылать
24	huàr 话儿	n.	message 이야기	言葉 слово
25	shēnyè 深夜	n.	late night 심야	深夜 поздняя ночь
26	sījī 司机	n.	driver 운전사	運転手 водитель
27	péi 陪	v.	to accompany 동반하다	付き添う сопровождать
28	zhēnzhèng 真正	adj.	real, true, genuine 진정한	本物の подлинный, настоящий

普通高等教育"十一五"国家级规划教材　　国际中文教育精品教材"1+2"工程　　博雅国际汉语精品教材

博雅汉语·初级起步篇 II

Boya Chinese
Elementary

Third Edition ｜ 第三版
workbook 练习册

李晓琪　主编
徐晶凝　任雪梅　编著

北京大学出版社
PEKING UNIVERSITY PRESS

目录 CONTENTS

1	飞机晚点了	1
2	我想搬到外面去	5
3	她穿着一件黄衬衫	8
4	美国没有这么多自行车	10
5	这家餐厅的菜不错	12
6	广告栏上贴着一个通知	16
7	冰箱塞得满满的	18
8	比赛精彩得很	20
9	我进不去宿舍了	22
10	山上的风景美极了	24
11	西红柿炒鸡蛋	28
12	搬家	31
13	一封信	34
14	成功需要多长时间	38
15	请稍等	40
16	从哪一头儿吃香蕉	43
17	李军的日记	45
18	我看过京剧	48
19	如果有一天……	51
20	好咖啡总是放在热杯子里的	54
21	黄金周：痛痛快快玩儿一周	57
22	一个电话	61
23	笑话	64
24	人生	68
25	点心小姐	71

Fēijī wǎn diǎn le
飞机晚点了

一 辨字组词 Make words or phrases with the given characters

奇（　　）　欢（　　）　母（　　）　回（　　）　问（　　）

骑（　　）　次（　　）　每（　　）　四（　　）　间（　　）

二 写出反义词 Write antonyms to the given words

正点_____　　　晴_____　　　接_____

父亲_____　　　进_____

三 选词填空 Fill in the blanks with the following words

看见　查　接　回国　遇到　起飞　奇怪

1. 我在机场（　　）李军了，他是来（　　）姐姐的。

2. 我送父母（　　），他们的飞机（　　）以后我才回来。

3. 昨天我在朋友家（　　）了一只小狗，非常可爱。

4. 我去找他，没有找到，真（　　）！我让服务员（　　）了一下儿，才知道他换了房间。

四 用指定的词语回答问题 Answer the following questions with the given words

飞机　航班　正点　晚点　起飞　接　送　回国　奇怪　查

1. 你来中国的时候，你的父母/朋友有没有到机场送你？

_____

2. 你到中国的时候，有人去机场接你了吗？

_____

3. 坐飞机来中国的时候，你坐的航班晚点了吗？

   _____

4. 第一次坐飞机的时候，你觉得怎么样？

   _____

5. 你喜欢坐飞机吗？为什么？

   _____

五 用"一……就……"看图说句子

Look at the pictures and make sentences with "一……就……"

1. _____

2. _____

3. _____

4. _____

5. _____

六 用"是……的"把下列句子变成强调句

Rewrite the following sentences with "是……的"

1. 玛丽<u>昨天</u>去清华大学玩儿了。

   → _____

2. 中村<u>去年</u>回国了。

   → _____

3. 李军<u>在书店</u>遇到了老师。

   → _____

4. 大卫<u>骑自行车</u>去公园了。

   → _____

5. 李老师<u>用手机</u>给我打了一个电话。

   → _____

6. 昨天晚上大卫<u>和朋友</u>在酒吧聊天儿了。

   → _____

7. 我<u>自己一个人</u>去看电影了。

   → _____

8. 大卫<u>去机场</u>送姐姐了。

   → _____

七 用指定的格式完成对话　Complete the dialogues with the given expressions

1. A：你父母回国了吗？

   B：回了。

   A：他们是什么时候回国的？

   B：_____。（是……的）

2. A：你这件衣服真漂亮，在哪儿买的？

   B：_____。（是……的）

3. A：_____，他怎么还没来？（都……了）

   B：别着急，他说一会儿就到。

4. A：_____，累死了！（都……了）

   B：今天的作业太多了，没办法，继续（jìxù，to continue）做吧。

5. A：你们两个怎么一起来了？

   B：_____，所以就一起来了。（一……就……）

6. A：今天是星期六，图书馆不开门吗？

   B：图书馆一个星期只开五天，_____
   _____。（一……就……）

Wǒ xiǎng bāndào wàimiàn qù
我想搬到外面去

一 辨字组词 Make words or phrases with the given characters

外（　）　房（　）　租（　）　平（　）　遇（　）

处（　）　方（　）　姐（　）　半（　）　寓（　）

二 用线把 A、B 两组词连起来 Link the words of A, B Columns

A	B	A	B
水平	晚点	接	家
汉语	起飞	睡	汉语
航班	高	搬	朋友
飞机	流利	练习	懒觉

三 选词填空 Fill in the blanks with the following words

　　搬家　注意　发现　练习　进步

1. 他常常参加中国朋友的聚会，（　　）汉语，所以（　　）很快。
2. 以前的公寓房租比较贵，所以我最近（　　）了。
3. 你（　　）没有，已经好久没看见大卫了，他回国了吗？
4. 这家酒吧真不错，是谁（　　）的？

　　方便　合适　流利　主要

5. 我现在住在学校的宿舍，住在这里很（　　），离图书馆、教室都很近，但是我不习惯和别人一起住，所以打算搬家。

6. 这件衣服不是不漂亮，（　　）是我不喜欢它的颜色，太红了，对我不（　　）。

7. 他说汉语说得很（　　）。

四 仿照例句改写句子 Rewrite the following sentences according to the example

例：他 1.90 米，我 1.70 米。

→ 他比我高。　→ 他比我高多了。

他 1.90 米，我 1.85 米。

→ 他比我高。　→ 他比我高一点儿。

1. 今天 32 度，昨天 25 度。

→ _____

→ _____

2. 他家 280 平方米，我家 100 平方米。

→ _____

→ _____

3. 这个学校有 200 个留学生，那个学校有 210 个留学生。

→ _____

→ _____

4. 这本书有 980 个汉字，那本书有 1000 个汉字。

→ _____

→ _____

5. 这件衣服 200 块钱，那件衣服 600 块钱。

→ _____

→ _____

五 用指定的格式完成对话 Complete the dialogues with the given expressions

1. A：你住在哪儿？

　　B：_____。（A 离 B……）

2. A：你为什么上课常常迟到?
   B：＿＿＿＿＿＿＿＿＿＿＿＿＿＿＿＿＿＿＿＿＿。（最主要的是……）

3. A：听说你很喜欢打太极拳，为什么?
   B：＿＿＿＿＿＿＿＿＿＿＿＿＿＿＿＿＿＿＿＿＿。（对……有好处）

4. A：你怎么知道他的名字?
   B：＿＿＿＿＿＿＿＿＿＿＿＿＿＿＿＿＿＿＿＿＿＿。（以前）

5. A：李军最近看起来不太高兴。你想知道为什么吗?
   B：为什么？快说，快说!
   A：以前他觉得自己有很多朋友，最近他发现＿＿＿＿＿＿＿＿＿＿。（原来）
   B：哦，原来是这样啊。

六 翻译下面的句子　Translate the following sentences into Chinese

1. A：Where do you live?
   B：I live outside the school. But my apartment is not far from school.

2. A：What kind of music do you like?
   B：Before I only like classic（古典，gǔdiǎn）music, now I began to like pop（流行，liúxíng）music.

3. A：This book has 240 Chinese characters, but that book only has 120 Chinese characters.
   B：The Chinese characters in that book are so much fewer than those in this book.

4. A：Three days ago, I moved to a new apartment.
   B：Why? I think your old apartment is good.
   A：But the rent of the old apartment is more expensive than that of the new one.

Tā chuānzhe yí jiàn huáng chènshān
她穿着一件黄衬衫

一 辨字组词　Make words or phrases with the given characters

记（　　）　晴（　　）　去（　　）　牛（　　）　启（　　）

纪（　　）　睛（　　）　丢（　　）　午（　　）　名（　　）

二 注音并组词　Write the pronunciations of the characters and make words

长 { （　　）____ ／ （　　）____ }　　背 { （　　）____ ／ （　　）____ }　　觉 { （　　）____ ／ （　　）____ }

行 { （　　）____ ／ （　　）____ }　　便 { （　　）____ ／ （　　）____ }

三 选词填空　Fill in the blanks with the following words

　　散　长　背　寻　丢　拾　联系　感谢

1. 李明的孩子走（　　）了，他很着急。他的孩子五岁多，大眼睛，长头发，（　　）得很漂亮。他写了一个（　　）人启事，希望见到他女儿的人打电话和他（　　）。

2. 前天，我的词典（　　）了，学习的时候很不方便，有一个同学（　　）到了，送到了我的宿舍，我真的非常（　　）他。

3. 他（　　）着一个大旅行包去旅行了。

3 她穿着一件黄衬衫

四 看图，用"处所词 + 有 + O"描述下列各图
Describe the following pictures with "处所词 + 有 + O"

1. _____

2. _____

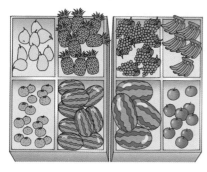

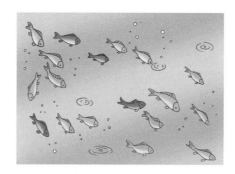

3. _____

4. _____

五 用指定的格式完成对话 Complete the dialogues with the given expressions

1. A：你的朋友什么样子？

   B：_____。（V + 着 + O）

2. A：你做作业的时候有什么习惯？

   B：_____。（V₁ + 着 + V₂）

3. A：明天你有什么安排？

   B：_____。（或者）

4. A：那位打太极拳的老人身体真好，他多大年纪了？

   B：_____。（七八十岁）

5. A：北京的冬天冷不冷？一般多少度？

   B：_____。（左右 / 多）

6. A：那座山有多高？

   B：_____。（有 + 数量词 + adj.）

Měiguó méiyǒu zhème duō zìxíngchē
美国没有这么多自行车

一 辨字组词 Make words or phrases with the given characters

积（　　）　观（　　）　种（　　）　旅（　　）　达（　　）

识（　　）　现（　　）　钟（　　）　族（　　）　进（　　）

二 用适当的词语填空 Fill in the blanks with appropriate words

方便的（　　）　　有名的（　　）　　发达的（　　）

壮观的（　　）　　流利的（　　）　　奇怪的（　　）

三 选词填空 Fill in the blanks with the following words

　　　　　　　发达　　发展　　发现

1. 这个城市不太（　　），人们的生活水平不高。

2. 这些年，北京（　　）了公共交通，人们出门方便多了。

3. 去年我回了一趟老家，（　　）很多地方都变了。

　　　　　　　上班　　上学　　上车　　上街

4. 每天早上，我先送孩子（　　），然后再去（　　）。

5. 下午，我打算（　　）买东西。

6. 老年人（　　）下车都不太方便，应该小心。

四 把下列句子改成否定句 Change the following sentences into negative ones

1. 他的汉语水平比我高。

　→ _____

2. 饺子比米饭好吃。

　→ _____

3. 喝白酒比喝啤酒容易醉。

   → _____

4. 今天比昨天热多了。

   → _____

五 用"和……一样"或"像……一样"改写句子
Rewrite the following sentences with "和……一样" or "像……一样"

1. 哥哥是大学生，弟弟也是大学生。

   → _____

2. 妈妈长得很漂亮，姐姐的样子很像妈妈。

   → _____

3. 她唱歌唱得很好，有人说她应该去做歌手。

   → _____

4. 玛丽说汉语说得很流利，好像中国人。

   → _____

5. 她对我非常好，好像我姐姐。

   → _____

六 用指定的格式完成对话　Complete the dialogues with the given expressions

1. A：你觉得汉语难不难？

   B：_____。（比如说）

2. A：你的同学每天怎么来学校上学？

   B：_____。（有的……有的……）

3. A：很多中国人喜欢包饺子，你知道为什么吗？

   B：_____。（另外）

4. A：周末了，你怎么不出去玩儿呢？

   B：_____。（到处）

5. A：听说你们晚上要开联欢会，为什么？

   B：_____。（一是……二是……）

Zhè jiā cāntīng de cài búcuò
这家餐厅的菜不错

一 辨字组词 Make words or phrases with the given characters

饱（　　）　环（　　）　偶（　　）　第（　　）　费（　　）

饭（　　）　坏（　　）　便（　　）　弟（　　）　贵（　　）

二 用线把A、B两组词连起来 Link the words of A, B columns

A	B		A	B
接	家		酒水	晚点
搬	车		汉语	免费
背	菜		飞机	热情
开	航班		态度	流利
煮	朋友		价钱	公道
点	旅行包			
查	方便面			

三 写出反义词 Write antonyms to the given words

晴_____　　远_____　　接_____　　正点_____

慢_____　　饿_____　　长_____　　以前_____

上班_____　　里面_____

四 写出量词 Write the measure words

一（　）餐厅　　一（　）女士　　一（　）菜系　　一（　）笔

一（　）衬衫　　一（　）公寓　　一（　）牛仔裤　　一（　）本子

5 这家餐厅的菜不错

五 选词填空 Fill in the blanks with the following words

> 起飞　遇到　发现　注意　联系　感谢　开张

1. 飞机（　　）以前，（　　）了一点儿问题，所以晚点了。
2. 我们的餐厅今天能（　　），应该（　　）朋友们的帮助。
3. 昨天我（　　）了一个老同学，我们已经很久没有（　　）了。
4. 你（　　）没有？今天老张的脸色好像不太好。

> 奇怪　方便　合适　主要　发达　现在　壮观

5. 我想换一个公寓，（　　）的公寓太小了，一家人住不太（　　）。
6. 我放在包里的东西不见了，真是（　　）。
7. 这个课本对我不（　　），（　　）是汉字太多，也太难了。
8. 这个城市的汽车工业很（　　），路上的汽车像河流一样，很（　　）。

> 就　再　还　刚　从　都　对　跟　真　像

9. 李军的女朋友（　　）在清华大学中文系学习。
10. 他（　　）（　　）外面回来，（　　）没吃饭呢。
11. 今天你（　　）朋友去玩儿了吧？你们（　　）去哪儿了？
12. 那是你姐姐吧？你和姐姐长得真（　　）。
13. 玛丽说那家餐厅的菜（　　）好吃，不过，这个星期我没有时间，下星期咱们（　　）去吧。
14. 和中国人住在一起，（　　）学习汉语有好处。

六 用指定的格式改写句子 Rewrite the sentences with the given expressions

1. 她的衬衫是白色的，牛仔裤是蓝色的，手里有一束花儿。
   → _____（V+着+O）

2. 李军今年二十二岁，大卫二十四岁。
   → _____（A 比 B + adj.）

3. 我出门以后，马上遇到了小王。
   → _____（一……就……）

4. 我来机场接朋友，不是送朋友。

　　→ _____（是……的）

5. 从我的宿舍到教室，走路五分钟就到了。

　　→ _____（离……）

6. 已经打了三次电话了，还是没有人接，他不在家吗？

　　→ _____（都……）

7. 上次考试没有考好，这次还是没考好。

　　→ _____（和……一样）

8. 今天小张回家，小刘去图书馆学习，小李和朋友聚会，大家都不在宿舍。

　　→ _____（有的……有的……）

9. 坐飞机到北京，要两个小时。

　　→ _____（V + 到 + place）

10. 我洗衣服，衣服干净了。

　　→ _____（V + adj.）

七　用指定的格式完成句子　Complete the sentences with the given expressions

1. 学好汉语，方法最重要，_____。（比如说）

2. 星期天我不想去逛街，_____。（到处）

3. 我跟他很少联系，_____。（偶尔）

4. 这件衣服很漂亮，_____，我也买了一件。（算）

5. 因为我喜欢做饭，所以我想搬到校外去住，_____。（另外）

八　用指定的格式完成对话　Complete the dialogues with the given expressions

1. A：来找我的那个人多大岁数？长什么样子？

　 B：_____。（……多/左右）

2. A：速冻饺子好吃吗？

　 B：_____。（A 没有 B + 这么/那么 + adj.）

3. A：你丢的旅行包里都有什么？

　 B：_____。（有……）

4. A：你不是这儿的人吧？

   B：_____。（以前）

5. A：小女孩十三四岁的年纪，真漂亮。

   B：是啊，_____。（像……一样）

九 写作　Composition

请用本单元语言点，写作一个对话或者段落。

Please write a conversation or a short paragraph and try to use the language points in this unit.

Guǎnggàolán shang tiēzhe yí ge tōngzhī
广告栏上贴着一个通知

一 辨字组词 Make words or phrases with the given characters

活（　　）　读（　　）　为（　　）　背（　　）　运（　　）

话（　　）　续（　　）　办（　　）　育（　　）　远（　　）

二 选词填空 Fill in the blanks with the following words

　　　　　　　参加　　参观

1. 我想报名（　　）太极拳班。

2. 昨天我和朋友们一起去（　　）了一个展览。

3. 学校鼓励同学们（　　）篮球比赛。

4. 我带你们（　　）一下儿学校的图书馆。

　　　贴　围　办　发生　交流　组织　鼓励　举办

5. 父母总是（　　）我和弟弟积极参加体育运动。

6. 我们学校经常（　　）学生参加一些国际（　　）活动。

7. 玛丽宿舍的墙（qiáng, wall）上（　　）着她们全家人的照片（zhàopiàn, photo）。

8. 我明年要去国外留学，现在正在（　　）手续呢。

9. （　　）了什么事？为什么路上（　　）着那么多人？

10. 学院要（　　）一次篮球比赛，你想参加吗？

三 用"为了"组词成句 Make sentences with the given words and "为了"

1. 练习听力　　　　　每天看电视

_____

2. 上网方便　　　　　买了一台电脑

_____

3. 锻炼身体　　　　　　　　参加太极拳班
　　_____

4. 送父母回国　　　　　　　三点就到了机场
　　_____

5. 请朋友吃中国菜　　　　　学会包饺子
　　_____

6. 参加学校的活动　　　　　马上去办公室报名
　　_____

四 用"处所词 + V + 着 + q. + n."组词成句

Make sentences with the given words and "处所词 + V + 着 + q.+ n."

1. 桌子上　　　　放　　　　书、本子和笔
　　_____

2. 教室门口　　　站　　　　学生
　　_____

3. 广告栏上　　　贴　　　　通知
　　_____

4. 公共汽车上　　坐　　　　人
　　_____

5. 词典上　　　　写　　　　大卫的名字
　　_____

五 用"V + 来 / 去"填空　　Fill in the blanks with "V + 来 / 去"

1. 我在楼下，你快（　　　）。

2. 大卫，快看，你的朋友在楼上叫你，你快（　　　）吧。

3. 外边很冷，你们别在外边，快（　　　）。

4. 老师，外边很舒服，我们不想在教室上课，我们（　　　）上课吧。

5. 好，你（　　　）吧，我在家等你。

6. 他们在学校等你，你快打车（　　　）吧。

7. 玛丽，你什么时候（　　　）？我和妈妈都很想你。

8. 学校快放假了，很快就可以（　　　）美国（　　　）了，太高兴了！

7 冰箱塞得满满的
Bīngxiāng sāi de mǎnmǎn de

一 辨字组词 Make words or phrases with the given characters

冰（　　）　报（　　）　维（　　）　境（　　）　园（　　）

泳（　　）　服（　　）　谁（　　）　镜（　　）　圆（　　）

二 写出你所知道的同类词语

Try your best to write down words that you have learned

1. 动物：熊猫 _____

2. 饮料：可乐 _____

3. 家用电器：冰箱 _____

三 选词填空 Fill in the blanks with the following words

> 放　塞　猜　戴　换　满

1. 你（　　）这副墨镜样子有点儿老，（　　）一副吧。

2. 你（　　），你的手机（　　）在哪儿了？放到书下面了！

3. 我的书包太（　　）了，这些书（　　）到你的书包里吧。

四 把下列形容词变成重叠式，并分别造句

Change the adjectives into reduplication forms and then make sentences

例：　高→高高的　　她个子高高的，像个篮球运动员。

　　　　　　　　　那里有一座高高的山，山上有很多树。

　　　热闹→热热闹闹的　那条街上每天都热热闹闹的。

　　　　　　　　　　　我喜欢去热热闹闹的地方玩儿。

1. 甜→ _____　_____

2. 短→ _____　_____

3. 矮→ _____　_____

4. 简单 → _____ _____

5. 漂亮 → _____ _____

五 用指定的格式完成对话　Complete the dialogues with the given expressions

1. A：你不是去看电影了吗？怎么回来了？
   B：_____。（结果）

2. A：小王和他的女朋友毕业以后怎么样了？
   B：_____。（结果）

3. A：听说今晚的电影很不错，你没去看吗？
   B：_____。（再说）

4. A：你的感冒怎么还没好？
   B：_____。（得……了）

5. A：你好像很喜欢吃火锅？
   B：_____。（对……有好处）

6. A：你走累了吧？我们休息一下吧？
   B：_____。（不用）

六 用"V₁再V₂"组词成句　Make sentences with the given words and "V₁ 再 V₂"

1. 跑完步　　　　打太极拳
   _____

2. 去医院看完病　去学校上课
   _____

3. 看完电视　　　写作业
   _____

4. 看完比赛　　　吃晚饭
   _____

5. 下了课　　　　去图书馆学习
   _____

6. 找到公寓　　　搬家
   _____

8

Bǐsài jīngcǎi de hěn
比赛精彩得很

一 辨字组词 Make words or phrases with the given characters

精（　　）　操（　　）　厉（　　）　醒（　　）　踢（　　）

猜（　　）　澡（　　）　历（　　）　酸（　　）　跟（　　）

二 写出反义词 Write antonyms to the given words

输_____　　好_____　　进去_____　　上去_____

三 选词填空 Fill in the blanks with the following words

> 精彩　简单　厉害　倒霉　加油　浪费　洗澡　胜利

1. 明天我们去给你们球队（　　），你们一定会（　　）的。

2. 昨天的足球比赛太（　　）了！特别是那个9号，真（　　），一个人进了三个球。

3. （　　）的时候，水放小一点儿，别（　　）水。

4. 真（　　），这么（　　）的问题都回答错了。

四 写出趋向补语 Fill in the blanks with directional complements

1. 你们太慢了吧？我们已经到山顶半个小时了。你们快跑（　　）吧。

2. 你站（　　），这是我的座位，不是你的。

3. 我要多买一些礼物寄（　　）家（　　）。

4. 你什么时候（　　）？爸爸妈妈都很想你。

5. 把手举起来，钱都拿（　　），都给我！

6. 你别在外面站着，快（　　）吧。

7. 有一个人向我走（　　），可是我不知道他是谁。

8. 你家在哪儿？从这儿开（　　）得多长时间？

9. 我妈妈敲（qiāo，to knock）门叫我（　　），说有事跟我说。

10. 从山顶（shāndǐng，mountaintop）走（　　）山（　　），得用30分钟。

五 用"一V，……"格式完成下列句子　Complete the sentences with "一V，……"

1. _____，原来是大卫找我。

2. _____，下雪了。

3. _____，这次考试不太难。

4. _____，今天的车票卖完了。

六 用指定的格式完成对话　Complete the dialogues with the given expressions

1. A：这本书你看完了吗？
   B：_____。（好不容易）

2. A：听说昨天的篮球比赛你们和数学系打平了？
   B：_____。（好容易）

3. A：听说你们的飞机晚点了，是为什么呢？
   B：_____。（就这样）

4. A：你怎么感冒了？
   B：_____。（刚……就）

5. A：冰箱里的水果好像坏了吧？
   B：_____。（怪……）

6. A：真倒霉，我的自行车又没气了。
   B：_____。（只好）

7. A：这次考试怎么样？
   B：_____。（adj.+得很）

8. A：冰箱里的东西多吗？
   B：_____。（adj.+得+不得了）

Wǒ jìn bu qù sùshè le
我进不去宿舍了

一 辨字组词 Make words or phrases with the given characters

匙（　　）　轻（　　）　掌（　　）　钥（　　）　拐（　　）

题（　　）　经（　　）　拿（　　）　阴（　　）　拾（　　）

二 写出近义词 Write near-synonyms to the given words

立刻_____

三 选词填空 Fill in the blanks with the following words

> 挂　摔　跳　落　飞　脱　拐　掉

1. 我（　　）下衣服，（　　）在墙上，可是风一吹，衣服就（　　）在地上了。
2. 他从树上往下（　　），不小心（　　）倒了，今天走路有点儿（　　）。
3. 有一只小鸟（niǎo, bird）（　　）过来，（　　）在了我的窗户外。

> 危险　清楚　突然　立刻　顺利

4. 快下班时，（　　）下雨了。朋友打电话让我去接她。接到电话，我（　　）开车出门。因为下雨，看不（　　）路，有点儿（　　）。不过还好，一路都很（　　），没出什么事情。

四 用可能补语完成句子 Complete the sentences with potential complements

1. 老师说得太快了，_____。
2. 作业太多了，_____。
3. 老师，你写的字太小了，_____。
4. 那座山太高了，_____。
5. 衣服太脏了，_____。

6. 没问题，你说吧，他学过汉语，_____。

7. 早上八点上课，我已经习惯了，_____。

8. 你放心，早上六点我就去排队买票，_____。

9. 我戴上眼镜就能_____。

10. 桌子这么大，门这么小，你们_____？

五 用"V 来 V 去"完成句子 Complete the sentences with "V 来 V 去"

1. 今晚的电视没意思，_____。

2. 他很喜欢唱歌，可是会唱的歌不多，_____。

3. 我家有几条金鱼，_____。

4. _____，我觉得这两个专业都不错。

5. _____，我还是觉得这家餐厅的饭菜又便宜又好吃。

六 用指定的格式完成对话 Complete the dialogues with the given expressions

1. A：你不认识我了吗？我是你的小学同学呀！
   B：_____。（一下子）

2. A：我们现在出发，应该没问题吧?
   B：_____。（来得及/来不及）

3. A：听说王老师生病住院了。
   B：_____。（突然）

4. A：同学，我想去图书馆，请问该怎么走？
   B：_____。（往）

5. A：快来看，窗外有一只鸟。
   B：_____。（V 走）

Shān shang de fēngjǐng měijí le
山上的风景美极了

一 辨字组词 Make words or phrases with the given characters

农（　　）　老（　　）　村（　　）　栏（　　）　区（　　）

衣（　　）　考（　　）　衬（　　）　烂（　　）　巨（　　）

二 写出量词 Write the measure words

一（　　）出租车　　一（　　）蚊子　　一（　　）照片

一（　　）幼儿园　　一（　　）墨镜　　一（　　）巨龙

一（　　）字　　　　一（　　）冰箱　　一（　　）画儿

三 用线把A、B两组词连起来（你能找出所有的搭配吗） Link the words of A, B columns (can you find all the combinations)

A	B	A	B
登	东西	参观	食物
挂	长城	举办	活动
扔	通知	组织	时间
摆	衣服	浪费	球队
脱	球门	塞满	比赛
射	眼镜	听见	农村
贴	鲜花	参加	声音
戴	画儿		

四 选词填空 Fill in the blanks with the following words

危险　灿烂　雄伟　清楚　突然　厉害　精彩　后悔

1. 事情发生得很（　　　），我不知道应该怎么办。

10 山上的风景美极了

2. 晚上一个人出去有点儿（　　），应该和朋友一起出去。

3. 昨天的比赛很（　　），他们一共踢进了四个球，你没有去看一定很（　　）。

4. 今天蓝天白云，阳光（　　），是个难得的好天气。

5. 那座山有六千多米高，非常（　　）。

6. 他真是（　　），汉语说得又（　　）又流利。

> 上去　下来　回去　过去　进来　出去　起来

7. 谁呀？请（　　）。

8. 外面下雨了，今天别（　　）了。

9. 明天早上学校组织我们去郊区参观，我要早点儿（　　）。

10. 爬长城真的很累，爬（　　）再走（　　），腿疼死了。

11. 河那么宽，我们游不（　　）。

12. 天都黑了，咱们（　　）吧。

> 的　地　得

13. 这是我（　　）T恤衫，不是他（　　）。

14. 朋友送给我（　　）闹钟很漂亮。

15. 真是一次精彩（　　）比赛！

16. 他轻轻（　　）走过去。

17. 快考试了，你复习（　　）怎么样了？

18. 我们都听（　　）见，没关系。

五 用指定的格式改写句子　Rewrite the sentences with the given expressions

1. 我接到一封（fēng, *measure word for letters*）信（xìn, *letter*），打开以后，才知道是老同学寄来的。

   → _____。（一V，……）

2. 这些歌我听了很多次，好像每首歌都差不多。

   → _____。（V来V去）

3. 他点的菜太多了，我们吃了很长时间才吃完。

   → _____。（好不容易）

4. 王老师的孩子今年六岁，应该上学了。

   → _____。（得……了）

5. 我今天肚子不舒服，也不喜欢热闹，就不去参加联欢会了。

   → _____。（再说……）

6. 爸爸工作非常努力，是想让孩子们生活得好一些。

   → _____。（为了……）

7. 现在不能出发，大卫还没有来。

   → _____。（V₁ 再 V₂）

8. 大卫的房间有一张照片，是大卫射门的照片，很漂亮。

   → _____。［处所词（place）+V+着+q.+n.］

六 用指定的格式完成对话　Complete the dialogues with the given expressions

1. A：这件行李太重了，我帮你拿吧。

   B：_____。（V 得/不上去）

2. A：你怎么知道这个通知的？大卫告诉你的吗？

   B：不是，_____。［处所词（place）+V+着+q.+n.］

3. A：听说那儿的风景很漂亮，是吗？

   B：_____。（形容词重叠）

4. A：你这么努力学习，是要考研究生吗？

   B：_____。（为了……）

5. A：这个字是什么意思？

   B：_____。（想不起来）

6. A：下雨了，你还去跑步吗？

   B：_____。（V₁ 再 V₂）

7. A：你为什么想换专业？

   B：_____。（再说）

8. A：大家都不知道他在哪儿，你是怎么找到他的？

   B：_____。（好不容易才）

七 写作 Composition

请用本单元语言点，写作一个对话或者段落。

Please write a conversation or a short paragraph and try to use the language points in this unit.

11 Xīhóngshì chǎo jīdàn
西红柿炒鸡蛋

一 辨字组词　Make words or phrases with the given characters

拌（　　）　往（　　）　煮（　　）　营（　　）　单（　　）

胖（　　）　住（　　）　熟（　　）　常（　　）　草（　　）

二 用适当的词语填空　Fill in the blanks with appropriate words

切（　　）　炒（　　）　加（　　）　点（　　）　教（　　）

尝（　　）　煮（　　）　闻（　　）　倒（　　）　搅拌（　　）

三 选词填空　Fill in the blanks with the following words

> 迅速　可口　丰富　好看　好吃　熟　香

1. 在中国的留学生活非常（　　），每个星期都有不同的安排。

2. 他做的菜，色、（　　）、味都很好，又（　　）又（　　）。

3. 菜要炒（　　）才能吃，没炒熟的菜对身体没好处。

4. 那家餐厅的菜味道（　　），价钱公道，我们都喜欢去那里吃饭。

5. 听到爸爸生病的消息，他（　　）办好了回国手续。

> 特点　做法　营养　原料　家常菜

6. 这个（　　）的（　　）就是：（　　）简单，（　　）也挺便宜，（　　）还很丰富。

四 用下面的词语组成"把"字句　Make "把" sentences with the given words

1. 衣服　　　　　洗干净

_____

2. 学生证　　　　　　拿出来
_____

3. 照片　　　　　　　送给朋友
_____

4. 自行车　　　　　　摔坏
_____

5. 菜　　　　　　　　切成小块儿
_____

6. 通知　　　　　　　贴在墙上
_____

7. 足球　　　　　　　踢进门
_____

8. 蚊子　　　　　　　打死
_____

五 用"把"字句回答问题　Answer the questions with "把" sentences

1. 你的电视机坏了，你怎么办？（我得找人……）
_____

2. 第一次过海关（hǎiguān, customs），你不知道怎么做。海关人员可能对你说什么？（请你……）
_____

3. 你要回国了，你的东西怎么办？（我要……）
_____

4. 你有一封信想请 a 交给 b，你怎么对 a 说？（请你……）
_____

5. 你在停车场，一楼没有车位了，管理员要你去二楼，他可能怎么说？（你可以……）
_____

6. 你要去一个不太安全的地方，你要怎么做钱包才不会丢？（我应该……）
_____

7. 你的房间进水了,可地上有很多书,你怎么办?(我得……)
   _____

8. 你去银行换钱,怎么对银行的人说?(麻烦你帮我……)
   _____

9. 上课时,老师发现你的桌子上没有书,他可能对你说什么?(请你……)
   _____

六 用指定的格式完成对话 Complete the dialogues with the given expressions

1. A：今天的天气好像不太好。
   B：是呀,_____。(V 起来)

2. A：她包饺子包得又快又好,我也想试试。
   B：_____。(V 起来)

3. A："HSK"是什么考试呀?
   B：_____。(就是)

4. A：你觉得那家餐厅怎么样?
   B：_____。(就是)

5. A：你昨天去的那家新开张的饭馆,菜怎么样?
   B：_____。(又……又……)

6. A：你为什么那么喜欢那个孩子呢?
   B：_____。(又……又……)

Bān jiā
搬家

一 辨字组词 Make words or phrases with the given characters

司（　　）　居（　　）　起（　　）　期（　　）　条（　　）

同（　　）　苦（　　）　超（　　）　棋（　　）　务（　　）

二 给下面的动词填上适当的补语 Write the complements of the verbs

例：听见

放____　弄____　碰____　看____　搬____

切____　做____　炒____　教____　打____

三 选词填空 Fill in the blanks with the following words

　　　　辛苦　需要　小心　服务　满意　认为

1. 爸爸上班很（　　），回家后，我给他倒了一杯茶，让他休息一下儿。
2. 开车上山有些危险，应该（　　）。
3. 大卫对保洁公司的（　　）非常（　　）。
4. 我（　　），朋友就是在你（　　）的时候能帮你的人。

　　　　条件　顺序　姓名　超市　小区　居民

5. 我觉得这个（　　）的居住（　　）不错，附近有很多公共汽车站，离地铁站也不远。旁边还有一个大（　　），买东西很方便。住在这儿的（　　）很多是大学老师，邻居也不错。

6. 中国人（　　）的（　　）和欧美人不一样：中国人是姓在前面，名在后面；欧美人是名在前面，姓在后面。

四 把下列"把"字句改成否定句

Change the following "把" sentences into negative ones

1. 哥哥把碗摔坏了。

　　→ _____

2. 我把学生证给他了。

　　→ _____

3. 弟弟把行李搬到公寓去了。

　　→ _____

4. 你应该把鸡蛋打到碗里。

　　→ _____

5. 他想把花儿送给张红。

　　→ _____

6. 你把火点着。

　　→ _____

五 用"虽然……但是……"组词成句

Make sentences with the given words and "虽然……但是……"

1. 这件衣服很漂亮　　　价钱太贵了

_____

2. 我想去非洲（Fēizhōu, Africa）旅游　　　没有钱

_____

3. 他眼睛近视　　　不喜欢戴眼镜

_____

4. 我很想出去玩儿　　　明天有考试

_____

5. 水果对身体有好处　　　只吃水果也不好

_____

六 用指定的格式完成对话 Complete the dialogues with the given expressions

1. A：你的电视怎么了？
   B：_____。（把……弄坏）

2. A：_____。（看中）
   B：怎么了？我觉得挺不错的。

3. A：妈妈，这瓶牛奶（niúnǎi, milk）坏了，怎么办？
   B：_____。（把……V了）

4. A：_____？（劳驾）
   B：往前走，到路口往右一拐就到了。

5. A：你怎么找到我这儿的？
   B：_____。（按……）

6. A：汉语这么难，你还要继续学吗？
   B：_____。（虽然……，但是……）

7. A：你住的那个小区人多吗？
   B：_____。［处所词（place）＋是＋NP］

Yì fēng xìn
一封信

一 辨字组词   Make words or phrases with the given characters

体（　　）　封（　　）　助（　　）　基（　　）　谅（　　）

休（　　）　对（　　）　切（　　）　塞（　　）　凉（　　）

二 用线把A、B两组词连起来   Link the words of A, B columns

A	B
提高	外国朋友
交	这个汉字
习惯	一封来信
收到	汉语水平
进行	中国文化
了解	汉语会话
认识	吃中国菜

三 选词填空   Fill in the blanks with the following words

> 难过　努力　基本　地道　顺利　健康　开心

1. 她每天（　　）学习，现在汉语说得很（　　），她很（　　）。

2. 为了身体（　　），他常常打太极拳。

3. 我（　　）习惯了这儿的生活，工作学习都很（　　）。

4. 别（　　），这次考得不好，下次再努力。

> 有关系　没关系　有意思　没意思

5. 这件事是小王做的，和我（　　）。

6. 他告诉我这个电影很（　　），可是我觉得（　　），看了一半就走了。

7. 学好了汉语，我想找一个和中国（　　）的工作。

四 用指定的词语完成对话 Complete the dialogues with the given words

1. A：你跟小王的关系怎么样了，她不生气了吧？
   B：_____。（原谅）

2. A：_____？（一切）
   B：都办好了，下个星期就可以出发了。

3. A：大卫，你今天怎么没去参加玛丽的生日晚会？
   B：_____。（而且）

4. A：他学习真努力，现在听力水平已经提高很多了。
   B：_____。（基本）

5. A：这个菜的味道怎么样？
   B：_____。（地道）

五 用"不但……而且/还/也……"组词成句

Make sentences with the given words and "不但……而且/还/也……"

1. 打篮球　　　　踢足球

   _____

2. 中国菜　　　　日本菜

   _____

3. 汽车站　　　　地铁站

   _____

4. 爬山　　　　爬到山顶（shāndǐng, mountaintop）

   _____

5. 会包饺子　　　　包得很快

   _____

6. 他去　　　　我去

   _____

六 用"越来越……"改写下面的句子 Rewrite the following sentences with "越来越……"

1. 王老师的女儿现在比以前漂亮。
   → _____

2. 你今天做的菜比以前好吃。
   → _____

3. 我们的课比以前难了。
   → _____

4. 雨没有停,好像下得更大了。
   → _____

5. 我对中国的生活基本习惯了,有人说我是半个中国人了。
   → _____

6. 他的汉语水平比刚来中国时高多了。
   → _____

七 翻译下面的句子 Translate the following sentences into Chinese

1. He has taken part in a basketball competition.
   _____

2. Have you ever eaten Peking duck?
   _____

3. Have you ever rented an apartment?
   _____

4. Have you ever drunk beer?
   _____

5. He has never watched Chinese TV programs.
   _____

6. My teacher has never been late for class.
   _____

7. I have never lost purses.
   _____

8. We have met twice last month.
   _____

9. I have helped him three times.
   _____

10. We have organized the foreign students to visit a suburb of Beijing last year.
    _____

八 写作 Composition

模仿课文，给老师、家人或朋友写一封信。注意书写的格式。

Please write a letter to your teacher, family or friend. Notice the form and structure.

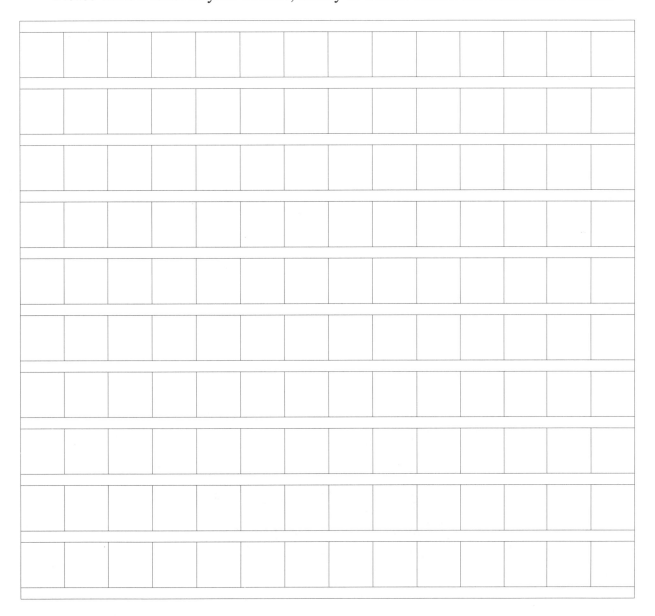

Chénggōng xūyào duō cháng shíjiān
成功需要多长时间

一 辨字组词 Make words or phrases with the given characters

功（　　）　实（　　）　辞（　　）　奖（　　）　览（　　）

助（　　）　买（　　）　甜（　　）　将（　　）　坚（　　）

二 选词填空 Fill in the blanks with the following words

以前　以后　后来　从前

1. （　　），人们不知道为什么会下雨。

2. （　　），我不习惯早睡早起，现在已经习惯了。

3. （　　）你不要来找我了，我马上就搬家了。

4. 刚来中国的时候，我没有朋友，（　　），我认识了很多中国朋友。

产生　暂时　同意　祝贺　坚持

5. 你的朋友在比赛中赢了，你们会怎么（　　）他？

6. 我还没找到住的地方，（　　）住在朋友家。

7. 你什么时候对画画儿（　　）了兴趣？

8. 你们都（　　）他的看法吗？

9. 不要总是（　　）自己的看法，有时候也应该听听别人的意见。

理想　实现　与　高中　以后　专门　毕业　得　其实

10. 　　每个人都有自己的（　　）。上（　　）的时候，我的英语很好，在一次英语比赛中还（　　）了一等奖。那时候，我的理想是长大（　　）当一名翻译。但是，上大学的时候，我学的是中文。大学（　　）以后，我当了老师，（　　）教留学生汉语。虽然我小时候的理想没有（　　），但是，我的工作也不是（　　）英语无关。（　　），只要坚持努力，我们就一定会成功。

三 用"只要……就……"回答问题 Answer the questions with "只要……就……"

1. 你喜欢看电影吗?

   → _____

2. 我能学好汉语吗?

   → _____

3. 我要找保洁公司帮我收拾一下儿房间,应该怎么找他们?

   → _____

4. 你喜欢吃什么?我给你做。

   → _____

四 选择下面的结果补语,并选用合适的动词完成句子

Choose the appropriate verbs and result complements to complete the sentences

完 见 到 着(zháo) 走 成 懂 去

1. 作业太多了,我好不容易才_____。

2. 你_____作业后才可以看电视。

3. 你_____没有?我叫了你很多遍了。

4. 你说,现在去买能_____吗?

5. 你_____钱包了吗?

6. 躺下来已经一个小时了,可是我还没有_____。

7. 买这件衣服_____了我 300 块钱。

8. 你别_____这个工作,现在找工作多难啊!

9. 你现在能_____中文小说吗?

10. 我的自行车被人_____了。

11. 这本书我不要了,你_____吧,送给你了。

12. 水在 0 度的时候,就会_____冰。

13. 请把土豆_____丝。

Qǐng shāo děng
请 稍 等

一 辨字组词　Make words or phrases with the given characters

讲（　　）　牌（　　）　静（　　）　午（　　）　炸（　　）

进（　　）　啤（　　）　净（　　）　牛（　　）　作（　　）

二 写出量词　Write the measure words

1. 他给我们讲了一（　　）事。

2. 我买了一（　　）外衣。

3. 天很热，喝（　　）啤酒吧。

4. 学校附近有（　　）饭店，又经济又实惠。

5. 那（　　）牌子上写着什么？

6. 最近大卫利用假期出去玩儿了一（　　）。

三 选词填空　Fill in the blanks with the following words

> 人家　他　你　我

1. A：大卫的汉语真好！（　　）怎么能说得那么流利呢？（　　）的汉语比他差远了。

   B：当然啦，（　　）在中国留了一年学，还有很多中国朋友，（　　）的汉语水平当然没有（　　）好了。

> 人家　咱们

2. A：（　　）都去看比赛，他怎么不去呢？

   B：（　　）正忙着复习准备考研究生，没有时间看比赛。

> 到处　饭店　实惠　周到　座位　自己

3. 以前，中国人一般都在家里（　　）做饭吃，来客人的时候，也很少去（　　）。

现在已经不是这样了。在城市里，饭店（　　）都是，每到吃饭的时候，总是坐满了人。有的饭店服务（　　），经济（　　），菜的味道也不错，如果去晚了，还常常没有（　　）呢。

四 用指定的格式完成对话　Complete the dialogues with the given expressions

1. A：他为什么有那么多朋友？
   B：因为_____。（不但……而且/还……）

2. A：刚来中国的时候，你不喜欢吃中国菜，现在喜欢了吗？
   B：_____。（越来越……）

3. A：中国有多少人口是农民？
   B：_____。（百分之……）

4. A：你写汉字写得怎么样？
   B：_____。（又……又……）

5. A：中国菜怎么样？
   B：_____。（V起来）

6. A：你说，我能学好汉语吗？
   B：一定能，_____。（只要……就……）

五 写出补语　Write the complements

1. 别着急，我马上就写（　　）了。
2. 这本书我不用了，你拿（　　）吧。
3. 这件衣服穿的时间太长了，要洗（　　）还真不容易呢。
4. 你怎么变（　　）这个样子了？我都不认识你了。
5. 我说了那么多遍，你没听（　　）吗？

六 用"把"字句讲讲下面的故事　Tell the story with "把" sentences

The farmer successfully transported a wolf, rabbit and cabbage across the river. Remember that if left together the wolf will eat the rabbit and the rabbit will eat the cabbage.

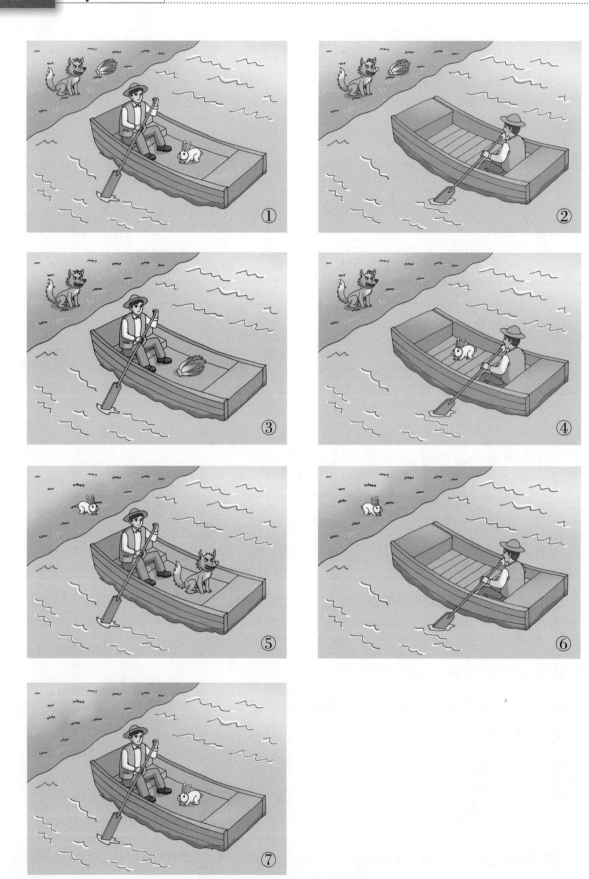

16 从哪一头儿吃香蕉
Cóng nǎ yì tóur chī xiāngjiāo

一 写出你知道的水果名称 Write the names of fruits that you know

_____

二 写出反义词 Write antonyms to the given words

细_____   失败_____   头儿_____

活_____   总是_____   难受_____

三 选词填空 Fill in the blanks with the following words

> 留下　启发　方式　角度　道理　差别

1. 这是他的心意，你就（　　）吧。
2. 城市和农村的（　　）已经越来越小了。
3. 看到苹果从树上落下来，牛顿（Niúdùn, Newton）受到了（　　）。
4. 你不要打孩子，应该给他讲（　　）。
5. 我不习惯他说话的（　　），所以我不喜欢他。
6. 从这个（　　）看，她非常漂亮，就这样给她照一张相吧。

> 总是　一直

7. 这家饭店服务周到，我来北京（　　）喜欢住这儿。
8. 今天从早上到现在，（　　）在下雨。
9. 每年的五六月，中国的南方（　　）天天下雨，人们把这个时期叫作"梅雨（méiyǔ, intermittent drizzles）季节"。
10. 你今天（　　）都不说话，怎么了？

> 改变　变成　变

11. 来中国后，他（　　）了对中国的看法。

12. 天气（　　）得越来越冷了。

13. 气温到零度以下时，水就会（　　）冰（bīng, ice）。

14. 秋天到了，叶子都（　　）黄了。

15. 叶子（　　）黄色以后，更漂亮了。

印象　必须　深刻　改变　任何

16. 我们第一次见到一个人，就会对他产生一个（　　）：喜欢他或者不喜欢他。这个印象有时候非常（　　），很难（　　）。但是，有时候，第一印象可能是不对的。我们（　　）注意这一点，不能戴上"有色眼镜"，因为（　　）事情都可能发生变化（biànhuà, change）。

四 用"才"完成对话　Complete the dialogues with "才"

1. A：你吃吧，我不吃了。

   B：怎么？＿＿＿＿＿＿＿＿＿＿＿＿＿＿＿＿？

2. A：起床吧。

   B：＿＿＿＿＿＿＿＿＿＿＿＿＿＿＿，再睡一会儿吧。

3. A：你们学校不太大，是吧？

   B：＿＿＿＿＿＿＿＿＿＿＿＿＿＿＿＿＿。

五 用"才"回答问题　Answer the questions with "才"

1. 你已经认识很多汉字了吧？（哪里　认识　300个汉字）

2. 你为什么很生气？（孩子　12岁　有男朋友）

3. 这件衣服一定很贵吧？（不贵　花　200块）

4. 你累吗？（不累　看　20分钟　书）

5. 我们该回家了。（不着急　现在　9点）

六 根据课文填空　Fill in the blanks according to the text

1. 一个朋友（　　）我说过一句话，（　　）我留下了深刻的印象。

2. 有些人吃香蕉总是（　　）尾巴开始剥。

3. 坚持（　　），他就能慢慢地（　　）烟戒掉。

17 李军的日记
Lǐ Jūn de rìjì

一 用线把A、B两组词连起来（你能找出所有的搭配吗） Link the words of A, B columns (can you find all the combinations)

A	B
山	
水平	高
风	大
个子	低
墙	矮
声音	

二 写出适当的介词或连词 Write the appropriate prepositions or conjuctions

1. 我（　　）他们照了一张相。

2. 我想（　　）你合张影，行吗？

3. 见面以后，你怎么（　　）朋友问好？

4. （　　）别人握手的时候，你应该怎么做？

5. 我常常（　　）老同学打电话。

三 选词填空 Fill in the blanks with the following words

> 从来　安排　似乎　实话　能够　痛快

1. 这个周末你有什么（　　）？可以告诉我吗？

2. 她总是很愉快，（　　）没有不高兴的事。

3. 毕业以后，你（　　）没见过他吗？

4. 说（　　）吧，我很不高兴。

5. 放假了，我要（　　）地睡一觉。

6.（　　）有机会认识你，我很高兴。

从来　曾经　已经

7. 我（　　）学过画画儿，但现在（　　）不画了。

8. 看汉语节目，他（　　）能听懂百分之八十了。

9. 我（　　）没吃过麦当劳，你相信（xiāngxìn, to believe）吗？

10. 他这个人（　　）都是这样，你别想改变他。

11. 他（　　）是一个大学老师，现在在公司上班。

聊天儿　大家　讨论　愉快　话题　回忆　傻　安排

12. 在中国，大学生一般都住在学校的宿舍里，一个宿舍常常有四五个学生。（　　）住在一起，像一家人一样。每天睡觉前，大家躺着（　　），（　　）旅行计划和活动（　　），等等，过得很开心。当然，也有关系不好的时候。这一切都是大学生活的一部分。所以，毕业以后，（　　）起大学生活，总是有很多共同的（　　）。想起曾经做过的（　　）事，大家都会觉得很（　　）。

四　用"一边……一边……"改写下面的句子

Rewrite the following sentences with "一边……一边……"

1. 姐姐听着音乐做作业。

　　→ _____

2. 孩子哭（kū, to cry）着叫妈妈。

　　→ _____

3. 他唱着歌洗衣服。

　　→ _____

4. 我们常常吃着饭聊天儿。

　　→ _____

五　用"除了……也/都……"改写下面的句子

Rewrite the following sentences with "除了……也/都……"

1. 我们都喜欢喝啤酒，大卫不喜欢。

　　→ _____

2. 我没有见到小王，其他的同学我都见到了。

→ _____

3. 我从星期一到星期五每天上课，周末不上课。

→ _____

4. 我喜欢吃饺子，也喜欢吃别的中国饭。

→ _____

5. 大卫坐飞机来中国，别的留学生也坐飞机来中国。

→ _____

六 用"有 + 时量词 + 没（有）+ V + 了"回答问题

Answer the questions with "有 + 时量词 + 没（有）+ V + 了"

1. 她最近（zuìjìn, recently）工作很忙吗？

→ _____。

2. 今年夏天天气怎么样？

→ _____。

3. 你们常常联系吗？

→ _____。

七 根据课文填空 Fill in the blanks according to the text

1. 高中毕业后，我们经常联系，但是除了（　　）电子邮件、（　　）微信、（　　）电话，从来也没有见过面。所以，能够（　　）一（　　），我们都非常高兴。离聚会的时间还（　　）一个多月，我们就开始做准备了。到母校以后，我们一起（　　）了相、（　　）了影，（　　）留念。

2. 我们高中同学约（　　），今年暑假一起回母校聚会。没见面以前，我有些担心，怕大家找不（　　）共同的话题。但是，没想（　　），大家见面后，一下子就回（　　）了过去。大家一起聊天儿，一直聊（　　）第二天早上。

Wǒ kànguo jīngjù
我看过京剧

一 选词填空 Fill in the blanks with the following words

> 以为 认为 觉得 想

1. 我一直（   ）汉语是最难的语言，今天才知道原来汉语不是最难的。
2. 你（   ）我应该怎么做才比较好？
3. 我（   ）她是一个很好的人。
4. 我（   ）很热，你呢？
5. 我（   ）回家看看。

> 演员 表演 演出 特点 内容

6. 大概在清朝（Qīng Cháo, Qing Dynasty）的时候，安徽（Ānhuī, Anhui Province）的四个大剧团（jùtuán, theatrical company）在北京进行了很多场（   ），它们和别的地方戏（xì, opera）互相影响，渐渐（jiànjiàn, gradually）地有了自己的（   ），人们把它叫作"京剧"。在古代，京剧的（   ）都是男的，没有女的。但是，现在有很多有名的女演员了。京剧不是用现代普通话唱的，所以，我们一般很难听懂。但是，演员的脸可以告诉我们他（   ）的是什么样的人，他们的动作也可以帮助我们大概明白演出的（   ）。

二 用"难道"完成对话 Complete the dialogues with "难道"

1. A：对不起，我不能住在你这儿。
   B：你说什么呢？_____？
2. A：今天晚上我们去哪儿玩儿？
   B：去玩儿？_____？
3. A：你说什么？_____？
   B：没错，我们来中国以前就认识了。

48 ● 初级起步篇 II（第三版）/练习册

4. A：今天是我的生日，_____？

   B：对不起，我真的是工作太忙了。

三 用强调否定表达式回答问题（一个问题用两种回答方式）

Answer the questions according to the example

例：你想吃什么？

→我什么也不想吃。/ 我一点儿东西也不想吃。

1. 刚来中国的时候，你认识谁？

   → _____

2. 你喜欢抽烟吗？

   → _____

3. 你看过什么中国小说？

   → _____

4. 夏天哪儿最凉快？

   → _____

5. 你们班谁会说法语？

   → _____

四 用"一点儿也不"完成对话　Complete the dialogues with "一点儿也不"

1. A：你了解中国文化吗？

   B：_____。

2. A：你喜欢北京的春天吗？

   B：_____，因为北京的春天很干燥，还常常有大风。

3. A：早上八点上课，你习惯吗？

   B：_____。

4. A：假期没有去玩儿，你后悔吗？

   B：_____。

五 根据课文填空　Fill in the blanks according to the text

昨天晚上，我去看了一（　　）京剧。（　　），一（　　）我也没听明白。我很（　　）。因为我一直（　　）自己的汉语已经（　　）了很大的进步，可是为什么看京剧时（　　）一个句子也听不懂呢？（　　）我的汉语水平还那么差吗？

六 用"在……方面"回答问题　Answer the questions with "在……方面"

你来中国以后生活、学习怎么样？习惯了吗？对中国都了解了吗？

19 如果有一天……

一 选词填空 Fill in the blanks with the following words

> 反应　出生　咳嗽　享受　经验　忙碌　照顾

1. 你告诉他的时候，他有什么（　　）？

2. 你怎么（　　）得这么厉害，是不是感冒了？

3. （　　）了一整天，今晚去酒吧好好儿放松放松吧。

4. 孩子（　　）以后，我就整天不停地忙。

5. 年轻的父母没有（　　），不知道该怎么（　　）孩子，所以，孩子的爷爷奶奶或姥爷姥姥就来帮忙。

6. 你真会（　　）啊，每天都喝下午茶。

> 咬　脆　像　嫌　臭　抽

7. 这个孩子刚出生的时候（　　）妈妈，现在越来越（　　）爸爸了。

8. 最近你（　　）空儿回家一趟吧，你已经好久没回去了。

9. 我喜欢吃又（　　）又甜的苹果，你呢？

10. 你别（　　）他不好看，他很聪明。

11. 狗（　　）吕洞宾（Lǚ Dòngbīn, one of the Eight Immortals），不识好人心。

12. 什么地方最（　　）？

> 总是　老是

13. 他戒烟戒了很多次了，（　　）戒不掉。

14. 学校周末的讲座（　　）能给人深刻的启发。

15. 我们的共同话题很多，聊天儿的时候（　　）有说不完的话。

二 用"V不了/V得了"完成句子 Complete the sentences with "V不了/V得了"

1. 对不起，我有事，_____。
2. 明天晚上八点我们有聚会，你_____吗？
3. 这是他的老习惯了，_____。
4. 你的腿还没有完全好，_____？
5. 只要你决定戒烟，_____。
6. 白酒太辣了，_____。

三 用"V着"完成对话 Complete the dialogues with "V着"

1. A：别着急，我们一定帮你找到孩子。告诉我，她走丢的时候是什么样子？
   B：_____。

2. A：_____，今晚你就住在我这儿吧。
   B：不行，不行，我妈妈在家等我呢。再说，我带着伞呢。

3. A：你们为什么叫他"沙发土豆"（shāfā tǔdòu, sofa potato）？
   B：_____。

4. A：那个电影怎么样？
   B：没意思，_____。

四 判断正误 True or false

1. 上个星期，我坐火车去上海，见到我的朋友。☐
2. 到上海以后，我很累了，所以，我就在饭店睡觉了两个小时。☐
3. 这本书我看三天，还没看完了。☐
4. 你该去睡觉了。☐
5. 我小时候住欧洲过半年。☐
6. 我没去过日本。☐
7. 他喜欢听着音乐做作业。☐
8. 我们走着走着看见了一条大河。☐
9. 我去的时候，他正在听音乐呢。☐
10. 明天晚上九点，我可能正在睡觉，别给我打电话。☐

五 根据课文填空　Fill in the blanks according to the text

1. 父亲看电视时看着看着睡（　　）了。

2. 　　他们可能会很多事都做（　　）。如果房间有味儿，可能他们自己也闻（　　），请千万不要嫌他们脏或嫌他们臭。他们（　　）爱洗澡的时候，请一定抽空儿帮他们洗洗身体，因为他们自己可能洗（　　）。我们在享受食物的时候，请给他们准备一小碗容易吃的，因为他们不爱吃可能是因为牙齿咬（　　）了。

3. 如果有一天，他们真的动（　　）了，我们要记（　　），看父母就是看自己的未来。

20 Hǎo kāfēi zǒngshì fàng zài rè bēizi li de
好咖啡总是放在热杯子里的

一 选词填空 Fill in the blanks with the following words

> 带　飘　端　穿　拼　放　变

1. 经过罗马的时候，一位朋友（　　）我们去喝咖啡。
2. 我们跟着他（　　）过一条小路，石块儿（　　）成的街道非常美丽。
3. 忽然，一阵咖啡的香味（　　）过来。
4. 好咖啡总是应该（　　）在热杯子里的。
5.（　　）杯子的服务员要告诉我什么？
6. 凉杯子会把咖啡（　　）凉的。

> 突然　忽然

7. 真奇怪，刚才还好好儿的，怎么（　　）就哭了？
8. 这件事太（　　）了，我不知道该怎么办。
9.（　　）来了一阵大风，把窗户吹开了。
10. 谁也没想到会发生这么（　　）的事。

> 闻　凉　总是　捧　温暖

11.　大部分中国人都喜欢喝茶。夏天，喝上一杯（　　）茶，马上就不觉得热了；冬天，把一杯热热的茶（　　）在手里，马上就会觉得（　　）起来。以前，中国各地都有很多茶馆，你走到哪里，都能（　　）到茶的香味儿。中国人喜欢一边喝茶，一边聊天儿或看戏。所以，茶馆里（　　）很热闹。北京有一个"老舍茶馆"，挺有名的。你去过吗？

二 用指定的格式完成对话 Complete the dialogues with the given expressions

1. A：你吃饭的时候喜欢看电视吗？
   B：喜欢，_____。（一边……一边……）

2. A：你为什么不去酒吧玩儿了？

　　B：＿＿＿＿＿＿＿＿＿＿＿＿＿＿＿＿＿＿＿＿＿＿＿＿＿＿＿＿＿。（不再）

3. A：这件事我不会做，你能帮我吗？

　　B：对不起，＿＿＿＿＿＿＿＿＿＿＿＿＿＿＿＿＿＿＿＿＿＿＿＿。（V不了）

4. A：你中午要午休吗？

　　B：不，＿＿＿＿＿＿＿＿＿＿＿＿＿＿＿＿＿＿＿＿＿＿＿＿＿＿。（一点儿也不）

5. A：你去过哪些地方？

　　B：＿＿＿＿＿＿＿＿＿＿＿＿＿＿＿＿＿＿＿＿＿＿＿＿。（除了……以外，……）

三 用指定的格式改写句子　Rewrite the following sentences with the given expressions

1. 那个比赛太棒了，你也去看看吧。

　　→＿＿＿＿＿＿＿＿＿＿＿＿＿＿＿＿＿＿＿＿＿＿＿＿＿＿＿＿（adj.＋极了）

2. 你唱得挺好的，继续唱吧。

　　→＿＿＿＿＿＿＿＿＿＿＿＿＿＿＿＿＿＿＿＿＿＿＿＿＿＿＿＿＿（V下去）

3. 这些人我都不认识，怎么办？

　　→＿＿＿＿＿＿＿＿＿＿＿＿＿＿＿＿＿＿＿＿＿＿＿＿＿（一＋mw.＋n.＋也不）

4. 今天我不高兴，不想说话。

　　→＿＿＿＿＿＿＿＿＿＿＿＿＿＿＿＿＿＿＿＿＿＿＿＿＿＿＿＿（什么也不）

5. 你早饭只吃了一个香蕉，太少了，再吃点儿别的吧。

　　→＿＿＿＿＿＿＿＿＿＿＿＿＿＿＿＿＿＿＿＿＿＿＿＿＿＿＿＿＿＿（才）

四 给下面的句子排列顺序　Arrange the following sentences to form a paragraph

＿＿开会的时候，小王突然说："我放在桌子上的手表不见了！"

＿＿所以，经理对大家说

＿＿现在关灯五分钟

＿＿请拿手表的人把表放在门口那张有闹钟的桌子上

＿＿大家一个一个地走出去

＿＿我有一个好办法来解决这个问题

＿＿而且闹钟也不见了

____五分钟以后

____桌子上没有手表

____电灯亮了

五 根据课文填空 Fill in the blanks according to the text

1. 我们（　　）他穿过一条小路。

2. 不用朋友说，（　　）知道咖啡店到了。

3. 客人三三两两地坐（　　）桌子旁边。

4. 服务员（　　）我们拿来小白瓷杯。

Huángjīnzhōu: tòngtongkuàikuài wánr yì zhōu
黄金周：痛痛快快玩儿一周

一 写出带"员""家"的词语　Write the words including "员" or "家"

推销员 _____

画　家 _____

二 选词填空　Fill in the blanks with the following words

愿望　羡慕　愿　理想

1. 我小时候有一个（　　），想当大学老师。
2. 你现在最大的（　　）是什么？
3. 朋友明天结婚，我（　　）她生活幸福。
4. 他有那么好的朋友，真让人（　　）。

普通　一般

5. 我只是一个（　　）老师。
6. 这个学校很（　　），不太好。
7. 你的（　　）话说得真好！
8. 他穿得很（　　），不像个大明星（míngxīng, bright star）。
9. 春节的时候，人们（　　）都回家和家人团圆。
10. 他可不是（　　）人，你别小看他。

放假　休假　假期

11. 明天就（　　）了，你有什么打算？
12. 这个（　　）你是怎么过的？
13. （　　）的时候，我喜欢去农村（　　）。
14. 这个（　　）很长，我们去旅行吧。

休息　连着　休假　旅行　只有　政府　丰富　实行

15. 人们（　　）时间的长短，可以说明一个国家生活水平的高低。以前，中国假期很少，一个星期只能（　　）一天，（　　）春节的时候，才能（　　）休息六七天。后来，（　　）了双休日制度，一个星期可以连着休息两天。到1999年，中国（　　）开始实行"黄金周"制度，每年的春节、"五一"和"十一"，可以休息一个星期。人们的生活水平提高了，钱多了，可以去各地（　　）了，生活也变得越来越（　　）了。

三 用"只有……才……"完成对话　Complete the dialogues with "只有……才……"

1. A：这所大学很难考吧？
   B：是啊，_____。

2. A：我怎么做，你才会原谅我？
   B：_____。

3. A：你喜欢吃方便面吗？
   B：不喜欢，_____。

4. A：你常常睡懒觉吗？
   B：不，_____。

四 用"一方面……，另一方面……"回答问题
Answer the questions with "一方面……，另一方面……"

1. 电脑在现代生活中的作用是什么？
   → _____

2. 跟旅行社去旅行，你觉得好不好？
   → _____

3. 为什么学汉语的人越来越多？
   → _____

4. 他为什么不同意你的看法？
   → _____

五 用"一 + mw. + 一 + mw. + 地 + V"改写下列句子

Rewrite the following sentences with "一 + mw. + 一 + mw. + 地 + V"

1. 饺子太好吃了，他不停地吃，吃了好几碗。

    → _____

2. 上下班的时候，路上的车非常多，开过来开过去的。

    → _____

3. 她很喜欢买衣服，买了很多衣服。

    → _____

4. 别着急，我们慢慢地记，一定能记住这些汉字的。

    → _____

5. 她很想父母，来中国后给父母写了很多信。

    → _____

六 根据课文填空 Fill in the blanks according to the text

1. 二十七岁（　　），姐姐没有去过河北省（　　）的地方。
2. 我大学毕业以后，（　　）在北京一（　　）公司（　　）推销员，能够全国各地到处（　　）。
3. 姐姐的假期很少，（　　）春节才能连着休息六七天。
4. 做好准备，只等休假开始，马上（　　）出发。
5. 她计划一个省一个省地看，（　　）到走遍中国，老得走不动了（　　）停。
6. 我愿她跑（　　）中国以后，（　　）去外国看一看。

七 写作 Composition

话题：怎么做旅行准备

Topic: How to prepare for a travel

要求：使用下面的语言点。

Requirement: Use the following language points.

一方面……，另一方面……　　只有……才……　　一＋mw.＋一＋mw.＋地＋V

22 一个电话
Yí ge diànhuà

一 写出你知道的专业或课程的名称　Write the names of majors or courses that you know

_____

二 选词填空　Fill in the blanks with the following words

> 本来　结束　难过　及格　记得　开玩笑　骄傲

1. 你们这个学期什么时候开始，什么时候（　　　）？
2. 你还（　　　）小时候的事吗？
3. 我（　　　）不想来的，是他让我来的。
4. 如果你考试不（　　　），你的父母会批评你吗？
5. 别（　　　）了，以后努力吧。
6. 现在在开会呢，别（　　　）了。
7. 你是父母的（　　　）吗？

> 性格　表扬　愿意　要求　批评　家长　谈话　作用　成绩

8.　　　怎么教育孩子是一个很重要的问题。父母对孩子的态度会影响（yǐngxiǎng, to affect）孩子的（　　　）和做事的方式。在中国，有一个传统（chuántǒng, traditional）的看法：打是亲，骂是爱。意思是说，要对孩子严格（yángé, strict）（　　　）。所以，一般的家长不习惯（　　　）孩子，当孩子做错事的时候，他们一定会（　　　）孩子。大部分中国的家长都认为孩子的学习（　　　）是很重要的，他们非常关心孩子的学习，（　　　）花很多钱让孩子学习。现在，越来越多的年轻（　　　）开始认识到，表扬对孩子有很大的（　　　），他们也开始注意和孩子（　　　）的方式。

三 用"连……也……"回答问题　Answer the questions with "连……也……"

1. A：姐姐去了很多地方旅行，对吗？

   B：_____

2. A：他的时间安排得满满的，对吗？

   B：_____

3. A：那家餐厅不好，很多菜都没有，对吗？

   B：_____

4. A：只有留学生听不懂京剧，对吗？

   B：_____

四 用"越……越……"完成对话　Complete the dialogues with "越……越……"

1. A：我很喜欢吃甜的东西，每天都要吃一个冰激凌，一个蛋糕，还有很多巧克力。

   B：别吃了，_____。

2. A：你怎么了？_____？

   B：没什么，我现在就是想开快车。

3. A：你喜欢汉语和中国文化吗？

   B：_____。

4. A：你为什么那么难过？

   B：我的考试成绩不好，_____。

五 用"一天比一天／一年比一年／一月比一月"回答问题

Answer the questions with "一天比一天／一年比一年／一月比一月"

1. A：你们的关系怎么样了？

   B：_____

2. A：你的孩子长大了吧？长高了吗？

   B：_____

3. A：中国饭好吃吗？你吃得多吗？

   B：_____

4. A：你的身体好点儿了吗?

   B：_____

六 根据课文填空　Fill in the blanks according to the text

1. 有一天，我正在（　　）班，突然接到一个电话。

2. 那位老师说："谢谢您抽时间和我谈话。"说完就挂（　　）了电话。

3. 一年过去了，儿子（　　）了高中。

4. 在一次家长会（　　），老师表扬了他的进步。

5. 我（　　）定决心，一定要成为您的骄傲。

Xiàohua
笑话

一 写出同音字 Write homophone characters

例：范—饭

_____

二 写出你知道的食物的名称 Write the names of food that you know

_____

三 完成下面的比喻表达 Fill in the blanks with metaphorical expressions

1. 那个孩子很好看，脸像（   ）似的，又红又圆。

2. 他跑得很快，像（   ）似的。

3. 那个姑娘很漂亮，像（   ）似的。

4. 我昨天晚上熬夜了，半夜三点才睡，今天早上起来，眼睛像（   ）似的。

5. 她的眼睛又黑又亮，像（   ）似的。

四 选词填空 Fill in the blanks with the following words

> 于是　　所以

1. 圣诞节快到了，（   ）商店里客人非常多。

2. 他昨天喝醉了，（   ）今天头有点儿疼。

3. 听说那家餐厅很不错，（   ）我决定去试试。

4. 因为快考试了，（   ）大家都在努力学习。

5. 他工作很忙，（   ）没有时间和儿子玩儿。

> 沟通　　熟悉　　报到

6. 你要多和他（   ），这样才能了解他。

7. 你是什么时候来（   ）的？

8. 刚开始的时候，大家有点儿陌生，现在已经很（　　　）了。

冻　冒　挨　擦　摸　叫　站

9. 别（　　）醒他了，让他多睡一会儿吧。

10. 你这是（　　）着说话不腰疼！

11. 他（　　）雨跑回家，结果感冒了。

12. 你没洗手，不要到处乱（　　）。

13. 冬天的时候，一进到屋子里就得（　　）眼镜，真麻烦。

14. 你坐到那边去，别（　　）着我。

15. 今天怎么这么冷，（　　）死我了！

性格　特点　爱好　样子

16. 　给别人起外号（wàihào, nickname）有很多方法。一个方法是看（　　　），比如说，他很喜欢看书，我们就可以叫他"书虫"。另一个方法是看（　　　），比如说，一个女人很容易发脾气（fā píqi, to lose one's temper），我们就可以叫她"母老虎（lǎohǔ, tiger）"。第三个方法是看（　　），比如说，一个人很胖，我们就可以叫他"胖子"。还有一个方法是看（　　），比如说，一个人很会开玩笑，他总是能让别人开心，我们就可以叫他"开心果"。你给别人起过外号吗？

五 用"既……也……"回答问题　Answer the questions with "既……也……"

1. A：他的女朋友怎么样？

　　B：_____

2. A：这个假期，你打算去哪里旅行？

　　B：_____

3. A：你们是什么关系？

　　B：_____

4. A：你们上课的时候做什么？

　　B：_____

5. A：你只喜欢喝咖啡吗？

　　B：_____

6. A：北方人只吃面食吗？

　　B：_____

六 用"不管……都……"回答问题　Answer the questions with "不管……都……"

1. A：你今天谁也不想见吗？

　　B：_____

2. A：今天你想吃什么？

　　B：_____

3. A：你有写日记的习惯吗？

　　B：_____

4. A：我们去哪儿玩儿比较好？

　　B：_____

5. A：小时候，你妈妈每天都给你讲故事吗？

　　B：_____

6. A：今天我很累，可以不去上课吗？

　　B：_____

七 用指定的格式完成句子　Complete the sentences with the given expressions

1. 你如果一直这样的话，_____。（V不了）

2. 他太饿了，_____。（V起来）

3. 你昨天没复习吗？_____？（连……都……）

4. _____（再V的话），你一定会生病的。

5. 没有钥匙我进不了家，_____。（非……不可）

八 根据课文填空　Fill in the blanks according to the text

1. （　　）着班主任的同学姓汤，他开玩笑说："就是肉丝汤的汤。"（　　），旁边的同学介绍自己姓蔡，大家（　　）笑（　　）说："不是蔬菜的菜吧？（　　）是，我们这顿饭就不用点菜了。"（　　）说着，一个同学不好意思地站了起来，小声说："我姓范……"大家（　　）忍不住了，哈哈大笑（　　）。

2. 朋友们（　　）屋子找他，但是不管（　　）找都找不到。

3. 你（　　）不回来的话，我们（　　）要报警啦。

4. 教授答应着，声音（　　）很愉快，但转眼他（　　）不见了。

Rénshēng
人生

一 选词填空 Fill in the blanks with the following words

> 所有　都　一切　任何

1. 那些地方我（　　）去过了。

2. 谁（　　）不知道他去了哪里。

3. 我喜欢这里的（　　）。

4. （　　）都过去了，别想了。

5. （　　）的东西都在这儿，你看吧。

6. 遇到（　　）困难，你（　　）要坚持下去。

7. （　　）事情（　　）可能改变。

> 挡　迷　娶　敲　分

8. 最近我的同屋（　　）上了京剧，一有时间就看。

9. 进别人的房间以前，应该先（　　）门。

10. 你把这些东西（　　）开吧，我们一人一半。

11. 请你到那边去，好吗? 你（　　）着我了，我看不见。

12. 你想（　　）一个什么样的姑娘?

> 精神　结论　经历　哲学　相信

13. 请（　　）我，我真的没有骗（piàn, to cheat）你。

14. 奥林匹克（Àolínpǐkè, Olympic）的（　　）是什么?

15. 不要这么早就得出（　　），等等再说。

16. 来中国后，我（　　）了很多事，有开心的，也有不开心的。

17. 哪个国家的（　　）家最多?

> 倒　过　到　清楚　晚　进　成

18. 别再喝了，醉（　　）了我可没法照顾你。

19. 怎么样？你想（　　）了没有？

20. 你来（　　）了，车已经开走了。

21. 走（　　）这条街，你就能看见了。

22. 他的名字一定会被写（　　）历史的。

23. 几年不见，小女孩变（　　）了一个漂亮的姑娘。

24. 你买（　　）想买的书了吗？

犹豫　选择　错过　决定　清楚　列　后悔

25. 　　在人的一生中，需要做很多（　　）。有的时候，很难做出（　　）。如果在选择面前（　　）不定，可能就会（　　）一个很好的机会。但是，如果不考虑（　　）就马上做决定，以后也可能会（　　）。所以，最好先好好儿想一想，把好处和坏处都（　　）出来，然后再做决定。

二 用"临……"完成对话　Complete the dialogue with "临……"

A：昨天晚上_____，结果好长时间才睡着。

B：是吗？我常常_____，这样可以很快睡着。

A：这是个好办法。

B：上大学的时候，我还喜欢_____，也能很快睡着。

A：好，我也试试。对了，你什么时候去欧洲？

B：还有两个月呢。

A：_____，给我打个电话，我们一起吃个饭。

B：行，_____，我跟你联系。

三 把下面的句子改成"被"字句　Rewrite the sentences into passive sentences

1. 我吃了他的面包。

　　→_____

2. 朋友借走了我的自行车。

　　→_____

3. 我花完了所有的钱。

　　→_____

4. 我把书放在桌子上。

→ _____

5. 我把衣服洗得干干净净的。

→ _____

四 **看图写话（用"被"字句）** Describe the pictures with passive sentences

1. _____

2. _____

3. _____

4. _____

五 **根据课文填空** Fill in the blanks according to the text

1. 从前，有一位很有名的哲学家，迷（　　）了不少女孩子。

2. 错（　　）我，你就找不（　　）比我更爱你的女人了。

3. 他把结婚和不结婚的好处与坏处分别列了（　　）。

4. 最后，他终于得（　　）一个结论。

5. 他把自己所有的书都扔（　　）火里。

6. 如果把人生分（　　）两半，前半段的人生哲学是"不犹豫"，后半段的人生哲学是"不后悔"。

25 点心小姐
Diǎnxin xiǎojiě

一 选词填空　Fill in the blanks with the following words

> 替　陪　让

1. 别担心，我（　　）你一起去。
2. 你（　　）我跟老师请个假，好吗？
3. 妈妈（　　）孩子早点儿睡，可是孩子不愿意。

> 悄悄　淡淡　渐渐　来来往往　高高兴兴

4. 我（　　）地走进教室，谁也没看见我。
5. 这个汤的味道（　　）的，不错。
6. 大街上（　　）的人真多。
7. 刚来中国的时候，我很想家，后来认识了一些朋友，（　　）地，我习惯了在中国的生活。
8. 他每天都（　　）的，你知道为什么吗？

> 熟人　安全　来来往往　认识　陌生　所以　亲密　深夜

9. 与农村或者小城比起来，生活在大城市里的人，（　　）感比较少。大街上（　　）的人，有时候没有一个是自己的（　　）。住同一座楼里的人，互相也都不（　　）。（　　），大城市里的人很少去别人家里。他们可以在酒吧一直玩儿到（　　），也可以和（　　）人一起聊天儿，但是，却很少有真正（　　）的朋友。

二 选择合适的关联词语填空　Fill in the blanks with the given words

> 虽然……但是……　不但……而且……　因为……所以……　连……也……
> 既……也……　一边……一边……　不管……都……

1. （　　）我们毕业后从来没见过面，（　　）见面后很快就熟起来了。

2.（　　）我走到哪里，我（　　）把这张照片带在身边。

3. 他（　　）常常帮助朋友，（　　）常常帮助陌生人，真是一个好人。

4. 他（　　）是我的爱人，（　　）是我的朋友。

5.（　　）听音乐（　　）做作业，作业能做好吗？

6.（　　）你的性格不太好，（　　）没有人愿意和你交朋友，你得改一改了。

7.（　　）圣诞节快到了，（　　）商店里有很多人。

8. 他最近迷上了京剧，（　　）上厕所的时候（　　）要听京剧。

只有……才……　　只要……就……

9. 他太喜欢吃饺子了，（　　）有时间（　　）自己包饺子吃。

10. 他不太喜欢包饺子，（　　）春节的时候（　　）自己包几个。

11. 看电影是他的爱好，（　　）有好电影，他（　　）一定去看。

12. 要实现理想不是那么容易的，但（　　）你坚持努力，（　　）有可能实现。

13. A：世界上最大的东西是什么？

　　B：眼皮（yǎnpí, eye lid）。

　　A：为什么？

　　B：（　　）眼睛闭（bì, to close）上，全世界（　　）都被挡住（dǎngzhù, to block）了。

三　用指定的格式改写句子　Rewrite the following sentences with the given expressions

1. 快要考试的时候，他突然肚子疼，可能是太紧张了吧。

　　→ _____（临）

2. 你如果还不把菜端来，我就不在你们这儿吃饭了。

　　→ _____（再 V 的话）

3. 那个饭店生意很好，有两个原因：一是经济实惠，服务周到；二是他们做的菜味道非常好。

　　→ _____（一方面……，另一方面……）

4. 孩子长得很快，个子越来越高了。

　　→ _____（一天比一天）

5. 我一定要成为名画家。

→_____（非……不可）

6. 旅行回来，姐姐非常开心。

→_____（adj. + 得很）

四 判断正误 True or false

1. 面包被卖。 ☐
2. 票被买好了。 ☐
3. 书被放桌子上。 ☐
4. 苹果弟弟吃完了。 ☐
5. 我洗干净了衣服。 ☐
6. 我放书在桌子上。 ☐

五 根据课文填空 Fill in the blanks according to the text

1. 我在一（　　）商店卖点心和咖啡。
2. 每天我都早早地（　　）好桌子，（　　）好椅子，耐心地（　　）着客人来。
3. 下午四点钟左右，总有一大（　　）中小学生来这儿喝咖啡。
4. 过了一（　　）时间以后，我渐渐地和他们熟了（　　）。
5. 有人丢了车票，我就会替他买一（　　）。

六 写作 Composition

请用本单元语言点，写作一个对话或者段落。

Please write a conversation or a short paragraph and try to use the language points in this unit.

话题：人与人之间的信任

Topic：Interpersonal Trust

参考答案

第一课

一、辨字组词

奇怪　欢迎　母亲　回家　请问

骑车　一次　每天　四个　房间

二、写出反义词

正点<u>晚</u>点　晴<u>阴</u>　接<u>送</u>　父亲<u>母</u>亲　进<u>出</u>

三、选词填空

1. 遇到　接　　2. 回国　起飞　　3. 看见　　4. 奇怪　查

五、用"一……就……"看图说句子

1. 玛丽一感冒就去看医生。

2. 玛丽一到周末就想看电影。

3. 玛丽一看书就困。

4. 大卫一饿就做饺子。

5. 大卫一喝酒就头疼。

六、用"是……的"把下列句子变成强调句

1. 玛丽是<u>昨天</u>去清华大学玩儿的。

2. 中村是<u>去年</u>回国的。

3. 李军是<u>在书店</u>遇到老师的。

4. 大卫是<u>骑自行车</u>去公园的。

5. 李老师是<u>用手机</u>给我打电话的。

6. 昨天晚上大卫是<u>和朋友在酒吧</u>聊天儿的。

7. 我 是<u>自己一个人</u>去看电影的。

8. 大卫是<u>去机场送姐姐</u>的。

七、用指定的格式完成对话

1. 他们是前天回国的

2. 我是在商店买的

3. 都十点了

4. 都做了两个小时了

5. 我一出门就遇到他了

6. 一到周末就关门了

第二课

一、辨字组词

外面　　房间　　房租　　水平　　遇到

好处　　方法　　姐姐　　半天　　公寓

二、用线把A、B两组词连起来

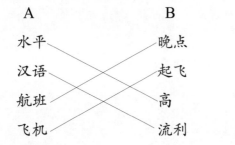

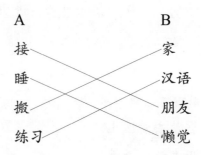

三、选词填空

1. 练习　进步　　2. 搬家　　3. 注意　　4. 发现

5. 方便　　6. 主要　合适　　7. 流利

四、仿照例句改写句子

1. 今天比昨天热。今天比昨天热多了。

2. 他家比我家大。他家比我家大多了。

3. 那个学校的学生比这个学校多。那个学校的学生比这个学校多一点儿。

4. 这本书的汉字比那本书少。这本书的汉字比那本书少一点儿。

5. 这件衣服比那件衣服便宜。这件衣服比那件衣服便宜多了。

五、用指定的格式完成对话

1. 我住在学校外面，离学校很近

2. 路上常常堵车，最主要的是我家离学校很远

3. 因为打太极拳对身体很有好处

4. 来中国以前，我们也是同学

5. 原来他们都不是真朋友

六、翻译下面的句子

1. A：你住在哪儿？

   B：我住在学校外面。但是我的公寓离学校不远。

2. A：你喜欢哪种音乐？

   B：以前我只喜欢古典音乐，现在我开始喜欢流行音乐了。

3. A：这本书有240个汉字，但是那本书只有120个汉字。

   B：那本书的汉字比这本书少多了。

4. A：三天以前，我搬到了一套新公寓。

   B：为什么？我觉得你的旧公寓挺好的。

   A：但是旧公寓的房租比新公寓贵多了。

第三课

一、辨字组词

记住　　眼睛　　去学校　　牛奶　　启事

年纪　　晴天　　丢东西　　中午　　名字

二、注音并组词

长 { (cháng) 长发 / (zhǎng) 长大 }　　背 { (bēi) 背包 / (bèi) 背生词 }　　觉 { (jué) 觉得 / (jiào) 睡觉 }

行 { (háng) 银行 / (xíng) 真行 }　　便 { (pián) 便宜 / (biàn) 方便 }

三、选词填空

1. 散　长　寻　联系　　2. 丢　拾　感谢　　3. 背

四、看图，用"处所词 + 有 + O"描述下列各图

1. 书店里有很多书。

2. 楼下有很多自行车。

3. 超市里有很多水果。

4. 水里有很多鱼。

五、用指定的格式完成对话

1. 他黄头发，大眼睛，穿着一条蓝色的牛仔裤

2. 我常常听着音乐做作业

3. 明天我去公园玩儿或者逛商店

4. 我不知道，他可能七八十岁了

5. 挺冷的，一般零下10度左右

6. 那座山大概有500米高吧

第四课

一、辨字组词

面积　　壮观　　种类　　旅行　　发达

认识　　现在　　分钟　　民族　　进步

二、用适当的词语填空

方便的（生活）　　有名的（菜系）　　发达的（国家）

壮观的（长城）　　流利的（汉语）　　奇怪的（地方）

三、选词填空

1. 发达　　　　2. 发展　　　　3. 发现

4. 上学　上班　5. 上街　　　　6. 上车

四、把下列句子改成否定句

1. 我的汉语水平没有他高。

2. 米饭没有饺子好吃。

3. 喝啤酒没有喝白酒容易醉。

4. 昨天没有今天热。

五、用"和……一样"或"像……一样"改写句子

1. 哥哥和弟弟一样，都是大学生。

2. 姐姐像妈妈一样漂亮。

3. 她唱歌像歌手一样好。

4. 玛丽说汉语说得像中国人一样流利。

5. 她像我姐姐一样好。

六、用指定的格式完成对话

1. 我觉得汉语不太难，比如说语法比英语容易

2. 有的坐地铁，有的骑自行车，有的走路

3. 因为饺子很好吃，另外，家人一起包饺子很有意思

4. 到处都是人，我不喜欢

5. 一是明天周末，二是有个同学过生日

第五课

一、辨字组词

吃饱　　环境　　偶尔　　第一　　免费

吃饭　　坏处　　方便　　弟弟　　不贵

二、用线把A、B两组词连起来

 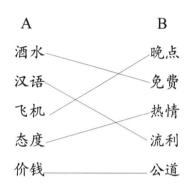

三、写出反义词

晴<u>阴</u>　　远<u>近</u>　　接<u>送</u>　　正点<u>晚点</u>

慢<u>快</u>　　饿<u>饱</u>　　长<u>短</u>　　以前<u>以后</u>

上班<u>下班</u>　　里面<u>外面</u>

四、写出量词

家　位　种　支　件　套　条　个

五、选词填空

1. 起飞　发现　　2. 开张　感谢　　3. 遇到　联系　　4. 注意

5. 现在　方便　　6. 奇怪　　7. 合适　主要　　8. 发达　壮观

9. 就　　10. 刚　从　还　　11. 跟　都　　12. 像　　13. 真　再　　14. 对

六、用指定的格式改写句子

1. 她穿着白衬衫，蓝色牛仔裤，手里拿着一束花儿。

2. 李军比大卫小两岁。

3. 我一出门就遇到了小王。

4. 我是来机场接朋友的，不是送朋友的。

5. 我的宿舍离教室很近，走路五分钟就到了。

6. 都打了三次电话了，还是没有人接，他不在家吗？

7. 这次考试和上次一样，都没考好。

8. 今天大家都不在宿舍，有的人回家，有的人在图书馆学习，有的人聚会。

9. 坐飞机飞到北京要两个小时。

10. 我把衣服洗干净了。

七、用指定的格式完成句子

1. 比如说多和中国人聊天儿，就可以很快提高口语和听力水平

2. 到处都是人

3. 偶尔发发微信

4. 价钱也算公道

5. 另外也想和中国人一起住

八、用指定的格式完成对话

1. 他三十多岁吧，黄头发，蓝眼睛

2. 还行，不过，速冻饺子没有自己做的饺子那么好吃

3. 包里有一个钱包，一个手机，还有三本书

4. 不是，我是三天以前刚搬来的

5. 像花儿一样

第六课

一、辨字组词

活动　　读书　　为了　　背包　　运动

电话　　手续　　办法　　体育　　远离

二、选词填空

1. 参加　　2. 参观　　3. 参加　　4. 参观

5. 鼓励　　6. 组织　交流　　7. 贴　　8. 办　　9. 发生　围　　10. 举办

三、用"为了"组词成句

1. 为了练习听力，我每天看电视。

2. 为了上网方便，我买了一台电脑。

3. 为了锻炼身体，我参加了太极拳班。

4. 为了送父母回国，我三点就到了机场。

5. 为了请朋友吃中国菜，我学会了包饺子。

6. 为了参加学校的活动，我要马上去办公室报名。

四、用"处所词＋V＋着＋q.＋n."组词成句

1. 桌子上放着一本书、两个本子和一支笔。

2. 教室门口站着几个学生。

3. 广告栏上贴着一个通知。

4. 公共汽车上坐着几个人。

5. 词典上写着大卫的名字。

五、用"V＋来/去"填空

| 1.下来 | 2.上去 | 3.进来（进去） | 4.出去 | 5.回来 |
| 6.过去 | 7.回来 | 8.回　去 | | |

第七课

一、辨字组词

冰箱　　报纸　　维生素　　环境　　公园

游泳　　服务　　谁去　　墨镜　　圆圆的

二、写出你所知道的同类词语

1. 狗　猫　牛　　　2. 咖啡　茶　水　　　3. 电脑　电视　电话

三、选词填空

1. 戴　换　　2. 猜　放　　3. 满　塞

四、把下列形容词变成重叠式，并分别造句

1. 甜甜的　　这个苹果甜甜的，大大的，很好吃。

2. 短短的　　她的头发短短的，很好看。

3. 矮矮的　　弟弟的个子矮矮的，他女朋友高高的。

4. 简简单单的　我喜欢简简单单的生活。

5. 漂漂亮亮的　你穿着这条裙子，漂漂亮亮的，像花儿一样！

五、用指定的格式完成对话

1. 去晚了，结果没买到票，只好回来了

2. 他们毕业以后都很忙，不能经常见面，结果分手了

3. 我没去，有很多作业，再说，我也不喜欢一个人看电影

4. 嗯，已经两个星期了，我得锻炼身体了

5. 喜欢啊，吃火锅对身体有好处

6. 不用，我不累，还可以走

六、用"V₁再V₂"组词成句

1. 我先跑步，跑完步再打太极拳。

2. 我去医院看完病再去学校上课。

3. 妈妈，我看完电视再写作业，可以吗?

4. 我看完比赛再吃晚饭。

5. 不着急，我下了课再去图书馆学习。

6. 我找到公寓再搬家，现在不搬。

第八课

一、辨字组词

精彩　　操场　　厉害　　醒来　　踢球

猜想　　洗澡　　历史　　酸甜　　跟着

二、写出反义词

输赢　　好坏　　进去 出来　　上去 下来

三、选词填空

1. 加油　胜利　　2. 精彩　厉害　　3. 洗澡　浪费　　4. 倒霉　简单

四、写出趋向补语

1. 上来　　2. 起来　　3. 回　去　　4. 回来（去）

5. 出来（过来）　　6. 进来（去）　　7. 过来　　8. 过去　　9. 出去

10. 下　来（去）

五、用"一V，……"格式完成下列句子

1. 我开门一看 / 我拿起电话一听

2. 我打开门一看

3. 打开考题一看

4. 上网一查

六、用指定的格式完成对话

1. 这本书太难了，我好不容易才看完

2. 嗯，数学系很厉害，好容易才打平了

3. 天气不好，下大雨，飞机场很忙，起飞也晚，就这样晚点了

4. 我刚出门就下雨了，又没有带伞，就这样感冒了

5. 嗯，水果都坏了，都怪你，买那么多

6. 那你只好走路去学校了

7. 这次考试简单得很

8. 东西多得不得了

第九课

一、辨字组词

钥匙　轻轻　巴掌　　钥匙　一拐一拐

问题　经常　拿东西　阴天　拾到

二、写出近义词

立刻 马上

三、选词填空

1. 脱　挂　掉　　2. 跳　摔　拐　　3. 飞　落

4. 突然　立刻　清楚　危险　顺利

四、用可能补语完成句子

1. 我听不懂　　2. 我们做不完　　3. 我看不清楚　　4. 他爬不上去

5. 洗不干净　　6. 听得懂　　7. 能起得来　　8. 买得到票

9. 看得清楚　　10. 进得来吗

五、用"V来V去"完成句子

1. 看来看去，都找不到好节目

2. 唱来唱去，只是那几首歌

3. 在水里游来游去，真可爱

4. 想来想去

5. 吃来吃去

六、用指定的格式完成对话

1. 哎呀，我一下子没认出来。

2. 嗯，还有时间，来得及。/哎呀，没有时间，来不及了。

3. 是啊，昨天还给我们上课了，不知道为什么，突然病了。

4. 你一直往东走，大概5分钟，在路北。

5. 你轻一点儿，别让它飞走了。

第十课

一、辨字组词

农民　　老师　　农村　　广告栏　　小区

衣服　　考试　　衬衫　　灿烂　　巨龙

二、写出量词

辆　只　张　所　副　条　行　个　幅

四、选词填空

1. 突然　　2. 危险　　3. 精彩　后悔　　4. 灿烂　　5. 雄伟　　6. 厉害　清楚

7. 进来　　8. 出去　　9. 起来　　10. 上去　下来　　11. 过去　　12. 回去

13. 的　　的　14. 的　　15. 的　　16. 地　　17. 得　　18. 得

五、用指定的格式改写句子

1. 我接到一封信，打开一看，是老同学寄来的

2. 这些歌我听来听去，好像每首歌都差不多

3. 他点的菜太多了，我们好不容易才吃完

4. 王老师的孩子今年六岁，得上学了

5. 我今天肚子不舒服，再说，我也不喜欢热闹，就不去参加联欢会了

6. 为了让孩子们生活得好一些，爸爸工作非常努力

7. 大卫来我们再出发

8. 大卫的房间里挂着一张照片，是大卫射门的照片，很漂亮

六、用指定格式的完成对话

1. 谢谢，我自己拿不上去／不用，我拿得上去

2. 广告栏上贴着一些通知，我看到了

3. 是啊，蓝蓝的天，白白的云，像风景画一样

4. 嗯，为了考研究生，这个假期我也不打算回国了

5. 不好意思，我也想不起来了

6. 雨停了再去跑吧

7. 我对中国文化很感兴趣，再说我也不喜欢这个专业，所以我想换中文专业

8. 我也找了很长时间，好不容易才在图书馆找到他

第十一课

一、辨字组词

搅拌　　往东走　　煮饭　　营养　　简单

很胖　　住院　　炒熟　　常常　　草地

二、用适当的词语填空

切（菜）　　炒（熟）　　加（油）　　点（菜）　　教（学）

尝（尝）　　煮（鸡蛋）　　闻（起来）　　倒（出来）　　搅拌（均匀）

三、选词填空

1. 丰富　　2. 香　好看　好吃　　3. 熟　　4. 可口　　5. 迅速

6. 家常菜　特点　做法　原料　营养

四、用下面的词语组成"把"字句

1. 我把衣服洗干净了。

2. 你把学生证拿出来。

3. 我把照片送给朋友，你说好不好？

4. 弟弟把自行车摔坏了。

5. 你把这个菜切成小块儿。

6. 老师把通知贴在墙上了。

7. 是大卫把足球踢进门的。

8. 你快把那只蚊子打死！

五、用"把"字句回答问题

1. 我得找人把电视机修一修。

2. 请你把护照给我。

3. 我要把东西送给朋友。

4. 请你把这封信交给b，谢谢！

5. 你可以把车停在二楼。

6. 我应该把钱包放在背包里。

7. 我得把书拿起来。

8. 麻烦你帮我把钱换成人民币。

9. 请你把书放在桌子上。

六、用指定的格式完成对话

1. 看起来要下雨

2. 好啊，你试试吧。不过，包饺子看起来容易，包起来难

3. HSK就是汉语水平考试

4. 那家餐厅的菜挺好吃的，环境也不错，就是价钱有点儿高

5. 那家饭馆不错，又好吃又便宜

6. 那个孩子又聪明又可爱

第十二课

一、辨字组词

司机　　居民　　起床　　星期　　条件

同学　　辛苦　　超市　　下棋　　服务

二、给面的动词填上适当的补语

放下　弄乱　碰倒　看见　搬走　切开　做完　炒熟　教会　打开

三、选词填空

1. 辛苦　　　2. 小心　　　3. 服务　满意　　　4. 认为　需要

5. 小区　条件　超市　居民

6. 姓名　顺序

四、把下列"把"字句改成否定句

1. 哥哥没有把碗摔坏。

2. 我没有把学生证给他。

3. 弟弟没有把行李搬到公寓去。

4. 你不应该把鸡蛋打到碗里。

5. 他不想把花儿送给张红。

6. 你不要把火点着。

五、用"虽然……但是……"组词成句

1. 这件衣服虽然很漂亮，但是价钱太贵了。

2. 我虽然想去非洲旅游，但是我没有钱。

3. 他虽然眼睛近视，但是不喜欢戴眼镜。

4. 我虽然很想出去玩儿，但是明天有考试。

5. 虽然水果对身体有好处，但是只吃水果也不好。

六、用指定的格式完成对话

1. 我弟弟把它弄坏了

2. 我没看中这套公寓

3. 你把它倒了吧

4. 劳驾，保洁公司怎么走

5. 我按玛丽给我的地址找的

6. 虽然汉语很难，但是我一定要学

7. 很多，小区里有个小公园，到处都是人

第十三课

一、辨字组词

身体　一封信　帮助　基础　原谅

休息　对错　切开　塞满　凉快

二、用线把A、B两组词连起来

A　　　　B

提高　　　外国朋友

交　　　　这个汉字

习惯　　　一封来信

收到　　　汉语水平

进行　　　中国文化

了解　　　汉语会话

认识　　　吃中国菜

三、选词填空

1. 努力　地道　开心　2. 健康　　3. 基本　顺利　　4. 难过

5. 没关系　　6. 有意思　没意思　7. 有关系

四、用指定的词语完成对话

1. 嗯，她原谅我了

2. 怎么样？你出国的手续都办好了吗？一切顺利吗

3. 我不知道今天是她的生日，而且我明天有考试

4. 是的，上课的时候他基本上都能听懂了

5. 菜的味道很地道

五、用"不但……而且/还/也……"组词成句

1. 大卫不但会打篮球，而且也会踢足球。

2. 我不但喜欢吃中国菜，而且也喜欢吃日本菜。

3. 这里不但有汽车站，还有地铁站。

4. 我们不但要爬山，而且还要爬到山顶。

5. 玛丽不但会包饺子，而且还包得很快。

6. 不但他去，而且我也去。

六、用"越来越……"改写下面的句子

1. 王老师的女儿越来越漂亮。　　2. 你做的菜越来越好吃。

3. 我们的课越来越难。　　4. 雨下得越来越大。

5. 我对中国的生活基本习惯了，有人说我越来越像中国人了。

6. 他的汉语水平越来越高了。

七、翻译下面的句子

1. 他参加过一个篮球比赛。　　2. 你吃过北京烤鸭吗？

3. 你租过公寓吗？　　4. 你喝过啤酒吗？

5. 他从来没看过中国的电视节目。　　6. 我的老师从来没有迟到过。

7. 我没有丢过钱包。　　8. 我们上个月遇到过两次。

9. 我帮助过他三次。

10. 去年我们组织留学生参观过北京郊区。

第十四课

一、辨字组词

成功　　实现　　辞职　　得奖　　游览

帮助　　买菜　　酸甜　　将来　　坚持

二、选词填空

1. 从前　　2. 以前　　3. 以后　　4. 后来

5. 祝贺　　6. 暂时　　7. 产生　　8. 同意　　9. 坚持

10. 理想　　高中　　得　　以后　　毕业　　专门　　实现　　与　　其实

三、用"只要……就……"回答问题

1. 我喜欢看电影，只要有时间我就去看电影。

2. 能，只要坚持努力就一定能学好。

3. 你只要给他们打一个电话就行了，这是他们的电话号码。

4. 只要是你做的菜，我就喜欢吃。

四、选择下面的结果补语，并选用合适的动词完成句子

1. 做完　　2. 做完　　3. 听见/听到　　4. 买到/买着　　5. 找到/找着

6. 睡着　　7. 花掉　　8. 辞掉　　9. 看懂　　10. 偷走

11. 拿走　　12. 变成　　13. 切成

第十五课

一、辨字组词

讲课　　牌子　　安静　　中午　　炸鸡

进来　　啤酒　　干净　　牛排　　作业

二、写出量词

1. 件　　2. 件　　3. 杯　　4. 家　　5. 块　　6. 趟

三、选词填空

1. 他　我　人家　你　他　　　2. 咱们　人家

3. 自己　饭店　到处　周到　实惠　座位

四、用指定的格式完成对话

1. 他不但聪明可爱，而且/还很热情

2. 我越来越喜欢吃中国菜了

3. 百分之八十的人都是农民

4. 我写汉字又快又好

5. 中国菜看起来好看，吃起来好吃

6. 只要你坚持学，就能学好

五、写出补语

1. 好/完　　2. 走　　3. 干净　　4. 成　　5. 懂

六、用"把"字句讲讲下面的故事

怎么把狼、兔子和白菜安全地运到河对面呢？农民想出了一个好办法。他先把兔子运过来，然后自己坐船回去，再把白菜运过来。回去的时候，他又把兔子运回去。然后他把狼运过来，自己坐船回去，最后再把兔子运过来。

第十六课

一、写出你知道的水果名称

香蕉　苹果　橘子　梨　桃

二、写出反义词

　　细**粗**　　失败**成功**　　头儿**尾巴**　　活**死**　　总是**偶尔**　　难受**舒服**

三、选词填空

　　1. 留下　　2. 差别　　3. 启发　　4. 道理　　5. 方式　　6. 角度

　　7. 总是　　8. 一直　　9. 总是　　10. 一直

　　11. 改变　　12. 变　　13. 变成　　14. 变　　15. 变成

　　16. 印象　深刻　改变　必须　任何

四、用"才"完成对话

　　1. 你才吃了两个就不吃了吗

　　2. 现在才八点

　　3. 嗯，不大，我们学校才300个学生

五、用"才"回答问题

　　1. 哪里，我才认识300个汉字。

　　2. 因为孩子啊，她才12岁，就想有男朋友了。

　　3. 不贵，我才花了200块。

　　4. 不累，我才看了20分钟书。

　　5. 不着急，现在才9点。

六、根据课文填空

　　1. 对　给　　2. 从　　3. 下去　把

第十七课

二、写出适当的介词或连词

　　1. 给　　2. 跟 / 和 / 与　　3. 向　　4. 跟 / 和 / 与　　5. 给

三、选词填空

　　1. 安排　　2. 似乎　　3. 从来　　4. 实话　　5. 痛快　　6. 能够

　　7. 曾经　已经　8. 已经　　9. 从来　　10. 从来　　11. 曾经

　　12. 大家　聊天儿　讨论　安排　回忆　话题　傻　愉快

四、用"一边……一边……"改写下面的句子

　　1. 姐姐一边听音乐一边做作业。

　　2. 孩子一边哭一边叫妈妈。

　　3. 他一边唱歌一边洗衣服。

4. 我们常常一边吃饭一边聊天儿。

五、用"除了……也/都……"改写下面的句子

1. 除了大卫，我们都喜欢喝啤酒。

2. 除了小王，其他同学我都见到了。

3. 除了周末，从星期一到星期五我都上课。

4. 除了饺子，我也喜欢吃别的中国饭。

5. 除了大卫，别的留学生也坐飞机来中国。

六、用"有+时量词+没（有）+V+了"回答问题

1. 很忙，她有一个月没有休息了。

2. 今年夏天天气不太好，有两个月没下雨了。

3. 我们不常联系，有五年没见了。

七、根据课文填空

1. 发发　发发　打打　聚聚　差　照　合　作为

2. 好　到　到　到　到

第十八课

一、选词填空

1. 以为　　2. 觉得/认为　　3. 觉得/认为/想　　4. 觉得　　5. 想

6. 演出　特点　演员　台词　表演　内容

二、用"难道"完成对话

1. 难道我们不是朋友吗　　2. 难道你不知道明天有考试吗

3. 难道我们以前就认识吗　　4. 难道你忘了吗

三、用强调否定表达式回答问题（一个问题用两种回答方式）

1. 我谁也不认识。/ 我一个人也不认识。

2. 我什么烟也不抽。/ 我一根烟也不抽。

3. 我什么中国小说也没看过。/ 我一本中国小说也没看过。

4. 哪儿也不凉快。/ 一个地方也不凉快。

5. 我们班谁也不会说法语。/ 我们班一个学生也不会说法语。

四、用"一点儿也不"完成对话

1. 我一点儿也不了解　　2. 我一点儿也不喜欢

3. 我一点儿也不习惯　　4. 我一点儿也不后悔

五、根据课文填空

场　可是　句　苦恼　以为　取得　还是　难道

六、用"在……方面"回答问题

来中国以后，在学习方面，我没问题。但是，在生活方面，我还不太习惯。对中国，在很多方面我都不了解。

第十九课

一、选词填空

1. 反应　　2. 咳嗽　　3. 忙碌　　4. 出生　　5. 经验　照顾　　6. 享受

7. 像　像　　8. 抽　　9. 脆　　10. 嫌　　11. 咬　　12. 臭

13. 总是/老是　　14. 总是　　15. 总是

二、用"V不了/V得了"完成句子

1. 来不了　　2. 来得了/参加得了　　3. 改不了　　4. 走得了吗

5. 一定戒得了　　6. 我喝不了

三、用"V着"完成对话

1. 她穿着一件白衬衫，一条黄色的裙子，背着一个书包

2. 外面下着雨呢

3. 因为他总是在沙发上坐着看电视

4. 我看着看着睡着了

四、判断正误

1. ×　2. ×　3. ×　4. √　5. ×　6. √　7. √　8. √　9. √　10. √

五、根据课文填空

1. 着　　2. 不好　不到　不再　不干净　不动　　3. 不了　住

第二十课

一、选词填空

1. 带　　2. 穿　拼　　3. 飘　　4. 放　　5. 端　　6. 变

7. 突然/忽然　　8. 突然　　9. 突然/忽然　　10. 突然

11. 凉　捧　温暖　闻　总是

二、用指定的格式完成对话

1. 我总是一边吃饭一边看电视

2. 医生不让我喝酒，所以我不再去酒吧了

3. 我帮不了你

4. 我一点儿也不困

5. 我去过很多地方。除了香山以外，学校附近的名胜古迹我都去过了

三、用指定的格式改写句子

1. 那个比赛棒极了，你也去看看吧。

2. 你唱得挺好的，唱下去吧。

3. 我一个人也不认识，怎么办？

4. 今天我不高兴，什么话也不想说。

5. 你才吃了一个香蕉，太少了，再吃点儿别的吧。

四、给下面的句子排列顺序

开会的时候，小王突然说："我放在桌子上的手表不见了！"所以，经理对大家说："我有一个好办法来解决这个问题。现在关灯五分钟，请拿手表的人把表放在门口那张有闹钟的桌子上。"大家一个一个地走出去，五分钟以后，电灯亮了，桌子上没有手表，而且闹钟也不见了。

五、根据课文填空

1. 跟着　　2. 就　　3. 在　　4. 给

第二十一课

一、写出带"员""家"的词语

服务员　　运动员　　售货员　　店员

科学家　　作家　　小说家　　文学家　　数学家

二、选词填空

1. 理想　　2. 愿望　　3. 愿　　4. 羡慕

5. 普通　　6. 普通／一般　　7. 普通　　8. 普通／一般　　9. 一般　　10. 普通／一般

11. 放假　　12. 假期　　13. 放假　休假　　14. 假期

15. 休假　休息　只有　连着　实行　政府　旅行　丰富

三、用"只有……才……"完成对话

1. 只有最好的学生才能考上

2. 只有你连着请我吃一个月的饭，我才会原谅你

3. 只有没办法了我才吃

4. 我只有非常非常累的时候才偶尔睡睡懒觉

四、用"一方面……，另一方面……"回答问题

1. 一方面，电脑给我们的生活带来了很多方便；另一方面，电脑也带来了很多问题。

2. 又好又不好。一方面，旅行社帮助我们安排好了一切，很方便；可是，另一方面，我们也没有自由，不能在自己特别喜欢的地方多玩儿。

3. 一方面，中国的经济越来越好，年轻人学汉语可以找到更好的工作；另一方面，很多人对中国文化也开始产生兴趣。

4. 一方面，我的看法他还没有完全了解；另一方面，他也要坚持自己的想法。

五、用"一 + mw.+ 一 + mw.+ 地 + V"改写下列句子

1. 饺子太好吃了，他一碗一碗地吃，吃了好几碗。

2. 上下班的时候，路上的车非常多，一辆一辆地开过来开过去的。

3. 她很喜欢买衣服，一件一件地买，买了很多。

4. 别着急，我们一个一个地记，一定能记住这些汉字的。

5. 她很想父母，来中国后，她一封一封地给父母写，写了很多封信。

六、根据课文填空

1. 以前 以外　　2. 留 家 当 跑　　3. 只有　　4. 就　　5. 直 才　　6. 遍 再

第二十二课

一、写出你知道的专业或课程的名称

文学　历史　数学　物理　化学　英语

二、选词填空

1. 结束　　2. 记得　　3. 本来　　4. 及格　　5. 难过　　6. 开玩笑　　7. 骄傲

8. 性格　要求　表扬　批评　成绩　愿意　家长　作用　谈话

三、用"连……也……"回答问题

1. 对啊，她连非洲都去过了。　　2. 嗯，他连周末都要工作。

3. 不好，连肉汤都没有。　　4. 不是，连中国人也听不懂。

四、用"越……越……"完成对话

1. 你会越吃越胖　　2. 为什么开车越开越快

3. 我越学越喜欢　　4. 我越想越难过

五、用"一天比一天/一年比一年/一月比一月"回答问题

1. 我们的关系一天比一天好。

2. 是啊，一年比一年高。

3. 好吃，我吃得很多，你看，我一天比一天胖。

4. 好点儿了，一天比一天好。

六、根据课文填空

1. 上　　2. 上　　3. 上　　4. 上　　5. 下

第二十三课

一、写出同音字

钱—前　不—部—步

二、写出你知道的食物的名称

米饭　　饺子　　包子　　鸡蛋　　牛排

三、完成下面的比喻表达

1. 苹果　　2. 兔子　　3. 花儿　　4. 桃子　　5. 葡萄

四、选词填空

1. 所以　　2. 所以　　3. 于是/所以　　4. 所以　　5. 所以

6. 沟通　　7. 报到　　8. 熟悉　　9. 叫　　10. 站

11. 冒　　12. 摸　　13. 擦　　14. 挨　　15. 冻

16. 爱好　　性格　　样子　　特点

五、用"既……也……"回答问题

1. 他的女朋友既漂亮又热情。　　2. 我既想去上海，又想去西安。

3. 我们既是同学又是朋友。　　4. 我们既学习语法又练习口语。

5. 我既喜欢喝咖啡又喜欢喝茶。　　6. 北方人既吃面食，又吃米饭。

六、用"不管……都……"回答问题

1. 不管是谁，我都不见。　　2. 太饿了，不管吃什么我都可以。

3. 有，不管多忙，我都会写。　　4. 不管去哪儿玩儿都好。

5. 不管她累不累，她都给我讲。　　6. 不管你累不累，都得去上课。

七、用指定的格式完成句子

1. 你一定毕不了业。　　2. 一看见面包就马上吃起来了。

3. 怎么连这个生词都不知道　　4. 再喝酒的话

5. 我非找到钥匙不可

八、根据课文填空

1. 紧挨　接着　一边　一边　如果　正　终于　起来

2. 满　怎么

3. 再　就

4. 听起来　就

第二十四课

一、选词填空

1. 都　　　　2. 都　　　　3. 一切　　　4. 一切　　　5. 所有　　　6. 任何　都

7. 所有/一切/任何　都　　8. 迷　　　9. 敲　　　10. 分　　　11. 挡

12. 娶　　　　13. 相信　　14. 精神　　15. 结论　　16. 经历　　17. 哲学

18. 倒　　　　19. 清楚　　20. 晚　　　21. 过　　　22. 进　　　23. 成

24. 到　　　　25. 选择　决定　犹豫　错过　清楚　后悔　列

二、用"临……"完成对话

临睡前我想了一些事情　在临睡前喝一杯牛奶　在临睡觉时听英语　临出发前　临走时

三、把下面的句子改成"被"字句

1. 他的面包被我吃了。

2. 我的自行车被朋友借走了。

3. 所有的钱都被我花完了。

4. 书被我放在桌子上了。

5. 衣服被我洗得干干净净的。

四、看图写话（用"被"字句）

1. 玛丽的帽子被风刮掉了。

2. 大卫的杯子被玛丽拿走了。

3. 竹子被熊猫吃完了。

4. 玛丽的汉语书被同学借走了。

五、根据课文填空

1. 倒　　2. 过　到　　3. 出来　　4. 出　　5. 进　　6. 成

第二十五课

一、选词填空

1. 陪　　　　2. 替　　　　3. 让　　　　4. 悄悄

5. 淡淡　　　6. 来来往往　7. 渐渐　　　8. 高高兴兴

9. 安全　来来往往　熟人　认识　所以　深夜　陌生　亲密

二、选择合适的关联词语填空

1. 虽然　但是　　2. 不管　都　　3. 不但　而且　　4. 既　也

5. 一边　一边　　6. 因为　所以　7. 因为　所以　8. 连　也

9. 只要　就　　10. 只有　才　　11. 只要　就　　12. 只要　就

13. 只要　就

三、用指定的格式改写句子

1. 临考试的时候，他突然肚子疼，可能是太紧张了吧。

2. 你再不把菜端来的话，我就不在你们这儿吃饭了。

3. 那个饭店生意很好，有两个原因：一方面是经济实惠，服务周到；另一方面是他们做的菜味道非常好。

4. 孩子长得很快，个子一天比一天高。

5. 我非成为名画家不可。

6. 旅行回来，姐姐开心得很。

四、判断正误

1. ×　　2. √　　3. ×　　4. √　　5. √　　6. ×

五、根据课文填空

1. 家　　2. 收拾　摆　等　　3. 群　　4. 段　起来　　5. 张